社会转型期民商法的热点问题研究

赵 莹◎著

中国出版集团
世界图书出版公司
广州·上海·西安·北京

图书在版编目（CIP）数据

社会转型期民商法的热点问题研究 / 赵莹著 . —广州 : 世界图书出版广东有限公司，2014.1
ISBN 978-7-5100-7308-3

Ⅰ.①社… Ⅱ.①赵… Ⅲ.①民法—研究—中国②商法—研究—中国 Ⅳ.①D923.04

中国版本图书馆 CIP 数据核字（2013）第 321617 号

社会转型期民商法的热点问题研究

责任编辑	孔令钢
出版发行	世界图书出版广东有限公司
地　　址	广州市新港西路大江冲 25 号
http://	www.gdst.com.cn
印　　刷	虎彩印艺股份有限公司
规　　格	710mm×1000mm　1/16
印　　张	13.5
字　　数	260 千
版　　次	2014 年 1 月第 1 版　2014 年 6 月第 2 次印刷
ISBN	978-7-5100-7308-3/D · 0081
定　　价	40.00 元

版权所有，翻版必究

前　言

本书收集整理了笔者自2011年读博以来所写的文章，其算作是对10年大学法学学习的一个总结吧。本书涉及民商法的各个热点问题，包括2010年《最高人民法院关于适用中华人民共和国婚姻法若干问题的解释（三）》（以下简称《婚姻法解释（三）》）出台所涉及的离婚时按揭房的分割与处理问题、2011年温州爆发的民间借贷问题、2012年年初在集体建设用地上建公租房的问题以及正在制定的人格权法问题等。

笔者对法学研究的兴趣始于2008年在中南财经政法大学攻读民商法硕士之时，民商法学作为中南财经政法大学全国重点学科，在吴汉东教授和陈小君教授的带领之下，师资力量强大，图书资源丰富，为学术研究打造了一个良好的研习氛围。笔者有幸成为民商法专业的一名学生，得以在各位老师如沐春风般的教导下茁壮成长，虽然学艺不精，但在各位老师的引领之下开始了对民商法热点问题的研究。

读博之后由于民商法基础理论的重要性以及对于选题的迷茫，因此从民商法的基础理论开始对各个基本法的学习，撰写了与本学科有关的当今社会爆发的热点法律问题。虽然不符合法学研究需越研越深的道理，但始终是兴味盎然，在对民商法的各个热点问题进行研究之后，最终选择了自己最感兴趣的民间借贷问题作为博士论文的选题方向。

本书题目选择"社会转型期民商法的热点问题研究"实乃大言不惭，但总结读博以来所写文章，的确皆与当今社会爆发的热点问题有关，所以收集整理这些文章，更多的是给自己的博士生活一个交代吧。

自笔者2004年开始学习法学以来，10年间中国发生了巨大的变化，中国特色社会主义法律体系已经基本完成。国家经济、政治、文化、社会生活的各个方面基本做到有法可依，为依法治国，建设社会主义法治国家，实现国家长治久安提供了有力的法制保障。中国民法典在分步骤、分阶段的制定之中，《中华人民共和国物权法》（以下简称《物权法》）于2007年10月1日开始施行，《中华人民共和国侵权责任法》（以下简称《侵权责任法》）于 2010 年 7 月 1 日开始施行，2011 年 8 月 13 日《婚姻法解释（三）》开始施行，以及现在正在探讨的人格权法的立法问题，均证明中国民商法的发展更上了一个新台阶。

孟德斯鸠说过："在民法慈母般的眼里，每一个个人都是一个国家。"因此与公法不同，处于私法核心地位的民法关注的是公民个体自由和尊严的保障，民法推崇权利平等，将个人的权利保障视为社会的最高价值。当今我们社会爆发的法律热点问题，都需要我们进行深入的研究和探讨，即使学术能力有限，这也是作为一名法学人义不容辞的义务。

继"十七大"报告后，"十八大"报告中再次论及"生态文明"，并将其提到更高的战略层面。建设生态文明，是关系人民福祉、关乎民族未来的长远大计。面对资源约束趋紧，环境污染严重、生态系统退化的严重形势，把生态文明放在突出地位，融入经济、政治、文化、社会建设各个方面和全过程，体现了尊重自然、顺应自然和保护自然的理念。"生态侵权民事责任的认定与处理"完成于 2011 年 5 月，面对《侵权责任法》只规定了污染环境侵权的民事责任之现实，本节重点探讨了环境侵权应当包括污染型环境侵权和生态型环境侵权两种，以及生态型环境侵权的民事责任应当如何认定与处理等问题。

于 2011 年 8 月 13 日正式施行的《婚姻法解释（三）》对现实生活中比较尖锐的"小三"问题、"房子"问题均施以法律手段进行调整。但自从其施行之后，大家对其内容规定议论纷纷，讨论不断，虽然其规定的夫妻财产制内容十分丰富，但是需要探讨的问题也很多。其中离婚时按揭房屋的认定与分割在审判实践中成了最难处理的焦点，因此"论夫妻离婚时按揭房的认定与分割"一节对《婚姻法解释（三）》中关于夫妻按揭房的分割与认定问题进行了探讨，希望能为中国的立法事业做出一定的贡献。

当今社会农村土地流转仍是社会热点。2012 年年初在全国国土资源会议上，国土资源部批准了北京和上海可以开展在集体建设用地上建设公租房试点。这可以称得上是增加农民收入和缓解中国城市用地相对紧缺的一个新型试点，意义重大。但其背后存在的一些问题也值得我们深思，比如这一模式的合法性与合理性问题，如何平衡政府、集体经济组织与农民的利益等。"在集体建设用地上建公租房问题研究"一节对国家此举的合理性和合法性进行了分析，并提出了些许建议。

从 2011 年温州"老板跑路"至 2013 年的陕西神木民间借贷高利贷崩盘，民间借贷问题始终是当今社会的法律热点问题。"中国企业间借贷合法化的法律保障机制探讨"和"中国商事民间借贷的立法体系建构"两节均针对中国的民间借贷问题进行了详细而深入的探讨。

就目前来讲，书中所写热点问题大多数并未得到妥善解决，比如公众人物隐私权保护问题、农村土地流转问题以及民间借贷问题等。所以笔者希望此书再次提起这些问题能够引起更多专家学者以及法学爱好者的关注和研究。这也算作此书出版的一点意义所在。

需要说明的是，书中论文由于学术水平的有限以及收集资料的局限，可能导致问题的解决具有一定的滞后性，随着时间流逝，也许会愈加凸显其局限性，还望读者能够谅解。笔者只能承诺在以后的日子里决不放弃对法学问题的研究，将会在各个方面逐渐完善自我，以一生奉献法学。

目　录

第一章　民法基础理论问题研究　001
一、自然人在民法中地位的历史考察　001
二、自然人在中国民法中地位的现实与困境　007
三、自然人在中国民法中应有地位的实现　009
四、结　语　012

第二章　物权法热点问题研究　013
第一节　集体土地征收补偿法律制度比较研究　013
一、问题的提出　013
二、域外经验：其他国家土地征收补偿法律制度　014
三、借鉴与启示：中国集体土地征收补偿制度的完善　017
第二节　在集体建设用地上建公租房问题研究　022
一、集体建设用地上建公租房的背景及意义　023
二、在集体建设用地上建公租房的主要问题分析　027
三、对在集体建设用地上建公租房的建议　031
四、结　语　032
第三节　论商事留置权的适用——以《物权法》第二百三十一条为基础　032
一、商事留置权制度的法律规定及问题　033
二、商事留置权制度中的权利义务主体　034
三、商事留置权所担保债权与留置物的牵连关系　035
四、结　语　037

第三章　侵权责任法热点问题研究　　039

第一节　纯粹经济损失制度在中国法上的建构　　039
一、纯粹经济损失制度概述　　039
二、纯粹经济损失制度背后之法理　　041
三、纯粹经济损失制度之中国法上建构　　042

第二节　生态侵权民事责任的认定与处理　　044
一、生态型环境侵权概述　　044
二、生态型环境侵权的研究现状　　050
三、生态型环境侵权在《侵权责任法》中的归位　　054
四、生态型环境侵权民事责任的体系　　066
五、结　语　　078

第三节　环境侵权损害赔偿责任的社会化研究　　079
一、环境侵权损害赔偿社会化的社会背景　　080
二、环境侵权损害赔偿责任归责原则的演化　　081
三、环境侵权损害赔偿责任社会化　　082
四、结　语　　084

第四节　房屋倒塌致损民事责任研究　　085
一、房屋倒塌致损概述　　085
二、房屋倒塌致损民事法律关系分析　　090
三、中国房屋倒塌侵权责任制度分析　　096
四、中国房屋倒塌致损相关立法　　102
五、中国房屋倒塌致损立法的完善　　105

第四章　人格权法的新发展　　108

一、公众人物隐私权与公众知情权之冲突解决机制问题的提出　　108
二、公众人物隐私权与公众知情权之关系理论分析　　109
三、公众人物隐私权与公众知情权冲突之比较法考察　　111
四、中国公众人物隐私权与公众知情权冲突之建议　　114

第五章　婚姻法热点问题研究　117

第一节　论夫妻离婚时按揭房的认定与分割　117
一、问题的提出：以一起案例为切入点　117
二、按揭房屋的性质　119
三、对离婚时按揭房屋及其增值分割的问题分析　122
四、结　语　125

第二节　侵害监护权的行为及民事责任研究　126
一、问题的提起　126
二、监护权性质的界定　127
三、侵害监护权的行为　130
四、监护权损害赔偿的主体　134
五、侵害监护权的民事责任　136

第六章　商法热点问题研究　141

第一节　中国民间借贷的概述　141
一、民间借贷的概念与属性　141
二、民间借贷爆发的原因分析　143
三、民间借贷的特征　148
四、民间借贷的积极与消极作用分析　151
五、中国民间借贷行为的类型　153

第二节　中国企业间借贷合法化的法律保障机制探讨　158
一、中国企业间借贷合法化的现实困境之考察　159
二、中国企业间借贷合法化的现实基础和法律依据　161
三、中国企业间借贷合法化的法律保障之路径选择　167
四、结　语　171

第三节　中国商事民间借贷的立法体系建构　172
一、问题的提出　172
二、商事民间借贷的法律界定　174
三、其他国家与地区商事民间借贷的立法经验借鉴及启示　177

  四、中国商事民间借贷的立法选择　　180
第四节　论食品企业的社会责任　　184
  一、食品企业社会责任基本概述　　185
  二、食品企业社会责任的现状与责任分析　　190
  三、食品企业对消费者履行社会责任的出路　　195
  四、结　语　　202

后　记　　204

第一章 民法基础理论问题研究

民事主体制度是民法的基本制度之一,是民法其他制度全面展开的前提和基础,其经历了一个由单纯自然人到自然人和法人二元主体再到主体多元化的过程,呈现由"人可非人"到"非人可人"的趋势。在这一过程中,自然人一方面被普遍赋予民事主体资格,成为现实生活中绝大多数民事法律关系的参加者,另一方面随着近代民法价值赖以存在的平等性和互换性的丧失,自然人之间的平等状态被打破,自然人和法人之间的平等地位根本无法在现实中得到实现,人面临着被自己创造的制度吞噬的可能。传统民事主体制度中的抽象人格理论与理性人标准一方面奠定了民法的私法基础,另一方面也抹杀了主体之间的差异与不平等的现实状况,忽视了自然人与法人的本质差异。为了突显人本价值,避免人的不断异化,中国民法典的制定应将人的保护确立为民法的指导思想,针对自然人与其他主体的不同区别立法,在贯彻抽象人格的基础上进行合乎人文主义的具体人格类型化。

一、自然人在民法中地位的历史考察

(一)罗马法中的"人"

民法并不是从来就赋予一切民事主体平等的法律地位,在近代民法出现以前的相当长时间里,民事规范中呈现的"人"只是处于身份制束缚下的不独立不自由的人。在罗马法中,人分等级,不同等级的人拥有不同公权和私权。而人格(caput)概念正是用来区分罗马帝国众多人种和种族的工具,只有享有人格的人才是法律上的人。罗马法通过这一原有着"面具"含义的概念实现对不同人的区分,构成法律调节对象的标准。罗马法中人格的内容包括自由权、市民权和家族权。自由权是作为自由人所必须具备的基本权利,因此享有自由权的是自由人,不享有自由权的就是奴隶。市民权类似于今天的公民权,是专属于罗马市民享有的权利。家族权是家族团体中的成员在家族关系中所处的地位和享有的权利,其中罗马法根据人在家庭中的地位不同，把人分为自权人和他权人（受家父权、夫权、买主权支配的人叫做他权人）。罗马法中自然人只有具有人格才能成为法律上的人，享有权利和承担义务。由上可见罗马法中的人格并不是普遍赋予一切自然人，不享有自由权、市民权和家族权的生物意义上的人并不成为法律上的人。即便曾经拥有人格的人，也会因为人格内容的丧失或取得而发生人格变更，罗马法上的人格因此具有强烈的等级性和身份性。

罗马法中人格制度的基本价值"在于区分自然人不同的社会地位"，是"一种一些人压迫另一些人的法律技术工具"。罗马私法中真正的法律主体只是家父，奴隶始终处于权利客体的地位，而家子等则处在类似权利客体的地位，在家父权力的支配下，视特定的情形才拥有有限的权利。

由此，我们可以看出：在罗马法中，自然人不都是民事法律主体，只有具有人格的自然人，才能够具有享有民事权利、承担民事义务的资格。

（二）近代民法中的"人"

近代民法一般指19世纪资产阶级革命以来的民法，从整体来看，近代民法完全否定了身份社会的不平等身份以及权利状况，在法律上宣布一切自然人的人格一律平等[1]。在罗马法中，自然人本身并不意味着都具有人格，近代民法赋予了所有自然存在的有血有肉的人私法主体的地位，使其成为权利和义务的主体，具有法律人格。这种转变的背后不仅是法律技术上的进步，更含有对人尊严的尊重和呵护。1804年《法国民法典》在立法上明确肯定"人为人"的思想，身份被打破，"一切法国人都享有民事权利"。《法国民法典》在启蒙思想的影响和高度革命热情推动下，完成了人与人平等间的伟大一跃，确立了自然人人格平等的原则，出身、性别、政治地位、家庭身份等因素不再成为对人格进行等级化区分的标准。受古典自然法学说和理性主义思潮的影响，一方面《法国民法典》赋予了所有自然人民事主体地位，另一方面在对民事主体的规定上，只承认作为个人存在的"自然人"，拒绝在立法中承认团体的法律地位，担心其将侵害个人的意思自由和直接存在范围。"无论天赋人权观念还是理性主义，都使之为基础的法律以个人为出发点，并由此确立个人主义主体制度。"[2] 在《法国民法典》中，人格的基础在于自然法上的人的伦理价值，而在自然法上，人的伦理价值系以人的理性属性为条件。由于只有个人才具有这种理性属性，所以在《法国民法典》中个人乃是唯一的人格体。这种以理性作为人格

---

[1] 之所以加限定语，是因为在性别等领域，近代民法并没有实现完全意义上的平等。
[2] 龙卫球：《民法总论》，中国法制出版社2001年版，第207页。

基础的法律技术是该法典之所以形成人格一元化模式的原因。在《法国民法典》中，人乃自然人的同义语，单个自然人是唯一的权利主体，一切民事关系不外是单个自然人之间权利和义务的牵涉，自然人的集合体（如公司和劳工团体）不能成为民事关系的主体。虽然近代随着商事活动团体的发展，法国在其后面制定的商法典中确立了团体的主体地位，民法典因此得到修正，但整个民法典，仍是以个人的主体性为价值基础的。[1]《法国民法典》也因此被认为是最具人文主义的民法典。

与此不同，在近一个世纪后制定的以潘得克吞体系声名远播的《德国民法典》中，民事主体的存在却是基于一种实定法上的命令。[2] 对古典自然法学说方法论的批判和对先验哲学思想、绝对概念理性的推崇都促使《德国民法典》形成了不同于《法国民法典》的立法理念与模式。在革命激情沉淀后，德国潘得克吞学派强调实定法的系统化、抽象化、逻辑性和自足性。憧憬构建一部只要按下适当概念的"键钮"，就能在法律的逻辑体系中得到相应的法律规则或判决的法典。这种对概念逻辑的强调，使得伦理上人成为法律上人的原因不能仅停留在伦理人的程度上，人成为法律上的人，还必须在实定法上得到确认。这种法律上的确认在德国民法上表现为"权利能力"（对法律上权利享有和义务承担的能力）的规定。这种逻辑为：人之所以成为民事主体是因为其有权利能力，而其之所以拥有权利能力是因为《德国民法典》第 1 条规定了"人的权利能力始于出生的完成"。这种对法律逻辑和概念的极端推崇使得判断是否具有法律人格的依据相应地从法国民法上"人的理性"演变为德国民法中的"权利能力"规定。民事主体的实质基础从自然法向实定法转化。从此，人的伦理属性，至少在法律技术的层面，被这个实定法的概念所掩盖了。在这个逻辑自足的法律帝国中，人之所以能成为法律主体就是因为有着法律的规定。

可以看出德国民法中对于民事主体的着眼点已经不再是基于身份（罗马法），也不是所有人共同具备的理性《法国民法典》，而是一种基于法律上规定的权利能力。在具有权利能力这一点上，自然人和一个社团或一笔基金（基金会或财团）并无不同。[3] 其均可以因为具有法律的规定性而成为主体。基于经济发展的需要和法人所拥有的巨大经济组织作用，《德国民法典》中首次承认法人的主体地位，这种以命令取代理性基础的人格准入，为法人成为法律主体创造了条件。于是，"人"，

---

[1] 龙卫球：《民法总论》，中国法制出版社 2001 年版，第 183 页。

[2] 参见马骏驹：《人与人格分离技术的形成、发展与变迁——兼论德国民法中的权利能力》，载《现代法学》2006 年第 4 期。

[3] 赵晓力：《民法传统经典文本中"人"的观念》，载《北大法律评论》1998 年第 1 卷第 1 辑。

这个本来具有主体色彩的概念正式在《德国民法典》中成为法律主体的代称，其不仅包括了自然人，还包括了法人，法律的技术性规定取代了人文主义理想。自然人和法人二元主体制度正式在民法典中得以确认。民事主体的生物学属性在这里开始淡化。

同样值得考察的是近代民法中的标准人像。尽管德国民法强调法典逻辑的自足性，但其并没有对自然法学倡导的基本价值观念予以否定，即其虽然反对自然法学说的"自然状态"之假设前提和演绎方法，但其对自然法学说所倡导的"理性、自由、尊严"却是十分赞同的。受此影响，近代民法中的主体被构建成"一个理性的人，一个符合经济人标准的人"的形象，其理想人格是完全行为能力人，人们能够指望他们具有足够的业务能力和判断能力，在契约自由、营业自由和竞争自由的环境中理智地活动并避免损失。这种人像不但符合当时人们在哲学上对自身的认识，而且有利于商业的发展，使交易变得可预期。因此近代民法上的人（民事主体），不仅在外延上已经包括了"法人"，而且在内涵上与自然人也有了明显的不同。自然人只有具备了相应的条件才可能被法律认可为人格人，而具有民事主体的地位。人必须通过"手术"才能被改造为法律上的人——法律主体，这种改造通过：①切断情感并纯化意志而使人符合理性标准。因为只有通过理性为自己的行为立法才具有得到承认和执行的道德基础。②区分"经验的"和"思维的"，使人灵魂出壳，成为真正的理性人。[1]人通过此种区分，将一个抽象的思辨的人树立于民法之中，从而方便贯彻理性，并用"理性人"的标准将人在法律上统一起来，因此，现实世界中的人，无论男女老少，都是一样的法律上的人格人，他们都具有明了自身利益的可能性，民法只要提供最为基础的形式平等，尊重当事人的意思自治就能够保证最大程度的实质正义。民法典不用知晓农民、手工业者、制造业者、企业家、劳动者之间的区别，因为私法中的人就是作为被抽象掉了各种能力和财力的抽象的个人而存在的。[2]社会生活中千差万别的民事主体因此简单化了，高度地划一了。[3]星野英一在其名著《私法中的人》中把近代私法中人的地位归纳为如下几点："承认所有人的法律人格完全平等"，由此所肯定的法律人格虽是"可由自身意思自由地成为与自己有关的私法关系的立法者"，但它却是不考虑知识、社会及经济方面力量之差

---

[1] 李永军：《民法上的人及其理性基础》，载《法学研究》2005年第5期。
[2] 参见[日]星野英一：《私法中的人》，王闯译，载《民商法论丛》第8卷，法律出版社1997年版，第168页。
[3] 梁慧星：《从近代民法到现代民法——二十世纪民法回顾》，载《中外法学》1997年第2期。

异的抽象性的人；并且其背后的是"在理性和意思方面强而智的人像"。[1]

由上我们可以看出：近代民法中所有自然人均获得了作为民事主体的资格，同时随着经济的发展，"法人"这一不具有自然人属性的团体也获得了民事主体资格，"非人可人"的阶段正式开始。这一方面意味着自然人有机会更好地利用制度文明实现自身利益，同时也意味着自然人绝对主体、唯一主体地位的终结。此外理性经济人成为了近代民法中人的标准，对理性的绝对推崇使得人们认为人人都能基于理性而明了和选择自身利益的最大化。自然人之间和自然人与法人之间现实的差异被忽略，抽象人格被确立了。

（三）现代民法中的"人"

现代民法是指近代民法在20世纪的延续和发展，可以说是现代社会的近代民法。[2]与19世纪民法在政治上相对稳定和经济上平稳发展的背景相比，20世纪民法恰好处在一个极度动荡的、急剧变化的、各种矛盾冲突空前激化和各种严重社会问题层出不穷的极不稳定的世纪。在这段时期两极分化、贫富悬殊、劳动者与企业主的对立、生产者与消费者的对立，以及企业事故、交通事故、环境污染、缺陷产品致损等各种严重社会问题相继出现。规模浩大的民主运动、民权运动、女权运动、消费者运动、环境保护运动也到处兴起。法院面临许许多多新的问题和新型案件，法官、学者和立法者不得不改变法学思想，探求解决问题的途径，这种努力最终促成了民法制度和民法思想的变迁，近代民法发展演变为现代民法。[3]梁慧星教授把现代民法的基本特征概括为以下两个方面：①平等性与互换性的丧失，出现了严重的两极分化和对立，主要表现为企业主与劳动者的对立、生产者与消费者的对立。劳动者和消费者成为社会生活中的弱者。经济地位和实力对比悬殊，实质上的平等无法单纯通过契约自由得以实现。②实质正义成为现代民法理念，社会妥当性成为民法的价值取向。建立在平等性和互换性上的形式正义，因为基础的丧失，使得关注和强调实质正义成为主旋律。基于对实质正义的追求，学说和判例创立了各种新的理论和判例规则，例如情事变更原则、公序良俗原则等。法院和社会开始关注每一个判决所产生的社会效果。

---

[1] [日]星野英一：《私法中的人》，王闯译，载《民商法论丛》第8卷，法律出版社1997年版，第155页。

[2] 梁慧星：《从近代民法到现代民法——二十世纪民法回顾》，载《中外法学》1997年第2期。

[3] 参见梁慧星：《从近代民法到现代民法——二十世纪民法回顾》，载《中外法学》1997年第2期。

1. 现代民法中的"人"——由抽象人格向具体人格转变

如果说,近代社会因为抽象人格给自然人带来了平等的主体资格,并由此促进了社会的进步和发展,那么在现代社会中,"弱而愚"的人应该得到重视的呼喊却是不绝于耳。正视现实中的不平等,而非简单认识窝藏在面具后的人成为必须。里佩尔在《职业民法》一书中写道:"我们必须给法律上的抽象人(例如所有权人、债权人、债务人)以及为进行论证而架空了的人(例如甲、乙)穿上西服和工作服……"其原因正是"人"与"人"之间的差距越拉越大。这种差距突出地表现在孤立的个人与实力强大的组织之间。

这些被"穿上衣服"的人,一种被想象为弱者,如需要法律扶助、关切的消费者和劳动者。另一种则被法律想象为强者,如大公司、大企业以及企业集团。相应的立法在各国也逐渐出现,如保护消费者权益的消费者权益保护法、保护劳动者利益的劳动法、保护市场竞争的反垄断法等。由此,消费者和劳动者这两类人的具体人格在法律上确立,消费者和劳动者的特殊身份被法律认可,身份的法律意义突显出来。民法人开始区分为消费者/生产者、劳动者/雇佣者的二元模式。[1] 但这种区分远没有达到罗马法身份区分的程度,其区分的出发点也根本不同:罗马法的区分人格是为了保护强者的利益,使得只有少部分人能拥有这种民事主体的资格,是"一种一些人压迫另一些人的法律技术工具"。而后者的区分是为了保护弱者的利益,使得其不会在形式平等的口号与面罩下苦守不当的制度设计。

由此,我们可以得出的基本结论是,抽象人格有利于给每一个人以权利主体的资格,但在平等性和互换性丧失的今天,还绝对坚守抽象人格、无视具体主体的现实能力和地位会在无形之中带来不公正。社会的发展需要立法对此做出反应。具体人格的勾勒绝不是身份制度的死灰复燃,而是正义呼唤下的区别对待。

2. 三个"有限"取代三个"完全"给民法主体人像带来的冲击

我们知道近代民法人像以"理性的经济人"为标准,在这种理论假设中,人有完全的理性和完全的意志力实现完全的自利(简称"三个完全")。他以追求私人最大经济利益为唯一目的,并按照经济原则活动,这种活动在无形的手——分工基础上的市场和竞争的指引下有益于社会的发展和财富的增长。传统民法正是在这种理论的影响下贯彻"私法自治",并把它当做民法的核心价值,民事法律行为成为自己为自己立法的工具,并由此获得"契约必须履行"的伦理依据。这种理论假设

---

[1] 谢鸿飞:《现代民法中的"人"》,载《北大法律评论》第3卷第2辑。

给资本主义的发展带来了蓬勃生机,并给予了人最大限度的表面自由。但现代行为经济学研究表明,现实生活中的人并不具备"三个完全"特征。人始终是有限理性、有限意志力和有限自利的(简称"三个有限")。[1]启蒙运动中对人理性的弘扬和把人拯救于神之阴影下的功绩不能成为现实中人为完全理性动物的理由。事实上这种理性的经济人从来没有在现实生活中存在过。行为经济学研究的必然结论是,民法中的常态并非是"强而智"的人。"民法的人不问男女、成年与否,患精神病与否,都是愚而弱的,只是'弱'与'愚'的程度有所不同而已……"[2]那么在此时,如果我们还视之为平等而理性的主体,并为之进行法律设计,无疑与现实脱离、与正义无涉。

至此,我们可以看出,在现代民法中,无论是立法还是理论都开始对民事主体进行具体化梳理,传统民法中关于法律人理性的假设和主体平等、自由的构想受到了来自各方面的质疑。如果我们承认"抽象人格"和"法人"理论是我们组织生活的技术工具和制度文化的话,我们也不得不承认这种技术"弗兰肯斯坦"(Frankenstein)和制度"利维坦"不断地吞噬着它们的制造者:人虽然创造了它们,但再也感觉不到他是它们的创造者和主人,反而成为它们的奴隶,需要服从甚至崇拜它们。这种工具理性的扩张与目的理性萎缩,使理性从解放人的救世主变成了奴役人的恶魔。[3]总之,人在当下特别需要被给予更多来自人性本源的关注和呵护。民法中"人"的再发现与回归成为现代民法的重要课题。

二、自然人在中国民法中地位的现实与困境

(一)自然人在中国民法中地位的确立

中国民法中自然人民事主体地位的体现经历了一个过程。1986年颁布的《民法通则》对自然人这一民事主体的表述为"公民"(自然人),这种不同于各国民事主体的表述并非立法者意欲标新立异,实则反映了中国当时对民事主体的认识状况。在社会主义国家,由于长期不承认公私法的划分,自1964年的《苏俄民法典》首次

---

[1] 参见徐国栋:《民法私法说还能维持多久——行为经济学对时下民法学的潜在影响》,载《法学》2006年第5期。

[2] 徐国栋:《民法私法说还能维持多久——行为经济学对时下民法学的潜在影响》,载《法学》2006年第5期。

[3] 参见赵晓力:《民法传统经典文本中"人"的观念》,载《北大法律评论》1998年第1卷第1辑。

把公民用作民法术语、用公民代替自然人的概念起,中国民法理论就一直受此影响。在制定《中华人民共和国民法通则》(以下简称《民法通则》)的年代里,虽然经济体制改革让民法恢复到以私法为本位成为必须,但思想的印痕和"文化大革命"的影响仍不可避免地影响着法律术语的表达。直至1999年《中华人民共和国合同法》(以下简称《合同法》)出台,自然人在基本法律中的独立地位才真正得到了确认,"公民"彻底退出私法的舞台。《合同法》第2条规定:"本法所称合同是平等主体的自然人、法人、其他组织之间设立、变更、终止民事权利义务的协议。"这几个字的改变在中国民法的发展史中意义重大,一方面它标志着中国私法和私权观念的复兴,另一方面它使得自然人在民事交往中再无须背着政治国家的外壳,恢复了人之为人的尊严。

(二)中国民法中自然人的两种人像

受传统道德和共产主义理念的影响,中国《民法通则》在构建人的形象时,是按照一个社会主义精神文明所要求的"人"来描绘的,在中国民法中,他有着较高的道德素质。他不能基于先占而获得财产所有权,也不能因为拾得遗失物而主张报酬,相反却有返还拾得物的义务。如中国《物权法》第一百零九条:"拾得遗失物,应当返还权利人。拾得人应当及时通知权利人领取,或者交送公安等有关部门。"而在《合同法》中的人则已经被"商化",《合同法》归责原则的严格责任主义正是商化的直接体现,在买卖合同的所有权转移、风险负担与瑕疵担保责任等规定上基本与《联合国国际货物销售公约》一致,而无论行为主体到底是商人还是偶然交易的人。在对人能力的描绘上,《合同法》中的"人"较《民法通则》中的"人"更加独立、更加自由,也更精明能干。法律在主体权利设计上更加相信当事人的是非判断能力,很多原来由《民法通则》直接宣告为无效的民事行为被《合同法》规定为可撤销民事行为。可以说,《合同法》中的"人"已经类似于近代民法中的"理性经济人"形象。

(三)自然人在中国民法中地位的困境

1. 现代人文主义失落的存在

传统民法的最显著特征,就是把"财产"问题作为其关注的焦点,由此而忽视对"人的保护"。德国法学家耶林早就指出:此前法律的特征是重视财产权而轻视人。传统民法的架构基本上围绕财产问题而展开,民事主体法部分对权利能力和行为能力的关注,并不是出于对人的利益的关怀,而是要寻找到一个法律上的适格的财产所有者。[1] 不仅如此，传统民法对人的存在本身的处理也是"泛财产化"的。在"损害"的概念上长期坚持财产化的原则，拒绝承认精神损害的概念。在对人格的本质的理解上，把拥有财产作为人格得以确立的几乎唯一的手段。从"无财产即无人格"法谚的广泛传播我们不难看出这种思想的影响。在中国，这种人文主义的失落同样存在，并将随着经济的发展而愈演愈烈。

2. 国家和组织的侵蚀

中国是一个有着家长主义传统的国家，国家的影响几乎触及人们生活的每一部分，特别是在这个市民社会不太成熟的阶段。行为经济学的研究使人确信人是一个不能始终理性、有着强烈意志力的形象，为国家的干涉奠定了理论基础。而共产主义的理想更是使国家在经济上必须有着强有力的控制力在中国获得了政治上的正当性。虽然私法自始至终是支撑现代民法的基础，私人成为法律关系的主要形成者，但国家在私法关系的形成到消灭过程中从来就不是一个旁观者，从民法典到外于民法典的民事规范，国家的强制处处可见，只是强制的性格、目的和效果不尽相同而已。[2] 中国国家对自然人的干涉体现在《合同法》、《婚姻法》、《继承法》的各个角落。就算民事法律行为这种被认为是自然人自己为自己立法的手段也必须符合法律关于民事法律行为的要件才能被认定为有效。组织对自然人主体地位的侵蚀从法人的影响中可见一斑。自然人被召集在组织的名义下进行社会活动，在与他人的关系中，个人越来越以某个组织的成员身份（在民法中是法人的代表人或代理人）而非以个人的身份出现。民法为个人在更大程度上实现自身提供了一个有力的工具——法人制度，但同时也使个人隐没在法人中。[3] 中国不太规范的法人制度更是让这种可能的对自然人的侵蚀变得更加无法约束。"法人已经成为少数自然人损害和剥夺大多数自然人的工具。"[4]

三、自然人在中国民法中应有地位的实现

（一）把对人的保护作为民法的指导思想

在异常强大的市场力量、技术力量面前民法必须为保护人的生存和尊严做出努

---

[1] 薛军：《人的保护：中国民法典编撰的价值基础》，载《中国社会科学》2006年第4期。
[2] 苏永钦：《私法自治中的国家强制》，载《民法总则论文选萃》，中国法制出版社2004年版，第195页。
[3] 谢鸿飞：《现代民法中的"人"》，载《北大法律评论》第3卷第2辑。
[4] 李永军：《私法中的人文主义及其衰落》，载《中国法学》2002年第4期。

力，帮助解决人所面临的痛苦和烦恼。把对人的保护作为民法的指导思想，将会促使我们深刻反思各种制度的工具价值，明了制度背后的主体需要。"新世纪的中国民法典应该是人法，是人的权利法，一定要坚持不移地以人为本，把人摆在全部法典的中心，将人文关怀精神贯穿每个条文。"[1]明确对人的保护是民法的指导思想将有益于我们从财产中心主义立法回归，缓解人的"异化"或"物化"，同时也有利于减少国家的家长主义干涉。

（二）区分主体立法

应对自然人和其他主体之间的不同做出反应，发展人的人格权，并就法人的主体制度、行为制度进行合乎保护人尊严的梳理和规定，人之作为人的伦理价值应该得到尊重。"民法中的人不仅仅是一个遮蔽在财产法阴影下的人，而且是一个具有充盈、丰富的伦理性人格要素，有血有肉有尊严有苦恼的人。"[2]笔者个人赞同区分立法：基于自然人和法人之间的本质差异，分别规定。我们不能再回到传统民法中的那个带着面具的时代。就如上文所言，传统民法理论上"人"的概念，因为存在着种种法律上的拟制，导致它脱离了与自然事实意义上"人"（自然人）的直接联系，成为一个没有什么实际内容的空洞的"民事主体"概念。这种抽象，就法律技术而言无可厚非并且有其存在的必要。但是它不应该导致在价值判断的层面上把"自然人"与"法人"简单等同起来。换言之，在中国民法典中必须对传统民法理论上民事主体平等原则的准确内涵和有效性重新加以界定：民法典虽然可以宣告在民事活动中法人与自然人处于平等的地位，但这绝不意味着在对二者的保护上必须采取绝对的平等待遇，对法人的保护，必须置于工具性目的的考虑之下。[3]在特定的情况下，如果出现自然人和法人在利益保护上的冲突，那么必须优先保护自然人的利益。自然人保护优先的原则，还意味着在法律层面上，不能把自然人当做一个如同法人那样可以由立法者任意处置的对象。自然人所具有的伦理性需求使得其除了有物质需求以外，还有艺术、哲学、宗教等精神活动，自然人因为其伦理性将永远是主体而不能成为买卖的标的物，而法人在作为主体的同时却也可以作为客体来买卖。[4]笔者认为法人与自然人的区别立法可以借助于特别的商事立法得以解决，即在民法中

---

[1] 王家福：《21世纪与中国民法的发展》，载《法学家》2003年第1期。

[2] 马特：《民法中"人"的再发现——评王利明先生著〈人格权法研究〉》，载中国私法网，http://www.privatelaw.com.cn/new2004/shtml/20070301-162918.htm，2008年5月1日访问。

[3] 薛军：《人的保护：中国民法典编撰的价值基础》，载《中国社会科学》2006年第4期。

[4] 李永军：《私法中的人文主义及其衰落》，载《中国法学》2002年第4期。

只单纯地确认法人的主体资格,在法人的主体标准、具体权利、义务及行为规则上应该在商事立法上加以具体规定。现代民法对传统民法抽象人格的纠正,便是通过赋予商主体以具体人格,从而实现民商主体实质意义上的平等。随着市场经济的发展,内部组织规则和外部代表规则都明显不同于传统民事主体的商主体,即使传统民法经过了抽象人格具体化的"革命",也不能满足其特殊的要求。从这个意义上说,商主体制度已经不能为传统民事主体制度所完整包容。[1] 所以,这种主体区分不仅有利于自然人的保护,而且会促成法人的良性发展。这种主体规定的分离不仅会纯化民法作为私法的性质,使公法的干预色彩得到淡化,也会使民法的体系结构更加紧凑而具有人文色彩,避免法人主体部分与婚姻、继承等领域的不符。

(三)在抽象人格上类型化具体人格

就对"人"的法律抽象而言,传统民法理论中的"人"是一个高度抽象的概念,完全不顾及现实生活中生存着的具体的人的境况。所以,传统民法典中对"人的保护",在抽象的法律形式下,实际上沦为对那些在特定的社会经济和政治结构中处于强势地位的"某些人的保护"。中国民法典的编撰,必须考虑到人在生存事实上所具有的个体性、具体性特征,必须要超越传统民法典对"人"的高度抽象,而更加切近地关注对处于具体情境中的个体的利益保护,承认具体人格,承认社会上、经济上的强者和弱者的存在,抑制强者,保护弱者。但考虑到中国民法文化尚未根深蒂固,构建民法主体间平等的法律地位仍然是中国法治进程的一个重要任务,所以以上的人格具体化必须是在主体平等、地位平等的基础上进行。我们还需要在借鉴西方抽象人格理论上下足工夫。因为经历近代西方抽象人格论的洗礼,使抽象人格观念深入人心,这一过程是必要的,这一阶段是不可逾越的。"抽象人格"是民法的基本精神之一。[2] 具体人格的刻画不是对抽象人格的根本否定,而是对绝对抽象人格的纠正。当然,如何在立法中区分不同的人是件十分困难的事,但我们不能因此而停止我们思想的脚步,因为这是时代的召唤。至少在坚持类型化的基础上,对那些已经被充分论证的在社会生活中具有区分必要的主体加以突出是可能的。

---

[1] 范健、王建文:《商法的价值、源流及本体》,中国人民大学出版社2004年第1版,第190页。

[2] 曹新民、夏传胜:《抽象人格论与中国民事主体制度》,载《法商研究》2000年第4期。

四、结　语

通过考察民法中民事主体的范围大小及法律人像，我们大致可以看出自然人在民法中的地位变迁：从罗马法时期的"人可非人"到《法国民法典》的"人皆为人"再到现今的"人与非人共为人"；从具体的身份人格到抽象人格再向具体人格回归。可以说，我们看到了人类正视自身普世价值的每一点进步，也看到了人类运用制度文化增长财富、美化生活的努力（法人组织正是制度文化的经典体现）；我们看到了法人等组织在发挥其独特作用的同时，也看到了自然人所面临的困惑和痛苦。虽然我们的立法和理论一再描绘着主体平等的美丽色彩，但任何人都知道经济的手指挥着大量不管情不情愿的活动。我们的国家，古人活在家国之中，无从奢望享受平等和自由。现今，虽然我们一再憧憬和努力，但遗憾的是我们不仅没有足够强大的市民社会对抗政治国家，现在我们还需要经常提防和注意在社会生活中日益起着组织作用的法人等组织。外敌未除，内乱又起，可以以此形容中国民法中自然人的处境。在现在正在进行的民法典起草工作中，怎样具体设计民事主体的结构，不应仅仅停留在是否要承认第三类民事主体的角度上，怎样在民事主体制度设计中乃至整个民法典中做到人有为人的尊严，才应该成为理论关注的重点。虽然在法律技术上还存在着许多的困难，但现代民法、现代民法学今后必须在"人的再发现或复归"的理念之下继续探索。[1]

---

[1] ［日］星野英一：《私法中的人——以民法财产法为中心》，王闯译，载《民商法论丛》第8卷，法律出版社1997年版，第195页。

第二章 物权法热点问题研究

第一节 集体土地征收补偿法律制度比较研究

马克思曾指出:"土地是一切生产和一切存在的源泉。"土地对于人们生产生活的重要性不言而喻。在中国,城镇人口已超过农村人口,但中国仍不失为一个农业大国。近年来因土地征收补偿发生的纠纷不断上演,如果土地问题得不到妥善解决,国家就不能稳定向前发展。

一、问题的提出

土地征收补偿即在国家征收农村集体土地的过程中,由国家行政机关或者由用地单位依照法律规定和程序,基于一定的标准,向被征用农村集体和农户支付土地补偿费、安置费、地上附着物及青苗费等费用的行为。中国2004年修正的《宪法》第十条第三款规定:"国家为了公共利益的需要,可以依照法律规定对土地实行征收或者征用并给予补偿。"《中华人民共和国土地管理法》(以下简称《土地管理法》)第二条第四款也修改为:"国家为了公共利益的需要,可以依法对土地实行征收或者征用并给予补偿。"现代法制国家以保障人民的自由权和财产权为目的,土地征收对特定人造成了经济上的损失,因而国家或政府有对受损失人补偿的义务。很多学者认为征收是一种纯粹的行政行为[1],也有学者认为征收是一种以行政为主,兼有民事行为、宪法行为和经济法行为的混合行为[2],而陈小君教授认为集体土地征收"扬公抑私"的立法倾向,既不符合物权法平等保护的基本法理,也与行政法

---

[1] 刘勇:《物权法草案第49条应当取消——评物权法草案关于公益征收与征用制度的规定》,载《政治与法律》2006年第4期。

[2] 邹爱华、符启林:《论土地征收的性质》,载《法学杂志》2010年第5期。

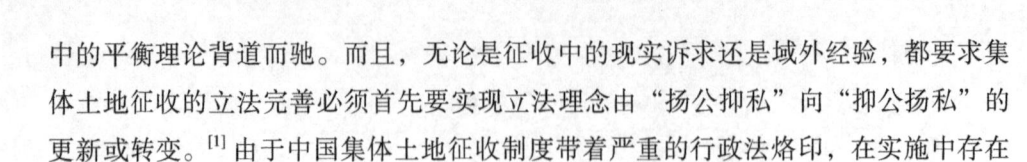

中的平衡理论背道而驰。而且，无论是征收中的现实诉求还是域外经验，都要求集体土地征收的立法完善必须首先要实现立法理念由"扬公抑私"向"抑公扬私"的更新或转变。[1] 由于中国集体土地征收制度带着严重的行政法烙印，在实施中存在着很多弊端，因此急需完善中国的集体土地征收补偿法律制度。

二、域外经验：其他国家土地征收补偿法律制度

世界各国普遍建立了土地征收法律制度。19世纪末期以来，土地所有权的社会性逐渐形成了土地产权的重要特征之一。政府基于公共利益的需要，对所有权的行使作出了一定的限制，土地征收就是主要的形式之一。历史上第一部《土地征收法》是拿破仑政府于1810年3月公布的。此后各国政府纷纷效仿，使土地征收制度不断完善。

（一）美　　国

美国的宪法规定：非依照正当法律程序，不得剥夺任何人的生命、自由或财产；没有合理补偿，不得征用私有财产供公共使用。

根据美国财产法，合理补偿是指赔偿所有者财产的公平市场价格，包括财产的现有价值和财产未来赢利的折扣价格，因征地必须对土地所有者实行公正的补偿。通常土地征用补偿是根据征用前的市场价格计算的，它充分考虑了土地所有者的利益，不仅补偿被征土地现有的价值，而且充分考虑到土地可预期、可预见的未来价值。同时，也考虑了因征地而导致邻近土地所有者经营上的损失。如果土地所有者对补偿金额不满意，还可以继续提出要求，从而获得较为满意的价格。但若政府出于公共利益考虑，认为补偿金支付过多，也可要求法院裁决土地所有者退还部分补偿金。这体现的是征地价格不是单方意志来确定的，征地双方均可依据法律程序提出自己的要求，最终取得双方都能承受的价格。

（二）法　　国

1789年法国《人权宣言》的规定是最早的有关补偿方面的规定，它规定：财产权利是私权，是神圣不可侵犯的，任何人的财产要受到剥夺只有在一种情况下才可以发生，即合法认定的需要是必要时，而且能够事先并公平地补偿其损失。1804年的《法国民法典》规定：任何人的所有权不得被强制出让出去，但是排除公用且受

---

[1] 陈小君：《农村集体土地征收的法理反思与制度重构》，载《中国法学》2012年第1期。

公正事前补偿的情况。从中可以看出法国的补偿原则是"公正补偿",主要体现如下:①合法认定公共需要的存在;②公平补偿被征收人的损失;③在占有被征收人财产前应当事先支付补偿。在法国,被征所有者及其他权利人的全部损失得到补偿是公正的补偿要求,因此,在《公用征收》法典中规定:补偿金额必须是全部的直接又具体的损失,同时也包含了因公用征收产生的损失。根据这一规定,必须全部补偿具备这种直接、具体、物质性质的损失,否则就不能对它进行补偿。在法国,土地征收补偿原则上采用货币的支付方式,但是近年来,也出现了实物补偿的方式。当征收家庭耕作土地时,对于被征收土地的家庭成员而言,征收单位应为其提供同等条件和设备的土地。法国土地征收补偿金的确定步骤主要如下:①确定补偿权利人。对于如何查明和通知土地的所有权人和有利害关系的用益权人,行政机关是有义务的,土地所有权人以外的人或是自认为享有权利的人要求以公益社团的身份享有他们的权利时,向征收机关告知必须是在法定期限内。如果没有告知征收机关,他们将会失去得到补偿的权利。②协商补偿金额。在利害关系人申报后,征收单位通知他们补偿金额的事项,补偿的金额以及依据应当依法提出。当双方就补偿金额具体内容不能达成一致意见时,补偿权利人可以在土地征收裁判后,请求法官确定。③法庭审理和判决。裁定调查时期和公开询问日期是法庭在征收单位或补偿权利人提出申请后的8天内完成的。④执行。征收单位在补偿金经过法院判决或者当事人协商后,按照确定的金额进行补偿。当补偿权利人提供不了有效凭证以证明其受偿资格时应当提存,清偿结束后30天内可以向最高法院申请复核。

(三)德　国

德国从最佳利用土地、调节土地供给、进行城市再开发等角度出发,积极实施土地征用。从征用地补偿标准来看,德国比法国灵活:①以土地或其他标的物在征用机关裁定征用申请当日的转移价值或市场价值为标准,对土地和其他标的物的损失进行补偿。②以在其他土地投资获得的同等收益为准,对营业损失进行补偿。

德国的补偿范围主要是:①实体损失补偿;②其他财产损失补偿;③负担损失补偿。实体损失补偿的定义是对土地本身以及除土地本身以外标的的价值补偿。其他财产损失补偿是指财产权人的损失补偿不会因为实体补偿以后就不存在,而是仍要对实体以外的其他损失进行补偿。

德国的土地征收补偿标准会因情况的不同而有所差别,主要有实体损失以征收官署决定征收计划时的市价为准以及其他财产损失补偿标准,后者主要有三个方面:

①营业额损失补偿的标准。它的最高额是不能超过将另一块土地以原貌重建时的必要费用。②迁徙费补偿的标准。迁徙费的补偿是营业体在迁徙过程中必要的花费，它有很多表现形式，如装修的花销、另外寻找营业店的花费、运输的费用等。③残余地补偿的标准。根据德国法院的法律实务，如果是对原有整块土地的实际价值已远远低于征收部分的市价进行补偿，失地人就不能再提起独立的残余地补偿诉讼。[1] 政府为了防止利用预期的公共事业进行投机活动，在城市的再开发区，规定对于某些价格上涨不能计入补偿中去，这个上涨的价格主要是因预测土地将变为其他用途的土地时引起的地价波动。各种征收补偿的费用应由征地受益人在征收决议发起之日起，30天内直接给付被征收人，否则征收决议就不产生法律效力。

为了增加财政收入和防止土地投机行为，德国政府规定，凡因预测土地将变为公共用地而引起的价格上涨，都不计入补偿价格，而收归国有。[2] 对补偿金额有争议时，应依照法律途径向辖区所在的土地法庭提起诉讼，以充分保障被征地所有权人的合法权益。同时各类补偿费由征地受益者直接付给受补偿人，且各类补偿应在征收决议发出之日起1个月内给付，否则征收决议将被取消。[3] 另外，德国的土地征用补偿方法，除了现金补偿，还有代偿地补偿、代偿权利地补偿等。

（四）日　本

日本在1951年颁布的《土地征用法》中明确规定，重要的公用事业都可运用土地征用制度，征用损失的补偿以个别支付为原则，而支付的财物，原则上以现金为主，补偿金额须以被征用的土地或其附近类似性质土地的地租或租金为准。日本的土地征用补偿是根据相当补偿的标准来定的，在大多数情况下以完全补偿标准确定土地补偿费。具体来看，日本征用土地的补偿包括以下几个方面：①土地所有权损失。②其他权利损失，如地上权、长期租佃权、租赁权、矿业权、渔业权，以及对建筑物、土砂石的损失等。③对征用土地造成的通损进行赔偿。这种赔偿包括搬迁费赔偿、树木赔偿、经营赔偿、农业赔偿、渔业赔偿、残留地赔偿等。④对非征用土地上蒙受损失的人进行赔偿。⑤对被征用土地上少数残留房进行损失赔偿。这种赔偿带有较强的生活权的赔偿性质，残留户由于原来的生活共同体被破坏，要蒙受很大的损失。为了使残留人员重建生活，项目人要支付适当的赔偿。⑥对被征用土地上的失业人

---

[1] 陈新民：《德国公法学基础理论》（下册），山东人民出版社2001年版，第486页。

[2] Vgl. Dieter Hesselberger, Das Grundgesetz Kommentar für diepolitische Bildung, p.154–160

[3] 陈新民：《德国公法学基础理论》（下册），山东人民出版社2001年版，第408页。

员进行赔偿。在失业人员寻找工作所需要的时间内，项目人要通过对其支付不超过原工资的适当赔偿金来进行补偿。⑦对项目造成的其他损害进行赔偿。一般公益事业造成噪音、废气、水质污染时，对该损害进行赔偿。可事先预见损害时，进行事前赔偿。

日本的补偿金额按照法律规定的方法进行计算，按被征用地的正常市场交易价格计算，并按签订合同时的价格计算，对以后价格变动的差额不再进行追加。土地征用的补偿从该公益事业建设公告之日算起，参照附近类似土地交易价格，并综合公告之日起到取得权利之日期间物价变动因素考虑。土地征用补偿方法，除了现金补偿，还有替代地补偿，包括耕地开发、宅地开发、迁移代办和工程代办补偿等。

三、借鉴与启示：中国集体土地征收补偿制度的完善

（一）其他国家土地征收补偿制度的启示

比较以上其他国家的土地征收补偿制度，给我们带来启示如下。

1. 征地原因

大部分国家皆因国家公共利益或者调解国家土地供给等才可以予以征收并且实施公正补偿。如德国规定："德国从最佳利用土地、调节土地供给、进行城市再开发等角度出发，积极实施土地征用。"日本在《土地征用法》中也规定公用事业才可以征收私人财产。

2. 土地征用补偿标准

各国土地征用补偿标准大致可以分为三类：①按公平市场价格补偿，即以土地被征用时的公开市场上能得到的出售价格为补偿标准，如美国和德国的具体规定。②按裁定价格补偿，指按法定征用裁判所或土地估价机构裁定或估定的价格补偿，如法国以征用土地周围土地的交易价格或所有者纳税时的申报价格为参考。③按法定价格补偿，指按法律规定的基准地价或法律条文直接规定的补偿标准。

3. 土地征用的补偿方式

各国土地征用的补偿方式为货币补偿兼其他方式的辅助补偿。如德国的补偿方式，除了现金补偿，还有代偿地补偿、代偿权利地补偿等。日本土地征用补偿方法，除了现金补偿，还有替代地补偿，包括耕地开发、宅地开发、迁移代办和工程代办补偿等。

4. 土地征用补偿纠纷解机构

在大多数国家或地区的土地征用过程中，土地征用补偿额是由政府主管部门确定，或由征地机构与所有当事人协商解决的。如果协商不成，或当事人不满政府主管部门所确定的补偿额，可向法院上诉，由法院做最终裁决。如德国规定对补偿金额有争议时，应依照法律途径向辖区所在的土地法庭提起诉讼，以充分保障被征地所有权人的合法权益。同时各类补偿费由征地受益者直接付给受补偿人，且各类补偿应在征收决议发出之日起1个月内给付，否则征收决议将被取消。

（二）中国集体土地征收补偿制度存在的问题

根据中国的相关法律、法规和现实生活中发生的土地征收补偿矛盾，中国在集体土地征收补偿法律制度中存在以下问题。

1. 何为公共利益界定不清

土地征收权的"滥用"侵害了农民合法的土地权益，引发了征地纠纷，人为地扩大了人地矛盾，加剧了农村剩余劳动力的压力，成了影响农村经济发展和社会稳定的核心问题之一。根据中国《宪法》和《土地管理法》的相关规定，征收土地需限定在公共利益，但却对公共利益的内涵和外延并没有做出具体规定，并且公共利益的界定完全由行政机关单方认定，这导致了现实生活中很多政府披着公共利益的外衣实施其商业目的，侵害了农民的合法权益。

2. 补偿标准低

中国《土地管理法》中第四十七条对补偿标准做出了明确规定[1]，中国现行的补偿标准是以被征收土地的原有用途来计算的，即以农业收益为基础的年产值倍数进行测算。这种把农业用地亩产值作为确定征地补偿标准唯一因素的做法已不能适

---

[1] 《中华人民共和国土地管理法》第四十七条："征收耕地的补偿费用包括土地补偿费、安置补助费以及地上附着物和青苗的补偿费。征收耕地的土地补偿费，为该耕地被征收前三年平均年产值的六至十倍。征收耕地的安置补助费，按照需要安置的农业人口数计算。需要安置的农业人口数，按照被征收的耕地数量除以征地前被征收单位平均每人占有耕地的数量计算。每一个需要安置的农业人口的安置补助费标准，为该耕地被征收前三年平均年产值的四至六倍。但是，每公顷被征收耕地的安置补助费，最高不得超过被征收前三年平均年产值的十五倍。征收其他土地的土地补偿费和安置补助费标准，由省、自治区、直辖市参照征收耕地的土地补偿费和安置补助费的标准规定。被征收土地上的附着物和青苗的补偿标准，由省、自治区、直辖市规定。依照上述规定支付土地补偿费和安置补助费，尚不能使需要安置的农民保持原有生活水平的，经省、自治区、直辖市人民政府批准，可以增加安置补助费。但是，土地补偿费和安置补助费的总和不得超过土地被征收前三年平均年产值的三十倍……"

应中国实行的市场化经济发展要求。中国现在实行的经济体制是市场经济，土地的价值已经不是单纯的农业产值了，它与当地农民的生活水平、经济发达程度有着密切的联系。这种做法不仅不能反映不同土地的地租差，同时也反映不出土地所处位置的不同、不同地域经济水平的差异、土地市场交易价格的变动、人均耕地面积不同等因素对土地价值的波动所造成的影响，也不能体现一块土地在投资水平或投资情形有差异时出现的真实价值波动。[1]按照原用途对失地人进行补偿，不能使被征地人很好地分享土地利用方式改变带来的增值和经济社会发展的成果，同时也不能体现公平的原则。而且在实践中，因为年产值的不确定和倍数标准的不统一，地方政府常常会在法定的范围内压低征地补偿费用标准。另外土地征收补偿标准没有具体化。对于征收耕地的土地补偿费和安置补助费的标准，虽然在《土地管理法》中有明确而又具体的规定，但是对耕地以外的土地补偿费和安置补助费以及被征地上的附着物和青苗的补偿标准则只是模糊的规定，只是简单规定了授予的方式。这种不直接规定只授予的方式，常常导致补偿标准的层层降低，危害农民的合法权益。

3. 补偿范围窄

中国的农村土地征收补偿范围同国外相比是相当狭窄的，它的范围只是与被征收土地产生直接联系的经济损失。具体来说主要有以下几点：①土地补偿费。与国外对私人所有土地进行征地补偿相比较而言，中国的土地补偿费则是不同于国外做法的，中国的做法与中国的国情相关，只是对集体土地所有权进行补偿，土地承包经营权作为农民的一项用益物权，农民并未得到补偿。②地上附着物补偿费、青苗补偿费。根据《中华人民共和国土地管理法实施条例》（以下简称《土地管理实施条例》）第二十六条第一款的规定可知，中国的征地补偿范围限于对被征对象上的建筑物及其附属物与作物的补偿费。[2]③安置补助费。中国有关安置补助费方面的规定主要是《土地管理法实施条例》第二十六条第二款。[3]从中可知中国的补偿范

---

[1] 贺雪梅、鞠海龙、沈晓敏：《论中国土地征收补偿制度之完善》，载《经济研究导刊》2007年第7期。

[2] 《中华人民共和国土地管理法实施条例》第二十六条第一款："地上附着物及青苗补偿费归地上附着物及青苗的所有者所有。"

[3] 《中华人民共和国土地管理法实施条例》第二十六条第二款："征收土地的安置补助费必须专款专用，不得挪作他用。需要安置的人员由农村集体经济组织安置的，安置补助费支付给农村集体经济组织，由农村集体经济组织管理和使用；由其他单位安置的，安置补助费支付给安置单位；不需要统一安置的，安置补助费发放给被安置人员个人或者征得被安置人员同意后用于支付被安置人员的保险费用。"

围相当狭窄，仅限于《土地管理法》中规定的范围，以及其他法律规定的林木补偿费、房屋补偿费和搬迁安置费。综上所述，中国农村土地征收补偿的范围只限于与财产有直接关系的金钱损失。但实践中，农民因征地而导致的损失除了法律上的规定，还有其他的损失，如因土地征收造成余下面积不足以继续耕种原作物，或致使大型的农业机械在剩余土地上无法再像原土地一样使用而造成的损失，或者是参加土地征收而支出的必要费用等。对于这些与客体没有直接联系的损失，除了在个别地区的地方法规中有所体现外，在中国的其他地方基本上是不会对其进行补偿的。有的地区还对此有限制。这种建立在计划经济体制上的土地征收补偿范围已经不能适应中国现在的国情，应对其进行修改。

4. 利益分配不均

中国集体土地征收补偿法律制度中显现了征收利益分配上的公私失衡及其对集体成员生存权与发展权的损害。《土地管理法》按农业用途给予产值倍数补偿的规定，在忽视集体土地所有权和用益物权足额价值的同时，突显了行政机关的优越性，造成了公权主体与私权主体之间利益分配的悬殊。有学者指出："补偿款的分配格局是政府占60%—70%，村级组织占25%—30%，农民仅占5%—10%。"[1]这种严重失衡的利益分配，一方面可能导致低廉的征地补偿款与高昂的土地出让金之间的巨额"剪刀差"，诱发地方政府的征地敛财冲动；另一方面又会导致相当一部分被征地人生活水平下降，发展能力丧失或者受限。在集体土地征收过程中，就主体及其权利而言，应协调集体成员、集体经济组织和各级政府之间的纵向利益，还要兼顾成员之间的横向利益，不仅要平衡集体成员、集体经济组织和各级政府之间的外部利益，还要考量集体组织成员与集体经济组织间的内部利益，同时要保障集体成员的生存权和发展权。[2]

（三）中国集体土地征收补偿制度完善的对策

1. 集体土地征收法律制度的立法理念更新为"抑公扬私"，合理鉴定公共利益

中国现行立法关于集体土地征收补偿制度的立法理念印着深深的行政法烙印，从公共利益的界定、征收赔偿的标准和方式到征收利益的分配，均以行政机关为主，这样容易导致行政机关行政权的滥用，严重侵害农民的合法权益。结合国外其他国

---

[1] 陈明：《农地产权制度创新与农民土地财产权利保护》，湖北人民出版社2006年版，第147页。

[2] 陈小君：《农村集体土地征收的法理反思与制度重构》，载《中国法学》2012年第1期。

家的土地征收法律制度以及中国的现实需求，当前中国应实现集体土地征收法律制度立法理念的转变，即由"扬公抑私"向"抑公扬私"转变。公共利益作为征收权形式的唯一原因，应由中国法律采取概括式与列举式相结合的方式合理界定何为公共利益。"只有独立于行政权威的权力中心才能够约束政府，而此类权力中心常常以财富作为基础。简言之，私有财产绝非仅仅是一种公民权利，它还是对抗政治压抑的一种防卫工具。"[1]公共利益必须是明确的、具体的，关于公共利益的具体种类可以参考《国有土地上房屋征收与补偿条例》的规定，将其限制在国防、国家机构建设以及能源、交通、通讯、科技、教育、学术、文化、体育、医疗卫生等设施建设，国家、地方重点工程建设，城市市政工程和环保工程建设等范围内。如果商业企业可使一般公众直接受益，具有服务于公众的特点，就可以认定为公共利益。此外，还应设立一个概括性条款，将立法时无法列举或难以列举的其他应属于公共利益范畴的事项包括在内，以保持公共利益具有一定的弹性。同时应设立一个排除条款，即明确排除哪些事项不属于"公共利益"的范围，一般的商业性开发，如高尔夫球场等事项应排除在外。

2. 遵循市场原则，合理制定补偿标准和项目

目前，世界上大多数国家和地区对被征用土地的补偿，都是根据当时的市场价格或以市场价格为基础来确定的。中国的集体土地征收补偿标准应结合现实需求，以市场价值补偿为原则，以切实保障被征收人的基本生活需求为依归，并坚持补偿标准的动态性，根据经济、社会发展情况适时调整。[2]应将土地补偿费、青苗及建筑物、构筑物补偿费、残地补偿费等主要补偿项目的补偿价格参照当前土地市场的价格，还应增加集体土地投入损失、残余地分割损害、经营损失、租金损失以及合理预期土地增值收益等项目的补偿。

3. 实现土地征用补偿方式的多样化

借鉴日本、德国等发达国家的经验，土地征用的补偿方式既可以采用货币补偿，也可以采用实物补偿。其中，实物补偿又可以采取留地补偿、迁移代办和工程代办补偿、替代地补偿等相结合。而结合中国实际国情，建议创办一套以货币安置为主，以留地安置、土地开发整理安置、社会保险安置和农民集体土地入股为辅的补偿安

---

[1] [美]迈克尔·D·贝勒斯：《法律的原则——一个规范的分析》，中国大百科全书出版社1996年版，第95页。
[2] 石佑启：《私有财产权公法保护研究——宪法与行政法的视角》，北京大学出版社2007年版，第165页。

置模式，建立健全被征收人的社会保障体系。

4. 合理分配征地补偿费用

中国征地补偿的分配格局存在着严重的公私失衡及对集体成员发展权的侵害问题。由于现行法律对集体经济组织和集体成员概念界定的模糊，导致现实生活中发生了很多侵害集体成员分配权的案件。因此，国家进一步界定农村土地征用补偿的受益主体，不仅能有效地保护农民的合法权益，也可以防止集体财产的流失。集体土地按照所有权进行分类，有乡镇、村和村民小组三级农民集体所有，按照客体可以分为耕地、宅基地、建设用地和自留山、自留地等。[1] 因此，应根据不同的集体土地的类型，确定不同的集体土地征收补偿机制。

5. 建立土地仲裁纠纷机构

针对补偿纠纷的问题，多数国家除设立土地决策、咨询、执行机构外，还专门设立仲裁机构裁决征地者与土地所有者之间的争议。被征土地所有权人及权利相关人对征地价格不满意时，可以提出异议，申请仲裁，甚至向法院提出诉讼，以维护自己的权利。而《中华人民共和国土地管理法实施条例》中指出：对补偿标准有争议的，由县级以上地方人民政府协调，协调不成的，由批准征用土地的人民政府裁决。征地补偿、安置争议不影响征用土地方案的实施。可见，中国集体土地征收存在严重的行政行为烙印，并未将集体土地作为一种私人财产权进行保护。中国是政府作为土地征用补偿纠纷的裁判员，缺乏一个专门机构来裁决征用中的争议及矫正征用双方行为。因此，中国的土地纠纷处理必须引入法律程序，建立专业的土地纠纷仲裁机构。同时，为了补偿纠纷处理的公正性与合理性，征地各方可以向人民法院提起诉讼，来有效保护国家、集体、农民三者之间的合法权益。

第二节　在集体建设用地上建公租房问题研究

当今中国农地之流转已成为一个大趋势，关于其流转的模式中国已有几个试点地区，其取得成功经验的背后也遇到各种各样的复杂问题，2012年年初在全国国土资源会议上，国土资源部批准北京和上海可以开展在集体建设用地上建设公租房试

---

[1] 陈小君：《后农业税时代农地权利体系与运行机理研究论纲——以对中国十省农地问题立法调查为基础》，载《法律科学》2010年第1期。

点。这可以称得上是增加农民收入和缓解中国城市用地相对紧缺的一个新型试点，意义重大。但其背后存在的一些问题也值得我们深思，比如这一模式的合法性与合理性问题，如何平衡政府、集体经济组织与农民的利益等。其问题产生的根源在于中国特有的二元土地所有制，集体土地与国有土地的权利不平等性，因此应修改中国现行相关法律、法规，真正实现集体土地与国有土地的同地同价同权。

一、在集体建设用地上建公租房的背景及意义

（一）背　景

谋得栖身之所是天赋人权，"居者有其屋"和"耕者有其田"一样，是人类最基本的需求，也是任何国家和社会必须高度关注的民生问题。然而，在当今中国的许多城市，住房却与普通老百姓渐行渐远，似乎正在成为虚无缥缈的"空中楼阁"。房价井喷，安居成了老百姓最遥远的梦想。为了解决老百姓最基本的生活需求——住房问题，国家建设了大量的保障房来缓解压力，从经济适用房到廉租房，再到目前的公租房建设。所谓的公租房，是国家为解决新就业职工、中低收入者中无法购买经济适用房或承租廉租房等夹心层群体住房困难而提供的一个暂时性租用产品。公租房是国家住房保障体系的一部分，主要是政府针对无力通过市场租赁或购房的中等偏下收入的困难家庭或个人，采用集中方式提供的具有保障性质的租赁住房。[1]在农村集体建设用地上试点建设公租房，更是2012年保障房建设的一个新看点、新亮点。

另外中国多年来注重城市、忽略农村，导致政策和投资过分向工业和城市倾斜，城乡二元结构矛盾突出，为了进一步推动农村经济发展，从根本上解决中国城乡二元结构的矛盾，促进社会和谐发展，党中央提出统筹城乡发展。统筹城乡发展的根本途径是工业化、城市化，其前提是农民参与，分享权益。[2]因此一定要处理好城乡关系，发挥城市对农村的带动作用和农村对城市的促进作用，使农村为城市发展提供腹地、资源和市场，城市为农村发展提供资金、人才和技术。处理好城乡关系有利于解决"三农"问题，从根本上消除城乡二元结构，形成以城带乡、城乡联动、整体发展的格局。

在推动城市化发展的过程中，以下问题突出：①城镇化和工业化发展迅速，城市基础设施建设、小城镇建设等用地需求量持续增加与有限的国有土地总量矛盾日

---

[1] http://www.wellan.cn/mtbd/4/10198.html。

[2] 黄庆杰、王新：《农村集体建设用地流转的现状、问题与对策：以北京市为例》，载《中国农村经济》2007年第1期。

益增加，特别是在经济发展迅速的地区，国有建设用地紧张，无法满足现实主体不断增长的需求。②房价的不断上涨，使得住房成了普通老百姓心中遥不可及的梦想，尤其是一些大城市的务工人员以及城市低收入家庭。③国有土地寸土寸金，集体土地也应入市交易的呼声越来越高，并且成了提高农民收入，保障农民权益的一种重要手段。为了更好地解决中国社会发展过程中以上问题，在 2012 年全国国土资源工作会议上，国土资源部负责人介绍，2012 年对于商品住房价格较高、建设用地紧缺的直辖市和少数省会城市，由省级人民政府审核同意并报国土部批准后，可以开展集体建设用地建设租赁住房试点。但早在 2011 年 5 月，国土资源部《关于加强保障性安居工程用地管理有关问题的通知》中规定严禁擅自利用农村集体土地兴建公共租赁住房，各地要严格执行国务院《关于严格执行有关农村集体建设用地法律和政策的通知》，坚决制止乱占滥用耕地的建设行为，严禁擅自住房。对于商品住房价格较高、建设用地紧缺的个别直辖市，确需利用农村集体建设用地进行公共租赁住房建设试点的，城市人民政府必须按照控制规模、优化布局、集体自建、只租不售、土地所有权和使用权不得流转的原则，制订试点方案，由省级人民政府审核同意，报国土资源部审核批准后，方可试点。未经批准，一律不得利用农村集体建设用地建设公共租赁房。2012 年国土资源部同意北京、上海两个城市作为试点在集体建设用地上建设租赁住房及公租房后，同时提出"严格审批、局部试点、封闭运行、风险可控"四点要求。

（二）主要做法

2012 年北京市政府已经批准了在集体土地上建租赁房的试点方案，已有 5 个农村集体经济组织申请建设租赁住房 1 万多套。上海在农村集体建设用地上建公租房的试点获批准后，也已选取了 20 多个点，涉及 8 个区，进行规划建设，其主要集中在外环线以外的郊区。早在 2010 年 12 月，上海利用农村在集体建设用地上建公租房的"试水之作"——位于闵行区的联明雅苑，即已被上海住房保障和房屋管理局认定为公租房项目，并获得肯定。

总结两个城市在集体建设用地上建公租房的经验，可以将其做法概括如下。

1. 政府主导型

政府作为民事主体参与在集体建设用地上建公租房的建设和经营，形成政府与集体之间的土地租赁法律关系和政府与承租人之间的房屋租赁法律关系。由政府租赁农民的集体土地，通过谈判或者国有土地市场价格确定集体土地租赁价格，再筹措资金进行公租房建设，政府成为公租房提供的主体。农村集体经济组织则通过出租建设用地使用权获得收益。[1]2009年《北京市公共租赁住房管理办法》（试行）第7条规定："公共租赁住房建设用地实行有偿使用，其中对于政府所属机构或者政府批准的机构建设的，其用地可以采取租赁方式，按年缴纳土地租赁金。"可见，在农村集体建设用地上建公租房可以由政府出面筹措资金主导建设与管理，其租赁农民的集体建设用地，按年缴纳土地租赁金。

2. 运营机构主导型

由政府组织和扶持从事公共租赁住房投资和经营管理的专业机构参与在集体建设用地上建公租房的建设与管理。其按照《中华人民共和国公司法》（以下简称《公司法》）的规定组建，具有独立的法人资格。政府提供法律支持，运营机构负责公租房的筹资、建设和管理，农民集体经济组织以其建设用地使用权采取入股或者出租的方式来获取收益。上海市人民政府关于批准本市住房保障房屋管理局等六部门制定的《本市发展公共租赁住房的实施意见》的通知中，提到其基本思路为公共租赁住房是政府提供政策支持，由专业机构采用市场机制运营，根据基本居住要求限定住房面积和条件，按略低于市场水平的租赁价格，向规定对象供应的保障性租赁住房。运营机构是指由市、区（县）政府组织和扶持一批从事公共租赁住房投资和经营管理的专业运营机构，负责公共租赁住房投资、建设筹措、供应和租赁管理，并引导各类投资主体积极参与。运营机构应按《公司法》有关规定组建，具有法人资格，采取市场机制进行运作，以保本微利为营运目标，着重体现公共服务的功能。其中市和区（县）政府可投资入股运营机构，通过合理让渡或不参与分配租赁收益等方式，支持和保证运营机构持续发展公共租赁住房。在国有土地上单独选址、集中建设的公共租赁住房，可将土地出让金作为政府的投入部分作价入股；市和区（县）政府提供其他土地、房产的，其中低于市场价部分可折价入股。市和区（县）政府对公共租赁住房建设和运营给予资金支持。

3. 农村集体经济组织主导型

对于一些有能力进行开发房屋的集体，可以采取"自筹自建自管"的模式。农村集体组织自己筹措资金、自己建设、自己管理公租房，租金收益完全归农村集体组织，农民从租金中获得收益。上海闵行区七宝镇联明村的"联明雅苑"就采取了此种做法。[2]

---

[1] 胡能灿：《集体土地上建公租房的政策建议》，载《上海房产》2011年5月版。
[2] 胡能灿：《集体土地上建公租房的政策建议》，载《上海房产》2011年5月版。

联明雅苑地块原是联明村的企业用地,但企业效益低下。而处于上海城乡结合部的联明村聚集了大量制造型、商贸型企业,员工多为外来务工人员,其居住问题也日益突出。对此,联明村农民召开了村民代表大会,决定改造原企业用房、建设单位租赁房。村民代表大会还决定,每家每户集资10万元以上用于建房,建成出租后每年以7%的水平返还收益。2008年9月,联明雅苑开工建设,2010年6月全部装修完毕,总投资9 300万元。据介绍,联明雅苑总建筑面积逾2.5万平方米,有两幢公寓楼,404套出租房屋,其中二室户72套,每套面积为70平方米;一室户332套,每套面积45平方米。小区附近有便利店、菜场、幼儿园和运动设施,出入均有保安看管,进出每个单元还要凭卡进门。小区由专业的物业公司管理,租金低于市场价格,从2010年9月招租后就十分抢手,常有公司一次性租用几套、几十套作为员工宿舍。至2011年,小区出租率达到100%。此外,该小区还成为村民新的收入来源。去年联明村村民从小区租金中获得的收益超过500万元,今年有望进一步增加。联明雅苑被政府部门认定为公共租赁房项目,住户可在水、气等价格方面享受倾斜政策。

(三) 意 义

在集体建设用地上建公租房,是为了促进农民收入增加和缓解城市建设用地紧张的有益试点,其意义重大,主要有以下几点。

1. 有效提高农民的收入,改善农村面貌

在集体建设用地上建公租房,可以提高农民收入,缩小城乡差距。在集体建设用地上建设公租房,农民可以凭其建设用地使用权入股参与经营,或者采取自建方式收取房租。不论采取何种方式,都能有效增加农民的收入。另外,在集体建设用地上建公租房还能改善农村面貌。中国农村公共物品长期供给不足,导致农民生产和生活环境较差,通过新农村建设,加大对农业基础设施建设和科技进步的支持力度,能够有效改善农村面貌和农业生产条件。

2. 减少政府财政压力,缓解城市土地相对紧缺

在工业化和城镇化的发展过程中,大量人口涌入城市,促进中国经济发展的同时,也给城市带来了巨大的压力。越来越紧张的城市用地与愈加增多的住房主体矛盾凸显,并且当前征地拆迁费用日渐走高,使得部分地方政府不堪重负。在农村集体建设用地上建公租房可以有效解决这一问题,地方政府可以节省掉征地拆迁的费用,减轻地方政府的财政压力,缓解城市用地紧缺的矛盾。另外随着保障房数量的增加,商品房的需求量下降,在集体建设用地上建保障房还可以有效抑制中国过高的商品房房价。

3. 提高土地利用效率，减少土地浪费

目前，促进农村建设用地的流转已成为增加农民收入的一个重要途径。在城镇化的建设过程中，中国农村建设用地闲置现象严重，在集体存量建设用地中，既有乡镇企业、村办企业以前获批的土地，也有计划经济时代留下来的公共设施用地，还有合村、撤乡、并镇过程中出现的闲置土地，以及村庄总人口减少留下的宅基地。这些存量建设用地，大多处于闲置未用状态，土地利用效率低，造成土地资源浪费现象严重。因此在集体建设用地上建公租房首先能够有效盘活现有的集体存量建设用地，提高土地利用率。

4. 有效保障和改善民生

"民生问题无小事"，为中低收入家庭提供住房保障，是政府应尽的职责。2012年3月5日在第十一届全国人民代表大会第五次会议上政府工作报告中，温总理提到要切实保障和改善民生，解决关系群众切身利益的问题，要坚持民生优先，努力使发展成果惠及全体人民，促进社会公平正义，大力推进保障性安居工程建设。在农村集体建设用地上建公租房，由于保障房具有福利性质，其租赁价格略低于市场租金水平，保障房的增加，对于刚刚毕业的大学生、进城务工的人员和城市的低收入者来说是一个福音。

二、在集体建设用地上建公租房的主要问题分析

任何一个事物皆具有两面性。在农村集体建设用地上建公租房同样不例外。这一新型的农村土地流转模式，也让很多专家学者担忧。有人认为，此举与现行法律相违背。因为中国《土地管理法》第43条规定：任何单位和个人进行建设，需要使用土地的，必须依法申请使用国有土地；但是，兴办乡镇企业和村民建设住宅经依法批准使用本集体经济组织农民集体所有的土地的，或者乡（镇）村公共设施和公益事业建设经依法批准使用农民集体所有的土地除外。国有土地包括国家所有的土地和国家征收的属于农民集体所有的土地。并且中国《宪法》、《土地管理法》和《物权法》都已明确规定国家征收农民集体所有的土地必须限于公共利益的目的，非公共利益的目的不得征收土地。[1]也有人担心，随着农村集体建设用地数量的剧增，如果任其蔓延，其结果就是冲击土地供应闸门，冲击国家宏观调控政策，并危及农村稳定和粮食安全，并且目前关于集体建设用地上建公租房的法律制度还不健全，

---

[1] 韩松：《新农村建设中土地流转的现实问题及其对策》，载《中国法学》2012年第1期。

后期将会出现多方面的利益争端。也有人担忧在集体土地上建公租房事关各方利益，可能会出现小产权房建设或变相的房地产开发商利用此次机会"搭便车"等现象。

因此对于在集体土地上建设公租房这一模式出现的问题主要分析如下。

（一）在集体建设用地上建公租房的合法性问题分析

公租房是国家为解决新就业职工、中低收入者中无法购买经济适用房或承租廉租房等夹心层群体住房困难而提供的一个暂时性租用产品。公租房是国家住房保障体系的一部分，主要是政府针对无力通过市场租赁或购房的中等偏下收入的困难家庭或个人，采用集中方式提供的具有保障性质的租赁住房。可见，公租房作为一种保障性住房，是政府民生工程的重要组成部分，其是政府不可推卸的重要责任。由于近年来国家建设用地紧张，不断增加的住房需求主体与紧张的国有建设用地数量矛盾凸显，因此国家尝试在集体建设用地上开展公租房建设这一工程。但是此行为却与国家的法律相冲突。据中国《土地管理法》第四十三条所称，依法申请使用的国有土地包括国家所有的土地和国家征收的属于农民集体所有的土地。可见，中国土地市场完全由国家垄断，任何单位和个人进行建设，初始来源都是来自于国家的出让土地行为，与此相反的是集体所有土地的使用范围十分有限，严格限定在兴办乡镇企业、村办建设住宅、乡（镇）村公共设施和公益事业上，其他建设用地所使用的土地都是国家建设用地。[1] 而公租房是由政府建设或公共机构所有，用低于市场价或承租者能够承受的价格向新就业职工出租，其属于国家的保障性住房，为中国住房保障体系的一部分。从其概念与性质上分析，不属于兴办乡镇企业或村民建设住宅，也不属于乡村公共社会设施和公益事业建设，因此政府建设公租房应该在国有土地上或者在征收为国有的集体建设用地上建设，但是国家却直接在农民所有的土地上建设公租房并且没有对农民的土地进行征收与补偿。另外中国《物权法》规定了物权的平等保护原则，其第三条规定："国家实行社会主义市场经济，保障一切市场主体的平等法律地位和发展权利。"第四条规定："国家、集体、私人的物权和其他权利人的物权受法律保护，任何单位和个人不得侵犯。"第四十二条规定："为了公共利益的需要，依照法律规定的权限和程序可以征收集体所有的土地和单位、个人的房屋及其他不动产。"中国《国有土地上房屋征收与补偿条例》第八条规定，由政府组织实施的保障性安居工程建设的需要属于保障国家安全、促进国民经济和社会发展等公共利益，但是必须经过征收的环节。因此，国家要征收集体的土地必

---

[1] 韩松：《集体建设用地市场配置的法律问题研究》，载《中国法学》2008年第3期。

须是基于公共利益的需要且必须经过征收的环节，并要拟定征收补偿方案。因此在集体建设用地上建公租房与中国现行法律相冲突，其合法性值得人们深思。

（二）在集体建设用地上建公租房的合理性问题分析

公租房是政府为了保障城市务工人员以及城市低收入家庭的安居问题而建设的保障房，租赁价格一般低于市场价格，并且其租赁对象与租赁价格都要由政府予以制定，只有这样才能体现公租房的福利性质。在集体建设用地上建公租房，政府并没有对农民的集体建设用地进行征收与补偿，只是向农民缴纳了租赁费，或者由具备建设公租房条件的农村集体经济组织自筹自建，但是房屋租赁对象与租赁价格由政府予以规定，这样一来就相当于让农民来承担政府的保障功能。在农村土地与城市土地同价同权的呼声越来越高的背景下，在集体建设用地上建设的保障房租赁价格却低于一般市场价格，农民对集体土地享有当然的所有权，却不能享有当然的定价议价的权利，因此损害了农民的土地利益。另外在当前的二元土地所有制结构下，根据《土地管理法》第四十六条与第四十七条规定，征收农民土地的，农民可以获得土地补偿费与安置补助费，但在集体建设用地上建公租房这一行为中，农民没有得到任何补偿。即使在集体经济组织自筹自建的模式中，农民在公租房建设前期也要投入大量资金与劳力，市场瞬息万变，万一出现市场风险，农民还要为这一保障工程的风险买单。如此一来，就与政府呼吁的保障农民利益相冲突。因此在集体建设用地上建公租房的合理性也遭到了人们的质疑。

（三）在集体建设用地上建公租房的主要做法分析

通过对上述三种在集体建设用地上建公租房的做法介绍，笔者认为政府主导型与运营机构主导型模式皆属于出租农民的建设用地建设公租房，依据中国《土地管理法》第六十三条规定，农民集体所有的土地其使用权不得出让、转让或者出租用于非农业建设；但是，符合土地利用总体规划并依法取得建设用地的企业，因破产、兼并等情形致使土地使用权依法发生转移的除外。农村集体经济组织把集体建设用地出租给政府或者运营机构皆不属于农业建设，因此直接由政府或运营机构出租农民的土地建设公租房的行为与中国法律相冲突。虽然此行为在中国仅属于试点建设，没有全面展开，但是一旦发生行政纠纷，难保其合法性的基础。对于集体经济组织主导型模式，笔者认为可以由符合土地利用总体规划并依法取得建设用地的乡镇企业建设公租房，这种情形可以按照法律中规定的除破产和兼并以外的情形依法发生的转移来解决。一方面,基于中国是法治国家,政府任何的一项政策都应依法进行,在相关法律、法规没有修改的前提下,应该尊重现行的法律规定。另一方面,由集体经济组织自行建设和管理公租房,租金收益完全归集体经济组织,能够更全面地保护农民的收益权和自主权。因此,在三种模式的比较中,笔者同意第三种做法即集体经济组织主导型,兴办乡镇企业来依法批准使用农民集体所有的土地开展公租房的建设。

(四)政府、集体经济组织与农民三者利益的协调问题分析

在集体建设用地上建公租房,鉴于公租房与集体建设用地的性质,政府与集体经济组织和农民都成了这一新型模式不可缺少的主体。公租房的福利性质与农民财产权益的最大化之间存在着一定的冲突。对此问题陈小君教授认为,农村集体提供建设用地的目的在于实现其财产权益,从而增加集体成员的收益,因而更希望该模式能与市场接轨,实现其利益最大化;而政府则希望借此模式扩大保障性房屋的房源及减少其自身的压力,因而必然会对租赁关系进行诸多管制,从而使中低收入者能够真正有所保障。两类主体在效益和公平价值上建立何种规则、如何平衡是一大难题。在2012年召开的全国"两会"上有关保障房问题的会议中,全国政协委员、清华大学经济管理学院金融系主任李稻葵教授认为,保障房建设应与整体改革相结合,发挥地方政府能动性。他认为在集体土地上建公租房,需要明确其定位和收益权,否则会后患无穷,产权明晰化才会带给人们巨大的投资热情。产权并不是指一般的物质实体,也不是指"人与物之间的关系",而是指"由于物的存在及关于它的使用所引起的人们之间相互认可的行为关系"。[1]产权的重要性在于它会影响人的行为,因为它是用来界定人们在经济活动中如何受益、如何受损,以及他们之间如何进行补偿的规则。[2]因此对于在集体建设用地上建造的公租房,其所有权及收益权一定要明晰化。笔者认为应确保产权归农村集体经济组织,土地性质不变。因为,在集体建设用地上建设公租房,政府省去了征收集体土地的行为,农民则无法获得土地补偿费、安置补助费、地上附着物和青苗补偿费等费用,并且政府并没有安排被征地农民的社会保障费用,保障被征地农民的生活。因此农民的社会保障无法落实,只能依靠其集体土地所有权为自己谋取与市场上其他主体的平等地位。只有保障农

---

[1] E·G·菲吕博腾、S·配杰威齐:《产权与经济理论:近期文献的一个综述》,载《经济文献杂志》1972年第10期。

[2] 黄祖辉:《转型、发展和制度变革——中国"三农"问题研究》,上海人民出版社2008年版,第81页。

民以平等的市场主体与作为市场主体的土地使用者讨价还价，在市场交易中获得土地使用的市场价格，才能保障农民的合法权益。但若要确保农民与用地者具有真正平等的市场主体地位，实现农村土地与国有土地同地同价同权的状态，政府必须给予保护。由于保障房的租赁价格与租赁对象要由当地政府予以制定，因此对于因保障房的租赁价格与市场价格之差，是否可以考虑由政府给予农民一定的补贴，这样农民的合法权益才能真正实现。

三、对在集体建设用地上建公租房的建议

基于以上分析，在集体土地上建公租房有着一定的可行性和重大的意义，但是在实施的过程中也会遇到各种各样的问题。在实施此项措施前，也要谨防其弊端出现。面对集体建设用地流转大潮流，更应该谨慎行事，具体情况具体分析。对于在集体土地上建设公租房，笔者有如下建议。

1. 适时修改现行的法律、法规

建议在不损害公共利益、符合土地利用总体规划和城镇总体规划的前提下，赋予农民集体建设用地与国有建设用地平等的权利，真正实现集体土地与国有土地的同地同价同权。

2. 建前严格审查制度

在目前的法律体制下，在集体建设用地上建公租房的合法性和合理性都受到了一定的质疑，因此这种试点做法不适于大范围放开。在集体建设用地上建设公租房的批准权应严格限定在国土资源部。国土资源部规定严禁擅自利用农村集体土地兴建公共租赁住房。对于商品住房价格较高、建设用地紧缺的直辖市和少数省会城市，确需利用农村集体建设用地进行公共租赁住房建设试点的，城市人民政府必须按照控制规模、优化布局、集体自建、只租不售、土地所有权和使用权不得流转的原则，制订试点方案，由省级人民政府审核同意，报国土资源部审核批准后，方可试点。未经批准，一律不得利用农村集体建设用地建设公共租赁房。为了有效地遏制放开农村土地市场，应在源头上严格把关，批准权严格限定在国土资源部。

3. 在集体建设用地上建公租房应尊重农民意愿，确保集体经济组织的建设用地所有权

中国《宪法》规定农村和城市郊区的土地，除由法律规定属于国家所有的以外，

属于集体所有。[1]中国《物权法》第五十九条规定农民集体所有的不动产和动产,属于本集体成员所有。因此农村集体建设用地属于集体所有,应尊重所有权人的意愿,不能强制农户流转。目前中国很多政府打着"新农村建设"的旗帜,违反农民意愿,强拆强建,撤并村庄,严重损害了农民的利益。为此,在集体建设用地上建公租房同样应坚持农民自主决策,做到农民知情、农民自愿、农民参与、农民满意,防止违背农民意愿行事的原则。

四、结　　语

农村土地流转系大势所趋,2012年施行的在集体建设用地上建设公租房的新型模式引起了广泛的关注。基于以上分析,我们得出结论:在集体建设用地上建公租房这一模式的合法性和合理性受到了人们的质疑,因此并不适于在全国范围内展开。在北京和上海两个城市的主要做法中,笔者赞成集体经济组织主导型模式,兴办乡镇企业在集体建设用地上建公租房,所有权与收益权都属于集体经济组织,保障房租赁价格与市场价格之差由政府给予农民一定的补贴。

第三节　论商事留置权的适用
——以《物权法》第二百三十一条为基础

2007年颁行的《物权法》第四编"担保物权"第十八章专章规定了"留置权"制度。《物权法》中对留置权制度的规定多有创新,如根据现实生活的需要,突破以往将留置权的适用限制在合同领域的桎梏,放宽了留置权适用的范围。但同时也应该看到,制度的创新总是伴随着争辩,其中在立法中争议颇大的是第二百三十一条的规定:"债权人留置的动产,应当与债权属于同一法律关系,但企业之间留置的除外。"该条以对一般留置权成立要件中"同一法律关系"做出例外规定的形式明确了中国法上的商事留置权制度。所谓商事留置权,就是指企业之间在经营关系中发生债权债务关系,当债务人不履行到期债务时,债权人得以留置其合法占有的债务人的动产并就该动产优先受偿的权利。[2]但是,由于《物权法》仅仅用一个"但书"来规定商

---

[1]　《中华人民共和国宪法》第十条:"城市的土地属于国家所有。农村和城市郊区的土地,除有法律规定属于国家所有的以外,属于集体所有;宅基地和自留地、自留山,也属于集体所有。"

[2]　参见孟强:《论中国〈物权法〉上的商事留置权》,载《政治与法律》2008年第10期。

事留置权，有过简之嫌，难免为学者对该条的解释和实务界对该条的适用带来困扰。

一、商事留置权制度的法律规定及问题

关于留置权的概念，各国的法学理论界抑或司法实务界均并没有统一的认识。如《牛津法律大辞典》对留置权的定义为："一个人享有对属于他人的财产予以保留占有直至该占用人针对该他人的请求权清偿止的权利。"[1] 谢在全教授认为："留置权者，谓债权人占有其债务人之动产，而具有法定之要件者，于未受清偿前，得留置其动产之法定担保物权。"[2] 留置权素有民事留置权和商事留置权之分，这也是对留置权较早的一种分类。一般认为，民事留置权起源于罗马法上的恶意抗辩权，是指债权人对于相对人负有与其债权相关联的债务时，在债务人未履行其债务期间，不得拒绝自己所负担债务的履行。商事留置权起源于中世纪意大利城市的商事习惯，是指商事主体在双方商事行为的场合下，债权人为实现其债权，留置所有人所有之物或有价证券的权利。[3] 其不同于一般民事留置权的起源与发展。

通说认为，民法规定留置权的根本目的，在于维护社会之公平。"法律给予债权人于债权未受清偿前，得留置其（债务人）物之权利，以间接迫使债务人清偿债务"，"乃在实现公平之原则"。[4] 商事留置权设定的意义，不仅在于维护社会之公平，更基于商事交易的安全性和快捷性的要求，法律对其做了些许例外的规定，以适应经济社会的发展。中国《物权法》规定了商事留置权制度，在实践中具有较大价值，表现为通过商事留置权法定化及对债权人优先受偿权的规定，达到降低交易成本、保障交易安全及鼓励交易的目的。

《物权法》的规定对商事留置权制度在中国的发展无疑有着重大意义。但是，结合《物权法》第十八章的其他条文来看，不得不承认"但企业之间留置的除外"简单的一个但书难以承载整个商事留置权制度。但书规定，"企业之间留置的除外"，此处所规定的商事留置权适用主体之"企业"的范围有多大？企业与商法中所称商主体之"商人"是什么关系？且随着中国市场经济的完善及与国际市场的接轨，参与市场活动的经营性主体越来越多，这些经营性主体与本条规定的"企业"又有何

---

[1] [英]戴维·M·沃克：《牛津法律大辞典》，李双元译，法律出版社2003年版，第700页。
[2] 谢在全：《民法物权论》（下册），中国政法大学出版社1999年版，第847页。
[3] 参见蒋新苗、朱方毅、蔡唱：《留置权制度比较研究》，知识产权出版社2006年版，第41页。
[4] 谢在全：《民法物权论》（下册），中国政法大学出版社1999年版，第850页。

关系？另外，但书规定的"但企业之间留置的除外"中的"除外"一般认为应该是对前款规定的"同一法律关系"的排除。但是，何为同一法律关系？对同一法律关系的排除，是否意味着不是同一法律关系的所有情形都可以适用商事留置权？

上述《物权法》对商事留置权制度的规定不仅困扰着理论界，而且为现实中法律的适用带来困难，所以以中国《物权法》的规定为基础，对商事留置权的相关规定进行合理的解读，将有利于商事留置权制度在现实中的正确适用。

二、商事留置权制度中的权利义务主体

《物权法》明确规定，商事留置权的发生只能是在"企业之间"，即商事留置权制度中，权利义务的主体也即留置权人和相关债务人都只能是企业。汉语中"企业"一词来源于日本，是个舶来品。其原本是个经济学上的概念，不是一个严谨的法学概念。企业一般用以指称从事生产、流通、服务等经济活动，以生产或服务满足社会需要，实行自主经营、独立核算、依法设立的一种赢利性的经济组织。在中国法中，曾多次使用企业的概念，但没有一个条文对其做出明确的界定，致使"在中国似乎已经具有确定的内涵和外延的'企业'概念，其含义究竟如何，无论是在立法上还是在理论上，实际上都还是一个有待研究的未决问题"[1]。与其他几个常见的商事主体概念相比较，中国立法上所采用的"企业"一词，其范围较"商人"为窄，而较"公司"为宽。

在传统大陆法系商法上，"商人"就是商法的主体。因此，"商人"的概念在某种意义上就等于商事主体，其所涵盖的主体类型远较企业为广。在中国民商事立法上，可以称为"商人"的主体类型有三大类，即商法人、商合伙和商个人。商法人包括有限责任公司、股份公司、具有法人资格的中外合作经营企业和外商独资企业等；商合伙包括普通合伙企业、特殊的普通合伙企业和有限合伙企业；商个人包括个体工商户、农村承包经营户等。而根据中国《民法通则》的规定，企业为法人的下位概念，且与机关法人、事业单位法人和社会团体法人相并列，同时区别于自然人和非法人组织等民事主体。因此，企业只包括了商人中的某些组织形式，"企业是商人的下位概念，企业中的独资企业、合伙企业属于商法中的商事个人和商事合伙，而企业中的公司企业则属于商法中的商事法人"[2]。根据上述分析，则个体工商户、农村承包经营户及一些事业单位就被排除在商事留置权所规定之"企业"

---

[1] 范健、王建文：《商法论》，高等教育出版社2003年版，第390页。
[2] 赵中孚主编：《商法总论》（第2版），中国人民大学出版社2003年版，第134页。

的范围之外，而不能适用商事留置权规则，而"事实上，诸如个体工商户这样的商个人经济实力相对薄弱，可能更需要商事留置权的保护"[1]。

与中国法律的规定不同，《德国商法典》规定商事留置权所担保的债权为："一商人就其对另一商人因在其之间成立的双方商行为而享有的到期债权。"[2]《瑞士民法典》在规定留置权所担保的债权与留置标的物的关联性时表述为"发生在商人之间的，仅以占有系由商业交易中产生的为限"[3]。《日本商法典》将商事留权所担保的债权限定为"商人之间，因双方的商行为产生的债权"[4]。中国台湾地区"民法典"也规定商事留权所担保的债权为"商人间因营业关系产生之债权"[5]。上述立法例尽管在措辞上有一定差异，但其有一个共通的规定，即商事留置权所担保的债权债务双方主体均为"商人"。

所以，笔者认为，《物权法》第二百三十一条将商事留置权所担保的债权限定于"企业之间"发生的债权不符合社会发展的现实。由于社会现象的日新月异，法律环境及其价值判断不断发生变化，法律的规定出现漏洞在所难免，但"法学之目的，实不应仅以研究成文法为已足，而应研究探寻居于指导地位之活生生的法律，据以论断成文法之善恶臧否"，所以，需要对该条规定进行合理解释，运用类推适用的方法来填补规定的漏洞，以使其满足社会发展的需要。所谓类推适用系基于平等原则，以"相类似之案件，应为相同之处理"为法理依据，亦即将法律的明文规定适用到虽没有法律直接规定，但其法律的重要特征与该法律明文相同的类型。据此，在适用商事留置权制度时，企业以外的其他商人如也与企业一样以营利为目的、从事持续的营业活动，或当债权债务双方均为企业以外的商人或一方为企业以外的商人、另一方为企业而从事营业活动时，也同样适用商事留置权。

三、商事留置权所担保债权与留置物的牵连关系

留置权所担保的债权与留置物有牵连关系，是指债权与债权人所占用的留置物之间具有某种程度的关联性，也即留置权成立的因果条件。留置权的成立要求债权与标的物之间具有牵连关系，有其重要的现实意义。留置权不同于抵押权和质权，

---

[1] 李赛敏：《论商事留置权》，载王保树主编：《商事法论集》，法律出版社2008年版，第217页。

[2] 《德国商法典》第369条第1款。

[3] 《瑞士民法典》第895条第1款。

[4] 《日本商法典》第521条。

[5] 中国台湾"民法典"第929条。

其是一项法定的担保物权,权利的发生不基于当事人之间的约定,而依法律的直接规定而生。留置权的作用在于留置债务人的财产,迫使债务人履行债务,以达到债权受偿的目的。若允许债权人任意留置债务人所有却与债权的发生没有任何联系的财产,则对债权人的保护过于绝对,而对债务人的利益限制过于苛刻,不仅有违公平原则,与留置权制度的宗旨相悖,而且有害交易安全,与私法原则相冲突。[1]所以,各国和地区立法都规定债权人的债权与留置物有牵连关系为留置权的成立要件之一。如《瑞士民法典》第895条规定:"债权已到期,按其性质该债权与留置的标的物有关联时,债权人在受清偿前,得留置经债务人同意由债权人占有的财产或有价证券。"中国《物权法》第二百三十一条没有直接采用"牵连关系"的概念,而是采用了"同一法律关系"的概念,是因为中国立法者认为,"牵连关系的概念过于模糊,范围不确定,法律适用中容易产生分歧,不可取"[2]。

中国《物权法》上的商事留置权制度以但书的形式对"同一法律关系"做了例外规定,不要求对标的物的留置和债权之间具有严格的同一法律关系,因为在商事留置权制度中,"没有像民事留置权一样'有关其物而产生的债权'的这种限制,只要有类似商业行为上的债权即可。所以,物和债权的牵连关系是极为软弱的"[3]。但是,笔者认为这并不意味着商事留置权制度中对于债权的发生和动产的留置就不做任何的限制,否则,只要是债权人在任何时间任何地点合法占有的债务人的一切动产,都允许债权人可以任意进行留置,则未免对债权人保护过周全而有害于债务人利益的保护。笔者认为,商事留置权中,债权的发生与动产的留置须符合诸项条件。

1. 债权须发生于营业关系之中

营业也称经营,是商法上的一个核心概念。学界一般认为营业的目的在于营利,而且其行为具有持续性、公开性等特征。从事营业活动是企业的存在目的,企业在正常经营过程中,符合法律和企业章程规定而发生的债权,均属于营业关系中发生的债权。企业之间的营业关系,还必须是以企业的名义进行、由企业承担后果的商业关系,这就排除了企业经营者或员工私人之间的商业往来。除非构成对企业的表见代理,否则企业成员间私人的商业关系并不能形成企业之间的营业关系。

---

[1] 参见蒋新苗、朱方毅、蔡唱:《留置权制度比较研究》,知识产权出版社2006年版,第74页。

[2] 王胜明主编:《中华人民共和国物权法解读》,中国法制出版社2007年版,第497页。

[3] [日]近江幸治:《担保物权法》,祝娅、王卫军等译,法律出版社2000年版,第19页。

2. 对动产的占有须发生于营业关系之中

在商事留置权中，债权人对债务人动产占有的取得，必须发生于债权人和债务人之间的营业关系之中。虽然《物权法》第二百三十一条没有明确规定留置的发生应基于企业间的营业关系，但是基于商事留置权的制度价值主要在于保障企业间商事交易的安全与效率，因此应认为商事留置权的成立要求债权人对债务人动产的占有须发生于双方营业关系之中；非发生于营业关系中的占有，即便债权人已经取得对债务人动产的占有，也不符合商事留置权的条件，不能发生商事留置权的效力。此外还需要强调的是，对动产占有的发生，必须是在债权人和债务人双方之间的营业关系之中，如果不是基于双方之间直接的营业关系而取得的占有，亦不能成立商事留置权，否则将构成对债权人的过度保护而给债务人带来莫测的商业风险。

3. 占有动产的主体与债权人应具有同一性

在留置权中，占有动产的留置权人应当与债权人具有同一性，即留置权人与债权人是同一主体。当然，"至占有之方式，自不以直接占有为限，间接占有或利用占有辅助人而为占有，与第三人共同占有，均无不可"[1]。商事留置权在这一方面与民事留置权并无二致。但由于商事留置权的主体是作为一种经济组织的企业，其与自然人相比又有一定的特殊性。具体而言，占有债务人动产的主体，如果是公司法人，则可以是公司本身，也可以是公司的分公司，但不可以是子公司，即便是母公司的全资子公司亦是不可以。因为子公司已经具有独立的法人资格，有自己独立的人格和意思机关，子公司占有了母公司债务人的动产，母公司并不因此取得对债务人的商事留置权，否则将导致母子公司的人格混同，有违法人人格独立之精神，害于商事经营之秩序。

四、结　语

《物权法》摒弃将留置权的适用限于特定合同领域的列举式的立法模式，而对留置权做出相对开放性的规定，大大拓展了留置权发挥作用的空间。同时该法第231条对商事留置权的成立要件做出与民事留置权不同的规定，更是中国立法上的一次创新和进步，于建立并完善中国的商事留置权制度无疑有重大意义。但是，不可否认的是，由于理论研究的不够深入及法律规定的不足，中国商事留置权制度中仍有许多问题需要明确。通过对《物权法》中关于商事留置权制度的规范解读及对

---

[1] 杨明刚：《合同转让论》，中国人民大学出版社2006年版，第169页。

其他国家和地区先进立法经验的借鉴，笔者认为：①应对物权法规定的商事留置权适用主体的"企业"做扩大解释，允许个体工商户等商事主体在符合规定的条件下适用留置权制度。②对商事留置权中被担保债权与留置物之间的牵连关系进行合理的解释，使这种牵连关系不受"同一法律关系"的制约，同时限定在合理的营业关系中，以使商事留置权制度中国社会现实中发挥应有的规范作用。

第三章 侵权责任法热点问题研究

第一节 纯粹经济损失制度在中国法上的建构

纯粹经济损失是指由他人一定的行为引起，但并未造成受害人人身权及财产权等的损失，只是受害人遭受的纯粹金钱上的不利益。纯粹经济损失涉及侵权责任法基本范畴——权利救济和行为自由的界限，是侵权责任法的核心问题。纯粹经济损失制度在中国法上的构建是困扰法学界的一大难题，合理限定纯粹经济损失获赔的范围及考量因素是解决之道。

一、纯粹经济损失制度概述

（一）概　念

纯粹经济损失概念及相关制度在大陆法系和英国法中有较深的理论探讨，而中国则是近几年才对之予以关注并引入，至今"仍属寂寂无闻的研究"[1]，因此对于纯粹经济损失并无清晰之概念。在立法上，1972年的《瑞典赔偿法》第2条正式对此进行了规定："根据本法，纯粹金钱上损失是一种在任何方面都与对人身伤害或财产损害没有关联的经济损失。"[2] 在理论上，王泽鉴先生认为"纯粹经济损失系指被害人直接遭受财产上的不利益，而非因人身或者物被侵害而发生"[3]。姜战军教授认为纯粹经济损失是由他人一定的行为所造成，没有受害人本人被侵害的绝

---

[1] 杨立新：《侵权法论》，人民法院出版社2005年版，第15页。

[2] W. Van Gerven, J. Lever and P. Larouche ed..*Tort Law:Scope of Protection*,Hart,Oxford, 1988,p.44.

[3] 王泽鉴：《民法学说与判例研究》，中国政法大学出版社1998年版，第77页。

权或被违反的债权可依附的金钱上的损失。[1]综观以上概念，我们可以得出，纯粹经济损失是指由他人的一定行为引起，但并未对受害人造成人身、财产上的损失，而是直接导致了受害人纯粹金钱上的不利益。例如，道路上发生交通事故造成道路阻塞，而导致他人丧失订约机会，抑或错过演出导致报酬的减少；律师或会计师等职业人因职业疏忽导致他人受到了金钱上的不利益等等。

（二）特　征

从以上对纯粹经济损失的概念分析，可以看出其具有以下几个特征：①纯粹经济损失是受害人遭受的纯粹金钱上的不利益，其人身或者财产权并未受到损害，属于间接侵害受害人利益的行为。在理解纯粹经济损失的间接性时要注意同间接经济损失的区别。间接经济损失是指发生于初始经济损失之后，同初始经济损失存在财产和人身权的联系性。由此可见纯粹经济损失同间接经济损失区分的重要点在于，损失是否同受害人的人身权或者财产权相联系，如果受害人遭受的损失之前具有人身或者财产的损害则属于间接经济损失，反之则属于纯粹经济损失。②纯粹经济损失指纯粹金钱上的损害，不涉及精神损害。它是指受害人受到了经济利益的财产总量的减少抑或该增加的而未增加。该类经济损失可以用金钱予以量化，但涉及的范围不确定，并且范围超出预期。[2]③纯粹经济损失以不予赔偿为原则，赔偿为例外。纯粹经济损失在生活中大量存在，表现形式多样，范围之广和损失之大使得其难以获得赔偿。

（三）类　型

在中国立法上，纯粹经济损失并不是绝对的不予以赔偿。根据法律上是否予以明确规定纯粹经济损失可以获得赔偿为准，其可以分为可获得赔偿之纯粹经济损失与不可获得赔偿之纯粹经济损失。一般的纯粹经济损失皆不可获得赔偿，法律、法规具有明确规定者除外。例如《医疗事故处理条例》第五十一条规定："参加医疗事故处理的患者近亲属所需交通费、误工费、住宿费，参照本条例第五十条的有关规定计算，计算费用的人数不超过2人"，"医疗事故造成患者死亡的，参加丧葬活动的患者的配偶和直系亲属所需交通费、误工费、住宿费，参照本条例第五十条的有关规定计算，计算费用的人数不超过2人"。2005年修订的《中华人民共和国

---

[1] 姜战军：《论纯粹经济损失的概念》，载《法律科学》2012年第5期，第77页。

[2] 张新宝、李倩：《纯粹经济损失赔偿规则：理论、实践及立法选择》，载《法学论坛》2009年第1期，第6页。

证券法》第六十九条规定："发行人、上市公司公告的招股说明书、公司债券募集办法、财务会计报告、上市报告文件、年度报告、中期报告、临时报告以及其他信息披露资料，有虚假记载、误导性陈述或者重大遗漏，致使投资者在证券交易中遭受损失的，发行人、上市公司应当承担赔偿责任；发行人、上市公司的董事、监事、高级管理人员和其他直接责任人员以及保荐人、承销的证券公司，应当与发行人、上市公司承担连带赔偿责任，但是能够证明自己没有过错的除外；发行人、上市公司的控股股东、实际控制人有过错的，应当与发行人、上市公司承担连带赔偿责任。"由此可见，在中国的现行立法中，一些纯粹经济损失是可以获得赔偿的。

二、纯粹经济损失制度背后之法理

纯粹经济损失作为一种损失的类型为何有些可以获得赔偿，有些却得不到赔偿，如何确定这一合理有效的度？纯粹经济损失涉及的是贯穿侵权责任法始终的基本范畴——权利保护与行为自由的界限。权利保护和行为自由是人们的基本需求，同时两者又是一对矛盾，存在着相互制约、此消彼长的关系。对于每一个社会主体而言，既有行为自由的需要，又有权利保护的需要。同时每个社会主体的机会是平等的，即一方面希望自己的行为无限自由，另一方面又希望在自己的权利受到侵害之时能够得到法律的救济。因此作为一种制度安排，侵权责任法则必须提供不同场合做出判断的规范资源，来确定行为自由和权利的界限。[1] 权利救济和行为自由的界限并不总是清晰的，权利界限的划定是一个不断变化的过程。不同社会、同一社会的不同发展阶段，权力范围会随着人们对行为自由观念的变化而不断变化。无论界限划在何处，皆需一个支撑结论的正当性理由。

纯粹经济损失不与受害人本身的人身和财产权相联系，只是其遭受的纯粹金钱上的不利益，因此在社会中数量之多、范围之广、发生之频繁使其很难得到赔偿。[2] 这一依据主要基于以下理由：①法院的资源有限，过多的诉讼可能使法院不堪重负，难以去处理那些更为紧迫的案件；②诉讼之累可能阻碍社会主体的行动自由，使人怠于发挥其生活的主动性，无益个人事业的发展和社会生活的进步；③纯粹经济损失代表了现代侵权责任法泛化侵权责任的倾向，对此有必要予以遏制，以避免责任过于扩展。[3]

---

[1] 王成：《侵权责任法》，北京大学出版社 2011 年 3 月第 1 版，第 11 页。

[2] 张新宝、张小义：《论纯粹经济损失的几个基本问题》，载《法学杂志》2007 年第 4 期，第 17 页。

[3] ［意］毛罗·布萨尼、［美］弗农·瓦伦丁·帕尔默主编：《欧洲法中的纯粹经济损失》，张小义、钟洪明译，法律出版社 2005 年版，第 13—15 页。

三、纯粹经济损失制度之中国法上建构

(一)中国目前立法态度

中国《民法通则》第106条第2款确立了侵权责任的一般条款,该款规定:"公民、法人由于过错侵害国家的、集体的财产,侵害他人的财产、人身的应当承担民事责任。"从字面意义来看,如果行为未侵害他人的财产、人身,即使当事人遭受损害,加害人也无须承担民事责任。但仔细考察该款的规定,它并不是对权利保护的列举规定,即并不能将该款理解为"行为侵害他人财产权、人身权",将其文义理解为"行为导致他人发生财产、人身损失的,应当承担民事责任",更符合立法的本意。因为,《民法通则》立法之初显然没有考虑到纯粹经济损失的问题,其对损失的表述是从其事实特征来考察的,即将损失在事实层面分为财产性和人身性两类。就此而言,《民法通则》制定之初并未在法律层面对事实损失进行限定,只是简单地将事实上的损失以法律形式确认下来,赋予其法律规范性的意义。而在长期司法实践中,对损害赔偿范围的限定则多数是通过因果关系和过错等责任要件的"过滤"功能得以实现。所以张新宝老师认为,《民法通则》第一百零六条第二款规定并无排除纯粹经济损失之本意。也正因为如此,中国的相关法律、行政法规、司法解释里出现了其实质内容为纯粹经济损失之损害赔偿。于2010年7月1日生效的《侵权责任法》而言,其第二条第一款"侵害民事权益,应当依照本法承担侵权责任"规定的解释亦产生与《民法通则》第一百零六条第二款解释相同的问题。笔者对此不敢苟同,在中国损害赔偿法的理论研究上,只是随着国外理论近几年的引入,才开始探讨纯粹经济损失的概念及赔偿问题,但正如张新宝教授所言,该领域的研究至今"仍属寂寂无闻的研究"。虽然在《侵权责任法》的制定过程中,有学者谈到了通过《侵权责任法》一般条款保护纯粹经济损失的问题,但此研究属于近几年最新的前沿研究,而在中国法律理论的传统研究上,毫无疑问的是,并不包括对纯粹经济损失问题的研究,也不存在纯粹经济损失的概念。[1]

(二)纯粹经济损失制度之中国立法建议

综上所述,纯粹经济损失问题并不是一个纯粹的靠完善立法或者强化司法就能解决的问题。即使在表面上能清晰地认识到其实质并找到所谓解决的方法,在面对复杂多变的实际问题时也要具体地分析,不能一蹴而就,更不可能找到固定的套路

---

[1] 姜战军:《论纯粹经济损失的概念》,载《法律科学》2012年第5期,第76页。

或者方法，当然这并不代表面对这种问题就束手无策，而是依然可以通过各种手段来减少处理纯粹经济损失问题中的不确定。

1. 法律、法规中明确规定纯粹经济损失予以赔偿的按照规定执行

综观中国法律、法规，可以发现在行政法规抑或司法解释中已有很多对纯粹经济损失赔偿进行了明确规定。因此在已有明确规定的情况下，纯粹经济损失按照现行法律、法规的规定进行赔偿。

2. 纯粹经济损失赔偿之考量因素

在法律、法规没有明确规定纯粹经济损失的情况下，是否一概不予以赔偿，笔者认为也不能一味地保护社会主体的行为自由而损害社会主体的权利保护，因此在纯粹经济损失赔偿时应予以考虑以下因素：①原被告之间的密切关系。在现代社会，人们必然总是和其他事物在很多方面存在着联系，并且作为因果关系的一部分，也总是相互影响着。在这样的环境下，分别处于巨大的社会经济关系网中的某一个节点上的受害人与行为人之间的关系越紧密，受害人为实现自身经济利益而对行为人适当行为的依赖性就越强，反之则减弱。因此，对纯粹经济损失责任判断的过程实质上是在一张巨大的社会经济关系网中对各种利益关系选择性保护的过程，因而当事人之间关系的远近也就成为了这一选择过程中为各国所关注的重点。在进行利益衡量的过程中，加害人与受害人之间的关系密切性也必然会扩大法益保护的范围。[1]②潜在原告的有限性。由于纯粹经济损失不与受害人的人身或财产损害相关联，因此受害人的数量、损失的范围可能极为广泛，由此产生"水闸理论"。出于对诉讼泛滥的担忧，是将纯粹经济损失置于可赔偿范围之外的主要理论依据。但如果潜在的原告是有限的，不会发生所担忧的诉讼泛滥，水闸理论是否仍然有用武之地呢？事实上，无论是水闸理论还是《合同法》中对纯粹经济损失毫无争议的赔偿责任，都表明了一个首要的规则，即潜在原告人数泛滥的可能性越小，纯粹经济损失赔偿责任就越容易被认可。③利益的显而易见性。对利益更为广泛的保护需要该利益是显而易见的，这也是为了实现责任的确定性而被法官们主要考虑到的政策因素。之所以人身和财产权利能够被毫无异议地受到保护，主要就是因为这些绝对性的权利所体现出来的利益是显而易见的。同理，对于被第三方所侵犯的合同利益进行保护，原因就在于合同利益是被知晓的。相反，纯粹经济损失却正是因为在通常情形下缺乏这种显而易见性而成为各国犹豫去保护的法益，理由就在于对既不易被察觉又不

[1] 郭洁：《纯粹经济损失案件中的考量因素》，载《北京工业职业技术学院学报》2011年第4期，第103页。

被知晓的利益进行保护，很大程度上可能会限制他人的行动自由。④不对被告施加额外注意义务。一个被普遍接受的基本规则是，如果经济损失是附随于人身权利或者财产权利受到侵害而产生，则行为人通常都应该对这种附随经济损失承担赔偿责任。之所以如此，除了这种责任的承担并不会扩大原告的范围外，更重要的地方在于，通过对其他受保护权利也受到侵害的主体给予经济利益上的保护，并没有导致他人额外的注意义务的增加，因此行为自由也不会受到进一步的限制。⑤原告经济损失的重要性。尽管对于纯粹经济损失的侵权责任问题争议颇多，但一个普遍被接受的规则是，在造成人身伤害或者死亡的案件中，配偶及子女对于其失去亲人经济支持的相关损失可以获得一定形式的赔偿金。对于这种情形下发生的经济损失，大多数国家不仅并无争议，而且一般都将其划归在人身损害的赔偿范围内加以救济。对于在此种情形下排除规则的打破，除了前述所讨论的潜在原告的确定性以及没有给行为人施加额外的注意义务外，还有一个更重要的政策考量因素是，不当行为者侵害的是一个排序处于较高位阶的权利，即生命与健康权利。对于受损害一方来说，亲属的经济利益具有特别的重要性，其生活的经济支持直接来源于牺牲者。因此，该种经济损失的救济更容易被立法或者司法所接受。反之，如果原告失去的仅是商业上的经济利益，这一经济利益的排序因处于较低的地位，法官们则更倾向于排除责任。所以可以得出结论，对于原告来说经济利益的重要程度越高，要求行为人承担侵权责任就越可以被接受。

第二节 生态侵权民事责任的认定与处理

一、生态型环境侵权概述

（一）环境的概念

在探讨环境侵权与生态型环境侵权之前首先要弄明白什么是"环境"。"环境"一词是我们耳熟能详的一个名词，但是在不同的语境中其含义不同。《中国大百科全书·环境科学》中的定义是："环境一词具有相对性，与某一中心事物有关的周围事物、情况和条件，就是该中心事物的环境。"[1]在生态学中，环境是指以整个

---

[1] 参见《中国大百科全书·环境科学》，中国大百科全书出版社1983年版，第386页。

生物界（包括人类、动物、植物和微生物）为中心、为主体的环境，围绕生物界并构成生存必要条件的外部空间和无生命物质（如大气、水、土壤、阳光及其他无生命物等）是生物的生存环境，也称为"生境"。[1]《中华人民共和国环境保护法》（以下简称《环境保护法》）第2条把环境定义为："影响人类生存和发展的各种天然的和经过人工改造的自然因素的总和，包括大气、水、海洋、土地、矿藏、森林、草原、野生生物、自然遗迹、自然保护区、风景名胜区、城市和乡村等。"该定义是从环境法律意义上而定义，从上述规定可以看出，中国《环境保护法》所指的环境包括生活环境和生态环境，体现了"大环境"的概念，也揭示了法律意义上环境的本质——人类赖以生存和发展的各种自然因素的总和。

（二）环境侵权的概念

关于环境侵权的概念，不同的学者有不同的意见，陈泉生教授认为环境侵权是指因人为的活动导致生活环境遭到污染或生态环境遭到破坏，从而侵害相当地区多数居民的生活圈、生态圈以及其他权益，或者危及人类生存和发展的事实。[2]曹明德教授则把环境侵权区分为两种类型，即广义环境侵权和狭义环境侵权。广义的环境侵权包括两种类型，污染型环境侵权和生态破坏型环境侵权。狭义的环境侵权仅仅指污染型环境侵权，其定义为"因行为人污染环境造成人们财产权、人格权和环境权受到侵害，从而应当依法承担民事责任的一种特殊侵权责任"[3]。王明远教授认为环境侵权是指"因产业活动或其他人为原因，导致环境污染或破坏，从而对他人的人身权、财产权、环境公益或公共财产造成损害或有损害之虞的事实"[4]。从以上定义可以看出，依环境侵权的原因不同，环境侵权划分为两种：污染型环境侵权和生态破坏型环境侵权。因此可以这样定义"环境侵权"："环境侵权"是指因产业活动或其他人为原因造成了环境的污染或生态的破坏，从而损害了人们的人身权、财产权或其他权益的一种事实。可以说环境侵权从造成损害形式的不同可以分为两种类型：污染型环境侵权和生态型环境侵权。

（三）污染型环境侵权的概念与特征

1. 概　　念

"污染型环境侵权"也就是我们平时所讨论的传统型环境侵权，所谓环境污染

---

[1] 周珂：《生态环境法论》，法律出版社2001年版，第11页。
[2] 侯大民、谢卫东：《环境权浅论》，载《青海环境》2001年12月版，第159—161页。
[3] 曹明德：《环境侵权法研究》，中国社会科学院研究生院1998年博士学位论文，第12页。
[4] 王明远：《论可持续发展的环境立法》，北京大学1996年硕士学位论文，第41页。

是指因人为的活动，向环境排入了超过环境自净能力的物质和能量，导致环境发生危害了人类生存和发展的事实。[1]

中国的《民法通则》、《环境保护法》和《侵权责任法》都对此做出了规定。《民法通则》第一百二十四条规定，对环境造成污染从而对人们造成人身、财产等权益损害的，就应当承担民事责任。《环境保护法》第四十一条也规定了凡是造成环境污染危害的，就有责任排除危害，要对直接受到损害的单位和个人的损害进行赔偿。2010年7月1日施行的《侵权责任法》第六十五条规定因污染环境造成损害的，污染者应当民事责任。从上述立法规定可以看出，立法上的环境侵权指的是因污染环境而对人们的人身、财产或其他利益造成损害的一种事实。

2. 特　征

传统环境侵权也就是污染型环境侵权，诸多学者都把环境侵权定义为污染型环境侵权，对环境侵权制度的研究也只限于污染型环境侵权一种，并且纵观中国立法，环境侵权指的也是污染型环境侵权一种。污染型环境侵权的特征有：

（1）主体的不平等性。污染型环境侵权的加害人一般为经过国家注册的大公司、大企业和工厂，其经济实力雄厚，而受害人一般为普通的农民和市民，两者的经济地位相差悬殊，因此环境侵权的主体具有不平等性和不可互换性。

（2）环境侵权行为单一。污染型境侵权的侵权行为一般可以概括为向环境中排放污染物质，是属于对环境的"二次利用"行为，即人们利用环境的过程中所产生的废物、废气或者其他副产品又向环境中排放的行为。其类型单一、目的明确，简单概括为因人为因素向环境中大量排放污染物质，从而导致环境污染，并给他人人身、财产或其他权益造成损害的行为。

（3）侵害状态的间接性、持续性和复杂性。污染型环境侵权和民法上传统的侵权行为不同，民法上的侵权行为一般直接导致受害人受损，其侵权行为与状态具有直接性，而环境侵权的侵权行为一般具有间接性，其危险并不是直接作用于受害人，是通过污染的行为，对环境造成了损害，然后通过环境这一中介对生活其中的人们利益造成了损害。环境侵权的状态还具有持续性，其并不因侵权行为的停止而停止，其状态具有持续性和反复性的特点。最后，环境侵权行为还具有复杂性，其对环境和人们利益的损害并不是直接、即时显现的，而是要经过一系列复杂的演变、累计之后才会变得明显。

---

[1] 陈泉生：《环境法原理》，法律出版社1997年版，第8页。

（四）生态型环境侵权的概念与特征

1. 概　　念

有的学者把"生态型环境侵权"定义为多元多层次的生态主体基于不同的认识过程而实施的危害行为，侵害了生命体的自然生存方式和存在状态，破坏了生命体的自然演化过程和生命繁衍过程，有引起生态系统失衡或物种提前灭失的危险，以致破坏了生态系统平衡发展的实际后果的一种事实状态。吕忠梅老师认为："生态破坏是指人类不合理的开发和利用环境的一个或数个要素，过量地向环境索取物质和能量，从而造成它们的数量减少，质量降低，以致破坏或降低其环境效能，生态失衡，资源枯竭而危及人类和其他生物生存与发展的一种现象。而生态型环境侵权则是由于生态破坏这一原因行为造成的环境侵权行为的简称，是指因公民、法人和其他组织因破坏生态系统的平衡造成了他人损害或有造成损害之虞的法律事实。"[1]

从以上两种观点可以看出前者是从生态型环境侵权的类型化进行分析所定义的。根据侵害主体的不同，生态型环境侵权可以划分为不同的类型，后者的侵害主体统一认定为人类，仅从对生态造成的破坏和对环境的影响而定义，因此可以认为生态型环境侵权就是指由于人们不合理的行为而对生态造成破坏，从而危害人们人身或财产损失的一种侵权行为。

2. 特　　征

（1）生态型环境侵权是一种环境侵权行为。人们对环境的利用可以分为生产性利用和生活性利用，生产性利用所带来的问题就是环境破坏，生活性利用所带来的问题即环境污染，因此，生态型环境侵权与污染型环境侵权具有不可分割的联系，生态破坏对人类利益的损害也属于环境侵权。

（2）生态型环境侵权造成损害的特殊性。环境侵权行为体现了人与自然的互动性，生态型环境侵权的发生模式可以概括为"破坏行为——生态损害——人们的人身或财产损害"，从发生模式上来看，生态型环境侵权的成立首先是对生态系统造成了破坏，然后这种危害作用于人们的人身或财产，其中对人们人身或财产的损害的发生具有不确定性。因此生态型环境侵权的发生可以分为两种类型：①仅对生态系统的平衡造成了损害，如生态系统失衡、野生动植物灭绝等，没有对人们的人身或财产利益造成损害；②不仅造成了生态系统的失衡，又对人们人身和财产利益造成了损害，因此属于对"环境"和对"人"损害的并存。

---

[1] 吕忠梅：《环境法案例辨析》，高等教育出版社2006年版，第86页。

（3）损害后果的不确定性和严重性。生态型环境侵权的侵权行为危害与后果之间的因果关系复杂，通常是多因一果、一因多果，并且同样的侵权行为因时间、气候与地理环境的差异而发生不同的危害后果。例如"梨锈病"案，道路两旁种植桧柏是全国公路普遍的种植行为，但因道路旁边的梨树和春末夏初的阴雨绵绵，所以引发了梨锈病，给梨农造成了重大损失，所以生态型环境侵权的后果具有不确定性。另外，生态型环境侵权因引发的后果具有严重性，从"老八大公害事件"[1]和"新八大公害事件"[2]来看，环境侵权的后果十分严重，甚至有些侵权行为对环境造成的损害具有不可逆转性。

（五）污染型环境侵权与生态型环境侵权的联系与区别

1. 联　系

从以上对污染型环境侵权和生态型环境侵权概念和特征的分析，可以看出，两种类型的环境侵权有着天然不可分割的联系，是对环境破坏的两种行为方式。它们的共同性有以下几点。

（1）主体的不平等性和不可互换性。环境侵权的加害人多是经济实力雄厚的经国家注册许可的企业或大集团，而受害人多是普通农民、渔民或市民，他们缺乏相关知识，规避风险和抵抗的能力差，加害者与受害者实力明显不均等，因此在调整他们之间关系时应向普通民众倾斜。另外，污染型环境侵权和生态型环境侵权损害的对象均是相当地区不特定多数人或物的利益，甚至有些情况下加害人和受害人均不特定，且往往危害的不仅仅是当代人的环境利益，还有后代人的利益，因此可以说具有私害性和公害性两种特征。

（2）侵害状态的间接性、持续性和复杂性。污染型环境侵权和生态型环境侵权的危害都首先作用于环境这个载体，然后再转嫁于人，因此具有侵害的间接性，与传统的侵权行为直接作用于人不同。这种危害行为一般会持续相当一段时间，引起的危害后果也不会立马消失，因此危害行为与危害后果皆具有持续性。复杂性是因为两种环境侵权在危害环境后要经过一系列复杂的化学、物理反映后才作用于人们，

---

[1] 指 20 世纪 30—60 年代发生的马斯河谷事件、多诺拉烟雾事件、伦敦烟雾事件、水俣病事件、四日市哮喘事件、米糠油事件及骨痛病事件，其均对成千上万人的人身和财产造成了损害，后果严重。

[2] 指现代所爆发的意大利塞维索化学污染事故、美国三里岛核电站泄漏事故、墨西哥液化气爆炸事件、印度博帕尔农药厂毒气泄漏事故、前苏联切尔诺贝利核电站泄漏事故、瑞士巴塞尔赞多兹化学公司莱茵河污染事故、全球大气污染和非洲大灾荒等八大公害事件。

危害行为与危害后果之间的联系具有复杂性，因此环境侵权的归责原则与因果关系的认定与传统侵权不同，是一种特殊的侵权行为。

（3）原因行为具有利益性。侵权行为的原因行为一般都具有非法性，是一种危害人类社会的非法行为，其本身是一种无价值的行为。但是污染型环境侵权与生态型环境侵权的原因行为不同，其一般具有合法性，具有一定的价值正当性。它们的原因行为是为社会创造一定利益的同时所衍生的副产品，如果不进行价值衡量而一味禁止环境侵权行为的话，会导致一大批小工厂、企业倒闭，则更有可能会抑制社会经济的发展与社会财富的增加。

（4）侵害行为具有技术性。无论是污染型环境侵权还是生态型环境侵权其侵害行为都具有技术性，普通人们无法从外观明显发现其侵权行为的存在，如排放到河流中的化工污水，普通人们很难认定其化学成分以及其将会给环境、人们的社会生活带来的危害，只有通过专家学者的反复认定才能认定侵权行为的成立以及因果关系的存在；生态型环境侵权有着同样的特征，比如在某一地区引入一种植物或动物品种将会给该地区造成生态系统失衡，一般普通群众不具有辨别侵权行为存在的知识，因此环境侵权的侵害行为具有技术性。

2. 区　　别

（1）原因行为不同。污染型环境侵权的原因行为是污染行为，即向环境中排放污染物的行为。生态型环境侵权的原因行为是破坏生态系统平衡的行为，即人们在利用环境过程中不遵循自然规律，超出了环境的承载能力，破坏了生态的平衡系统。这两种环境侵权还可以相互转换，即污染型环境侵权转化为生态型环境侵权，生态型环境侵权转化为污染型环境侵权。向环境大量排放污染物，会污染环境，同时也会破坏环境的生态平衡系统，因此虽然两者原因行为不同但也会导致两者的相互转化。

（2）行为方式不同。污染型环境侵权的行为方式具有单一性，其行为都可以概括为同一个特征——排放，即向大气、水流、土壤等排放了污染物质，从而侵害了人们的人身、财产或环境利益；而生态型环境侵权的行为方式多种多样，比如滥砍滥伐造成区域水土流失、引进物种造成区域生态失衡等，难以统一和进行类型化研究。

（3）行为后果的预见性和可控性不同。污染型环境侵权行为后果的可预见性和可控性弱于生态型环境侵权。污染型环境侵权的行为方式主要是排放，其属于社会经济高度运转的副产品，是高科技所带来的未知风险，行为的危害后果不明，可预见性和可控性较差。而生态型环境侵权其侵权行为一般具有可预见性和可控性。比如滥砍滥伐就属于人们对已知生态规律的破坏,其行为后果是可预见的,并且其行为也具有可控性;引入新品种造成区域生态失衡,也具有可预见性,在行为之前如进行严密的科学研究和论证,将会避免危害结果的发生。所以生态型环境侵权要求行为人的注意义务要比污染型环境侵权的多。

二、生态型环境侵权的研究现状

(一) 理论研究现状

生态损害并非新出现的现象,自人类产生以来,人们都在从事着损害生态资源的行为,但因目前环境问题日益突出,影响到了人们的现实生活,因此生态问题也受到越来越多人关注。人类正在经历着由工业文明向生态文明、由资源经济向知识经济、由非持续发展向可持续发展的"三重转变"。[1]生态利益以往主要是以公法的角度予以关注和保护,在造成生态损害时,往往只采取罚款和恢复原状的形式予以惩罚,这对于生态环境的恢复无疑是有好处的,但是对受害者的利益保护力度不够,现在中国提出"以人为本"的口号,建设社会主义和谐社会,但是目前社会贫富的差距不仅没有消失,反而在逐渐拉大,因此更应该注重社会弱势群体利益的保护。生态型环境侵权作为现实存在的一种环境侵权类型,中国民法学者鲜有论及,其也是首先从司法实践中出现,而不是从立法中出现的,综观中国《侵权责任法》草案和众多学者的《侵权责任法》草案来看,论及生态破坏致人损害的民事责任少之又少。从2002年12月23日的《侵权责任法》第一次审议稿[2]和2008年12月22日的《侵权责任法》第二次审议稿[3]来看,其把环境侵权都定义为污染型环境侵权一种,2009年10月28日的《侵权责任法》第三次审议稿[4]却规定了因污染生活、生态环境破坏造成损害的,应承担民事责任。可见,第三次审议稿提到了生态型环境侵权,

---

[1] 蔡守秋、海燕:《也谈对环境的损害——欧盟〈预防和补救环境损害的环境责任指令〉的启示》,载《河南省政法干部管理学院学报》2005年第3期。

[2] 《侵权责任法》第一次审议稿(2002年12月23日)第三十一条:"因污染环境侵害他人人身、财产的,有关单位或者个人应当承担侵权责任,但法律规定有免责情形的,依照其规定。"

[3] 《侵权责任法》第二次审议稿(2008年12月22日)第六十七条:"因污染环境造成他人损害的,排污者应当承担侵权责任,但法律规定免责事由的,依照其规定。"

[4] 《侵权责任法》第三次审议稿(2009年10月28日)第六十五条:"因污染生活、生态环境造成损害的,污染者应当承担侵权责任。法律规定不承担责任或者减轻责任的,依照其规定。"

但是最终通过审议实施的《侵权责任法》[1]最终还是采取了保守的态度，环境侵权被定义为污染性环境侵权一种，可以说，《侵权责任法》对于环境侵权是没有创新和实质进步的。

王利明教授的《中国民法典·侵权行为法编》草案建议稿把环境污染侵权定义为因人们的生产、生活活动造成环境、生态资源的破坏，直接或间接的危害国家、集体或人们的人身、财产利益的行为。[2]可见，王利明教授采取的是广义环境侵权，其把污染型环境侵权与生态型环境侵权统一认定为污染环境侵权；麻昌华教授的《绿色民法典草案》"侵权行为之债"中的环境侵权是指破坏了某一地区的环境要素，加害人要对受害人的损失承担民事责任，可见这一环境侵权也是包括污染型环境侵权和生态型环境侵权这两种类型的[3]；张新宝教授的《中国民法典·侵权行为法编》草案建议稿中的环境侵权只规定了污染型环境侵权[4]；杨立新教授的《中华人民共和国侵权责任法》草案专家建议稿中也只提到了污染环境致人损害的民事责任一种。[5]从众多民法学者的《侵权责任法》草案中，我们可以看出，大部分学者还是倾向于环境侵权只限于污染型环境侵权，对生态型环境侵权论述得极少，对于侵权责任法的调整范围依旧采取比较传统保守的态度。

（二）立法现状

中国现行立法已经确认了生态利益，并且已经认识到了它的重要性。如中国《宪法》第二十六条："国家保护和改善生活环境和生态环境，防止污染和其他公害。国家组织和鼓励植树造林、保护树木。"《环境保护法》第一条："为保护和改善生活环境与生态环境，防治污染和其他公害，保障人体健康，促进社会主义现代化建设的发展，制定本法。"上述两部法律均把生态利益纳入了保护范围，《宪法》

---

[1] 《中华人民共和国侵权责任法》第六十五条："因污染环境造成损害的，污染者应当承担侵权责任。"

[2] 《中国民法典·侵权行为法编》草案建议稿（王利明）第一百二十条："因从事生产、生活等活动致使环境发生化学、物理、生物等特征上的不良变化，破坏生态和资源，直接或间接侵害国家、集体的财产，侵害他人的人身、财产的，为环境污染侵权。"

[3] 《绿色民法典草案》之"侵权行为之债"（麻昌华）第1602条"环境责任"："破坏某一地区的环境要素，包括空气、水、土壤、植物群或动物群的，行为人应对受破坏地区的居民承担赔偿责任。"

[4] 《中国民法典·侵权行为法编》草案建议稿（张新宝）第六十四条"污染环境致人损害"："污染环境造成他人损害的，由排污者承担民事责任。排污者不得以排污符合有关标准而主张免责。"

[5] 《中华人民共和国侵权责任法》草案专家建议稿（杨立新）第一百一十七条"环境污染致人损害"："因污染环境直接或间接造成他人损害的，排污者应当承担侵权责任。"

作为中国的根本法,任何法律都不能与其相冲突,其所规定的内容大概分为两部分,即国家权力的运行和公民权利的保障,但这两者并不是处于平等的地位,国家权力的运行是为了更好地保障公民的基本权益。环境生态利益作为公民的一项基本权利,被《宪法》以其根本法的地位得以确认和保护,因此可见中国并没有漠视生态利益的重要性。从《民法通则》第一百二十四条和《侵权责任法》第六十五条来看,环境利益在遭到损害时民法以其私法的角度也给予其救济,当受害者因环境利益受到损害而又损害了其人身或财产利益时,可以追究加害人的民事责任,可以说是对公法保护不足的补充。[1]但仔细探究这两部法律,可以发现其把环境侵权定义为污染型环境侵权一种,对于生态型环境侵权类型却没有涉及。

(三) 理论研究和立法的不足导致的问题

1. 生态安全问题

生存与发展是人类面临的永恒主题,过去人们在片面追求经济增长的同时却忽略了对环境的保护,以牺牲自然的代价来换取经济和社会的繁荣与发展,导致了环境的日趋恶劣,破坏了生态系统的平衡,不仅危及现代人的生存与发展,也给后代人的环境利益带来极大的损害。随着环境污染和生态破坏案件的不断发生,人们日益认识到环境保护的重要性,开始采用政策、法律和思想教育等各种手段号召人们共同行动保护我们唯一的地球。科学发展观的提出,使我们认识到了可持续发展观的重要性与科学性,但是正确贯彻这一科学发展观,还需要各种配套措施。现在中国的《环境保护法》、《民法通则》与《侵权责任法》均对环境问题做出了反应,但是其所调整与保护的范围只限于污染型环境侵权,这种狭义的环境侵权不能够全面协调与防治环境损害的发生,也不能够全面保护因生态损害而受到侵害的受害者的利益。各种法律在制裁与惩罚加害者、保护受害者利益的同时也都起到了预防作用,这种作用是随着法律的实施而发生。生态型环境侵权在法律中的空白,将会导致人们对于生态保护的意识水平下降,并且也难以起到威慑和教育的作用。保护环境,人人有责。对于生态型环境侵权,事后对受害者和环境的弥补远远没有事前的预防作用重要,因此,理论研究的不足和法律的空白将会导致我们的环境日益恶劣,诱发更大的生态破坏。

---

[1] 《中华人民共和国民法通则》第一百二十四条:"违反国家保护环境防止污染的规定,污染环境造成他人损害的,应当依法承担民事责任。"《中华人民共和国侵权责任法》第六十五条:"因污染环境造成损害的,污染者应当承担侵权责任。"

2. 社会稳定问题

中国《侵权责任法》调整的是不同利益、不同阶层、不同行业的国民之间的利益关系，所以要讲究利益平衡原则，以人为本是侵权责任法的立法宗旨。利益平衡原则向来被应用到执法或司法的过程中，用来指导实践，但是在立法中考虑不同阶层、不同团体的利益及解决其相互之间的矛盾，也颇为重要。侵权责任法在保护受害者利益的同时也要注意不要过分限制行为人的自由，正如冯·巴尔教授所言："只有当侵权行为法避免了过分苛刻的责任时，才能作为有效的、有意义的和公正的赔偿体系运行。"[1] 环境侵权的加害者与受害者之间属于利益不平衡、地位不平等的主体，因此要在立法的层面上对其利益问题进行协调，这样才能更有效保护受害者的利益。在环境侵权的民事关系主体中，受害者一般为普通公民、农民，因此在协调双方之间的利益关系时应向弱者倾斜。生态型环境侵权在生活中是现实存在的，如果在立法中没有关于生态型环境侵权的规定，那么因生态破坏而遭受损失的人们其利益将无法得以保护，例如"梨锈病"案中的2 000多户梨农的利益，无法在现行法中找到保护依据。并且在此后的社会发展中，关于生态型环境侵权的案件将会越来越多，一旦爆发，将有可能引发大规模侵权，如果现行立法中缺失相关规定的话，将会有更多弱者的利益无从保护，违背《侵权责任法》的立法宗旨，影响社会稳定。

3. 环境法律体系不健全问题

环境法律体系是指环境法的内部体系和结构，是由各种法律规范组成的统一法律体系。[2] 环境法的法律体系应由环境法的调整对象决定，环境法是关于污染防治和生态保护的法律总称，因此其调整对象应该包括污染防治和生态保护两个方面。而环境侵权属于环境保护的一个重要内容，其应根据行为方式的不同划分为污染型环境侵权和生态型环境侵权。曹明德先生就把环境侵权分为广义环境侵权与狭义环境侵权，广义环境侵权指污染型环境侵权与生态型环境侵权，而狭义环境侵权仅指生态型环境侵权。所以在理论上环境侵权包括污染型环境侵权和生态型环境侵权两种，这种划分有着逻辑和价值支撑，如果立法上只规定污染型环境侵权将会导致法制的不健全问题，不符合环境侵权的逻辑体系。

从中国的环境法发展和世界各国的环境法发展来看，人们都逐渐认识到完善的环境侵权体系应该包括环境污染与生态破坏两种。这种变化在中国首先体现在《宪法》

---

[1] ［德］克雷斯蒂安·冯·巴尔：《欧洲比较侵权行为法》（下卷），焦美华译，张新宝审校，法律出版社2004年版，第1页。

[2] 吕忠梅：《环境法学》，法律出版社2004年版，第51页。

上，1978年的《宪法》规定了："国家保护环境和自然资源，防治污染和其他公害。"而1982年《宪法》就修订为："国家保护和改善生活环境和生态环境，防治污染和其他公害。"中国《宪法》从根本法的地位确定了环境侵权的两种行为模式，因此在立法上确立了环境侵权应该为污染型环境侵权与生态型环境侵权两种。中国民法理论如果仅把环境侵权定义为污染型环境侵权，那么将导致环境侵权体系的不完整，不利于环境侵权理论在民法上的发展。

三、生态型环境侵权在侵权责任法中的归位

（一）侵权责任法调整生态型环境侵权的现实性分析

1. 侵权责任法调整生态型环境侵权的必要性

在民法体系中解决生态保护的问题，是有必要的，这是近代民法向现代民法转变的客观结果，也是现代社会发展的必然要求。

（1）生态保护的重要性要求侵权责任法对其有一定调整。自人类产生之初，人类就不断地向大自然索取，向环境中排放各种废弃物，随着科学技术的进步，人类征服自然的能力愈加提高，但生态环境不仅没有得到救治和保护，破坏生态环境的行为反而越演越烈。在当代，环境污染与生态破坏行为相互交织，人类面临着空前的环境危机。比如发生在2010年7月3日的福建紫金矿业有毒废水泄漏事故，9 100立方米的污水顺着排洪涵洞流入汀江，导致汀江部分河段污染及大量网箱养鱼死亡，给人们的生态环境及其人身、财产造成了重大的损失。恩格斯在著名的《自然辩证法》中曾写道："我们不要过分陶醉于对自然界的胜利。对于每一次这样的胜利，大自然都报复了我们。"现代中国面临着严重的环境污染和生态破坏问题，包括土壤遭到破坏、森林减少、生物的多样性减少、空气污染严重等。严重的环境问题必会阻碍经济的发展，对人类的危害极大。侵权责任法作为保护人们人身和财产权益的民法，理应对侵害人们民事权益的行为做出一定的调整。

（2）弥补公法保护手段的不足，私法与公法并驾齐驱保护生态环境。环境问题大部分是由公法进行调整，这与环境权益的公益性、后果的严重性有关。环境纠纷的处理方式主要有行政纠纷处理方式、民事纠纷的处理方式和刑事犯罪的处理方式。其中行政纠纷的处理方式为主要的解决方式，生态保护的行政处分是指对违反了生态保护法的行为负有直接责任的人员或者其他有关管理人员，由其所在单位或者上级主管机关给予惩戒性的处罚。如《环境保护法》第三十八条就规定了违反环境保

护法的行政责任。[1] 但是行政责任只注重了对违法主体的惩戒，关于受害者的权益损失却没有弥补，这对于受害者来说是不利的。生态环境一旦破坏，将会导致不可逆转的环境问题，因此对于生态保护，事前的预防就变得尤为重要，但是采用公法的手段不能起到很好的预防作用，并且不具有号召人人保护环境的功能。对于上述公法的不足，可以采取私法的方式予以弥补，侵权责任法的功能是补偿作用和预防教育作用，通过对受害者受损权益的弥补和实施法律中的教育作用，能够更好地保护受害者的利益和激励人们参与到保护环境的活动中。

（3）民法理论的发展要求侵权责任法对生态型环境侵权做出调整，是民法理论发展的必然结果。民法理论的发展源远流长，纵观民法发展的历史，现代民法关注的是民法的社会化问题。[2] 在宏观上，民法社会化主要体现在以下几个方面：①从抽象的人格到具体的人格；②从整体保护到具体保护；③从自由放任到国家干预；④从形式正义到实质正义；⑤从个人本位到人与社会相协调。随着社会的蓬勃发展，民法的社会化也在发展，从最初的劳工保护到消费者权益保护，再到今天的环境保护与人权保护，民法的社会化功能愈加凸显。民法的社会化并不是否认民法以个人为本位，关注社会集体的利益，是为了更好地保护个人利益。生态型环境侵权是随着社会经济技术的发展而出现的，其严重的后果不仅对人们的生态环境造成不可逆转的危害，还会危害极大多数弱者的人身、财产权益。因此，侵权责任法作为民法的重要组成部分，理应顺应民法理论的发展，对生态型环境侵权这一现实存在的侵权问题做出反应，充实民法理论的发展。

（4）法官审理生态型环境侵权案件，保护生态环境的需要。从现实生活实践来看，随着高科技的飞速发展，生态型环境侵权案件越来越多，生态利益在民法上保护力度不够、范围不广，不能够适应社会经济生活的发展。同时随着物质生活的提高，人们的法律意识也逐渐提高，保护自己权利的热情也空前高涨，如果不对环境侵权的类型加以扩展，或者将生态利益纳入民法角度予以保护，那么法律将不能适应社会生活的发展，与法律保障社会安全的功能相悖，同时也将会导致法官审理此类案件时毫无依据，容易导致不同法官面对相同案件做出不同判决情况的发生，使人们

---

[1]《中华人民共和国环境保护法》第三十八条："对违反本法规定，造成环境污染事故的企业事业单位，由环境保护行政主管部门或者其他依照法律规定行使环境监督管理权的部门，根据所造成的危害后果处以罚款；情节较重的，对有关责任人员由其所在单位或者政府主管机关给予行政处分。"

[2] 樊启荣等：《民法社会化的几点追问》，参见中南财经政法大学新世纪学术沙龙之二，http://www.civillaw.com.cn/article/default.asp?id=8515，2001年6月13日访问。

的生态环境和生态权益无法得到保障。

2. 侵权责任法调整生态型环境侵权的可行性

（1）侵权责任法的本质与生态型环境侵权。艾伦·沃森指出，民法的价值关怀，体现在对人的终极关怀。[1] 中国的《侵权责任法》是一部具有中国特色的法律，充分体现了以人为本的精神，其基本制度和体系均是以"保护受害者利益"建立，从更大更广的范围内体现了对人的关怀。侵权责任法属于民法体系的一个基本组成部分，属于私法，其有着特定的功能与调整范围，只有在清楚侵权责任法的功能与调整范围的前提下，才能得出侵权责任法与生态型环境侵权的关系，以及侵权责任法能否对其进行调整。

中国《侵权责任法》第一条规定："为保护民事主体的合法权益，明确侵权责任，预防并制裁侵权行为，促进社会和谐稳定，制定本法。"从这一条文可见，侵权责任法是民法的一个重要组成部分，其主要目的是对民事主体的合法权益进行保护。民法属于私法，是关于市民社会的人法、以人为本的法，马克思认为，市民社会是特殊的个人利益的总和。民法以主体的独立性、私权的神圣性、意志的自治性为特征，以一种世俗但不卑俗的态度表现了对人的关怀。[2]

《侵权责任法》第二条规定："侵害民事权益，应当依照本法承担侵权责任。本法所称民事权益，包括生命权、健康权、姓名权、名誉权、荣誉权、肖像权、隐私权、婚姻自主权、监护权、所有权、用益物权、担保物权、著作权、专利权、商标专用权、发现权、股权、继承权等人身、财产权益。"这一条采取了全面列举和兜底条款相结合的方式，可以说是吸取了《德国民法典》和《法国民法典》的精华，创设的具有中国特色的形式，这种立法方式体现了侵权责任法保障民事权利的全面性、特定性和开放性：①保护范围的全面性，全面保障公民的基本权利。这一条文采取了全面列举的方式，公民在适用法律时对自己的权利可以一目了然，增强了公民保护自己权利的意识。②保护范围的特定性，有效限缩侵权责任法的保护范围。虽然侵权责任法在发展过程中，所保护的权利呈现出不断扩张的趋势，但是侵权责任法毕竟是民法的一个基本组成部分，其仍属于私法，必须体现出私权有限性。正如瓦格纳教授所言："在最近几十年的比较法研究中，侵权法无疑是最热门的课题，这是因为随着经济的发展、生活水平的提高，人们每时每刻都面临着遭受损害的风险，而且侵权法因风险和损害类型的不断发展而不断发生变化。"所以，侵权

---

[1] ［美］艾伦·沃森：《民法体系的演变及形成》，中国法制出版社2005年版，第269页。

[2] 转引自吴汉东教授的讲课笔记，2008年第一学期。

责任法的调整范围必须具有特定性，不能随着侵权类型的扩展而随意扩张其调整范围。③保护范围的开放性，保障侵权责任法灵活应对纷繁复杂、变化多端的社会生活。法律不仅应体现确定性与安定性，还应该体现其适应性和包容性。拉伦茨（Karl Larenz）曾经说过："没有任何一种体系，可以演绎式地支配全部社会问题，体系必须体现出开放性，现有的体系只能是暂时概括总结现实的生活。"中国《侵权责任法》的调整范围把"民事权益"包括进去正是体现了开放性这一点。21世纪是一个经济快速发展的社会，随着信息时代的到来，网络的迅猛发展，人与人之间的交流也更加迅速与方便，"地球村"的形成也指日可待，随着人们的权利不断扩张，侵害人们权利的方式与手段也在不断更新，因此，侵权责任法在21世纪就扮演着越来越重要的角色，若想保持其生存的活力，就必须具有开放性，适应千变万化的社会生活。

每一部法律都有其功能定位，侵权责任法也不例外，关于侵权责任法的功能，主要有三种学说：单一功能说、双重功能说和多重功能说。单一功能说仅指补偿功能，双重功能说指补偿功能与预防功能，多重功能说指补偿功能、预防功能与惩罚功能。这三种学说，无疑多重功能说最全面、最合理，这也为中国众多民法学者所认可，因其与侵权责任法的理论发展和中国的社会实践相符合。侵权责任法虽具有多重功能，但是多种功能并非处于同一地位，纵观三种学说，皆论述了侵权责任法的补偿功能。王利明教授在论述侵权责任法的多重功能后，也重点强调了其补偿功能，认为侵权责任法是救济法，主要是救济受害人民事权益所受损害的法。可见侵权责任法的主要功能是补偿，其与行政法和刑法的惩罚功能不同。并且侵权责任法作为民法的一个主要部分，其所补偿的只是私人的民事权益所受损害。侵权责任法是一部私权保障法，当人们的权利与合法权益遭受到侵害时，它能提供不同的救济手段予以保障。现代社会科学技术的飞速发展，使人们在享受丰富的物质文化时，也随时面临其带来的风险，风险的增加与多元化，要求侵权责任法必须多角度、宽范围、多渠道地为受害者提供救济。提供救济的最好方式是补偿私人主体民事权益所受到的损害，所以侵权责任法的主要功能是补偿功能。有损害就要有补偿，侵权责任的主要功能是补偿功能，那么因生态破坏而遭受利益损失的人们，就要受到法律的保护，就需要侵权责任法对其做出一定的调整。

（2）民法的社会化发展与生态型环境侵权。民法社会化的发展要求侵权责任法对生态型环境侵权做出反应。这要从近代民法到现代民法的转变开始。近代民法是经过17、18世纪的发展，于19世纪欧洲国家民法典编纂中所形成的原则、制度、思想和理论的体系，以1804年的《法国民法典》和1896年的《德国民法典》为代表。近代民法是个人本位法，个人是主体，一切从个人出发，私法关系的产生、发展和消灭完全取决于个人意识，国家只有在个人请求时才干预私法关系，并且个人意思在一定条件下可以排除国家干预。近代民法的两个基础是平等性和互换性：①平等性主要是由于当时不发达的市场经济，民事主体多是以家庭为单位的农民、手工业者等，这些主体在民事关系中进行交易，他们的经济实力差别不大，没有明显的生产者与消费者之分，因此立法者和法学者对当时的社会生活做出一个判断，公民的权利能力与法律地位完全平等，对所有权进行绝对的保护，私法自治，私人享有权利和承担义务完全取决于个人意志，不受国家或他人干涉。②互换性是指民事主体在市场交易中不停地互换其地位，以满足自己所需。民事主体地位虽是平等的，但也不是绝对平等、毫无差别，平等性所造成的不足，因互换性的存在而得以弥补。基于平等性和互换性的存在，所以国家可以采取放任的态度，民事主体可以基于自己的意思，自由决定自己的权利义务。民事主体之间的契约被视为具有法律的效力。在社会发展平稳、政治局面稳定的19世纪，近代民法基于的社会基础追求的是法的安定性与形式正义，这正体现了当时市场经济的内在要求。

进入20世纪，社会变得极度动荡不安、各种矛盾急剧变化和各种社会问题层出不穷，同时科学技术迅猛发展，各种技术成果的发明和应用，极大地提高了社会生产力，提供了丰富的物质财富，使人们的物质生活质量得到了极大的提高。在此繁荣的背后，人们之间的矛盾也更加突出，出现了两极分化、贫富悬殊的局面，劳动者与企业主、消费者与生产者之间的距离也越来越大，同时企业事故、交通事故、环境污染、缺陷产品致损等各种严重的社会问题也层出不穷。在这种社会现实下，法官和法学学者也遇到了极大的挑战，面对这些新问题与新案件，法官无从找法，因此法官与法学家们不得不改变法学思想，探求解决问题的途径与方法，最终促成了民法思想与民法制度的变迁，由近代民法步入现代民法。现代民法是在近代民法的法律基础之上，对近代民法的原理、原则进行修正、发展的结果。[1] 现代民法的特征主要是：①平等性和互换性的丧失。基于20世纪市场经济的快速发展，作为近代民法基础的平等性和互换性已经丧失，劳动者与企业主的对立、消费者与生产者的对立使得社会出现了严重的两极分化和对立。由于生产组织形式的变更，生产者由原来的手工业者和小作坊逐渐变成了现代化的大公司、大企业，他们拥有雄厚的

---

[1] [日]北川山太郎：《关于最近之未来的法律模型》，李薇译，载《民商法论丛》2006年第6卷，第286—287页。

经济实力，在商品交换中处于优越的地位。而劳动者与消费者则处于相对的弱势地位，劳动者迫于生存不得不接受企业主苛刻的劳动条件，而消费者因为生产技术的科技化、消费环节的复杂化而对产品的品质无法做出判断，处于盲目的状态，任由生产者摆布。因此近代民法的基础——平等性与互换性已经消失。②现代民法追求实质正义。20世纪的社会生活发生巨大的变化，法官和法学家们迫于现实改变了自己的思想与法学原则，因此在看到了社会主体严重不平等的社会经济地位后，为了平衡他们之间的关系、维护社会的稳定，不得不抛弃形式正义而去追求实质正义。基于对实质正义的追求，法官和法学家们创制了一些新的理论和判例规则，例如情事变更原则和公序良俗原则等。③现代民法的价值取向为社会的妥当性。法的安定性与社会的妥当性经常会发生冲突与矛盾，19世纪的近代民法一般会牺牲社会的妥当性而追求法的安定性。但20世纪社会生活的急剧变化，使得两极分化、贫富悬殊的局面越来越严重，迫使法官基于当时的社会条件与当事人的现实情况，不得不做出在双方当事人之间看似更公平合理的判决，因此为了追求社会的妥当性不得不牺牲法的安定性，使得一些相同案件因时间、地点条件的不同而有了不同的判决。

21世纪是一个高度风险社会，交通事故、企业事故、缺陷产品致损事故以及环境污染事故层出不穷，自己责任即过失责任已经不能完全调整社会生活。虽然对于一般的侵权事件，还是采取过失责任的规则原则，但是对于一些特殊领域的侵权责任，例如产品责任或环境污染责任，采取过失责任不能平衡双方当事人之间的利益关系，因此无过错责任应时代的需要而产生。由此可见，现代民法更注重对弱势群体和特殊群体的保护。现代民法的这种变化，为环境侵权问题纳入民法领域解决提供了契机，并且各国的民法也对环境保护问题做出了反应。

综上所述，随着民法的社会化发展与中国《侵权责任法》的开放性特点，为了更好地体现以人为本的精神与更大范围地保护受害者利益，生态型环境侵权是可以纳入其调整范围的，但是不宜任意扩大，只调整那些通过生态破坏造成人们人身和财产损害的危害行为。

3. 侵权责任法调整生态型环境侵权的意义

随着民法社会化的发展，侵权责任法对生态型环境侵权做出反应有着重大的意义：①有利于生态系统的保护。在民法理论上对生态型环境侵权加以调整无疑对于保护环境是有好处的，从宪法、民法、行政法和刑法等多方面来保护生态环境，制止破坏生态环境的行为。②有利于全民保护环境。侵权责任法所具有的预防和教育作用，可以号召大家贯彻"保护环境，人人有责"这一政策。③有利于保护受害者。对于因生态破坏受损的人们人身或财产的权益，现行法律无从保护，法官找法困难，无论是从理论中还是社会实践中，人们保护自己权益依据不足，因此在侵权责任法中对这一行为进行调整，可以有效、全面地保护受害者的利益，方便法官找法，解决司法实践难题。④有利于促进侵权责任法的发展。侵权责任法是一部发展的法律，应具有开放性，这样才能协调法律的稳定性与现实生活的多变性之间的矛盾，对生态型环境侵权的调整是其开放性特征的体现。

综上所述，生态型环境侵权纳入侵权责任法是必要的、可行的，并且有着重大的意义，但是生态型环境侵权的自身属性又与侵权责任法有着天然的矛盾，这个矛盾将怎么解决呢？侵权责任法在面对现实存在的生态型环境侵权与自身传统体系的矛盾时，该以何种方式、何种程度接纳生态型环境侵权呢？

（二）侵权责任法调整生态型环境侵权的技术性分析

1. 生态型环境侵权纳入侵权责任法的困境

前已述及，侵权责任法有其自身的调整范围与功能，生态型环境侵权也有其独特的内涵，从《环境保护法》、《民法通则》到《侵权责任法》，可见其均舍弃了生态型环境侵权，仅把环境侵权限定为污染型环境侵权一种。任何一部法律均是经过了专家学者激烈的讨论与严密的研究才得以通过，那么侵权责任法无法纳入生态型环境侵权的困境有那些呢？笔者认为可以从以下几点分析：

（1）生态型环境侵权的损害超过了侵权责任法的调整范围。生态型环境侵权的成立首先要对环境生态系统造成损害，然后对公民的人身或财产造成损害，其中对公民的人身或财产损害的发生具有不确定性，其过程具有隐藏性、复杂性、间接性。生态型环境侵权既对生态造成损害，又可能对人们的民事权益造成损害，而生态利益属于公共利益，这种对公共利益的损害赔偿已经超出了现行侵权责任法目前所能调整的范围。传统的民法理论认为生态型环境侵权的客体为环境，而环境属于无主物，非人力所能控制和支配，而民法要求保护的权利和利益以个人能支配的利益为限，根据侵权责任法的"有损害，即有救济"，救济的也只是民事主体的私益，而环境属于公共产品，非民法保护对象之列，那么也就不存在民法上的救济问题，因此，侵权责任法对于单纯环境生态的损害也就无能为力了。[1]虽然民法的发展向着社会化前进，但是民法毕竟是私法，不能任意扩充其调整范围。侵权法也有其独立的体系、

---

[1] 周珂：《生态环境法论》，法律出版社2001年版，第89页。

逻辑、规范方式和调整范围，不能做无谓的扩张，仅能对特定的权益和权利做出保护，不能对所有的权利和权益做出保护，否则侵权责任法就变成了一个毫无体系可言的大杂烩。正是基于这种担心，侵权责任法的保护范围经过了立法者精心的考量与选择，对于环境侵权中的生态型环境侵权采取了保守的态度。因为生态型环境侵权的损害首先作用于环境，由环境这一中介间接地对人们的人身或财产利益造成损害，其中后者的发生具有或然性。如果只是损害了人们的生态环境，尚未危害到人们的人身及财产利益，那么侵权责任法就不能有效地对公共利益进行调整和保护，环境这一公共利益超出了侵权责任法的调整范围、立法功能和历史传统。

（2）生态型环境侵权的行为模式复杂多样，难以类型化，与中国侵权责任法的体系不相协调。上述生态型环境侵权的特征，其侵害行为方式多种多样，难以统一和类型化，而污染型环境侵权可以统一为"污染物的排放"这一行为模式，并且按照排放对象的不同可以分为大气污染、水污染、土壤污染等，符合中国立法"一般条款＋类型化"的立法模式，中国《侵权责任法》的立法模式也采取了"一般条款＋类型化"的模式，这符合侵权责任法的发展趋势，所谓一般条款是指在侵权责任法中居于核心地位的，能成为所有侵权请求权基础的法律规范；所谓类型化条款是指在一般条款之外，就具体的侵权行为类型所做出的具体规定。[1]中国《侵权责任法》的第六条和第七条就是关于侵权责任法的过错原则、过错推定原则与无过错原则的一般规定。[2]一般条款主要功能是：①它表明了侵权责任法最核心的价值判断标准，它也是一个国家或地区在平衡受害人救济和行为人行为自由的价值判断依据。②在法律无特别规定的情况下，一般都要依据一般条款做出判断，在法律有特别规定的情况下就依法律的特别规定。中国《侵权责任法》第八章"环境污染责任"第六十五条就规定了环境污染责任的一般条款，即因污染环境造成损害的，污染者应当承担侵权责任。设立污染环境责任的一般条款也是有必要的，这样就可以限制环境侵权的适用范围，生态型环境侵权的侵害行为难以统一，所以中国环境侵权就只规定了污染型环境侵权，而对生态破坏致人损害的民事责任予以保留。一般条款具有核心价值判断标准的同时也具有抽象和宽泛的缺点，难以适应社会侵权案件的发展，因此一部法律在具有一般条款之外，还需要类型化的条款予以完善，生态型

---

[1] 张新宝：《侵权责任法的一般条款》，载《法学研究》2001年第4期。
[2] 《中华人民共和国侵权责任法》第六条："因过错侵害他人民事权益，应当承担侵权责任。根据法律规定推定行为人有过错，行为人不能证明自己没有过错的，应当承担侵权责任。"第七条："任何人损害他人民事权益，不论行为人有无过错，法律规定应当承担侵权责任的，依照其规定。"

环境侵权行为方式多种多样，除了能对其破坏生态的结果进行衡量外，对其行为难以进行类型化分析，所以中国《侵权责任法》最终没有规定生态型环境侵权。③生态型环境侵权行为后果严重，多数引发公害，与侵权责任法的私法性相冲突。

侵权责任法是民法的组成部分，属于私法，是保护民事主体民事权益的法律。而生态环境问题因发生原因不同可以分为原生环境问题和次生环境问题。原生环境问题又成为第一环境问题，指因自然因素本身某些因素变化而引起的环境问题；次生环境问题成为第二环境问题，指因人类的生产或生活活动而引发的环境污染和生态破坏问题。中国《侵权责任法》所能调整的环境侵权只能属于次生环境问题，无论原生环境问题还是次生环境问题，一旦发生皆具有大规模的危害性，后果具有不可逆转性。生态型环境侵权首先侵害的是人们的环境利益，并且会引发大规模的公害，引发的后果具有不确定性，这时谁又能作为民事主体去要求加害者赔偿环境利益所遭受的损失呢？中国尚未建立公益诉讼，《中华人民共和国民事诉讼法》（以下简称《民事诉讼法》）所要求的诉讼主体必须与自身利益相关才能提起民事诉讼，而对于这种大规模侵权对环境造成的损害，在中国的立法与理论上找不到合适的民事主体。[1]因此，生态型环境侵权所具有的公害性与侵权责任法的私法性相冲突。

2. 外国环境侵权责任制度的借鉴

生态保护是现代环境法的重要内容，中国传统的环境保护法主要起源于污染防治法，关于生态保护的法律少之又少，主要有《中华人民共和国野生动物保护法》《中华人民共和国渔业法》、《中华人民共和国森林法》等及其实施条例，在环境侵权的民事责任立法上，也仅仅局限于污染型环境侵权的民事责任。这种立法已不适应世界发展的潮流，现在世界上主要经济发达国家均以不同形式、在不同的程度上实现了环境法的历史转型，中国环境立法可以借鉴其经验，完善中国的环境保护法规。其主要有以下三种模式。

（1）法国模式。法国作为大陆法系的代表国家，其环境保护的范围较为广泛。其环境立法在理论上大致可以分为两个部分：①制定于1960—1980年的各单行公害防治法规，并有各种命令或专门立法对其予以补充。这些法规独立分散，并没有由一部法律加以统率或整合为一个法群。②自然保育法，主要起源于民法的相关规定，比如所有权、相邻权、地役权、损害赔偿等相关制度，由此派生出农业、渔业、矿业等专业法规，并且还可以直接适用刑法关于环境保护的相关法律。

---

[1] 《中华人民共和国民事诉讼法》第三条："人民法院受理公民之间、法人之间、其他组织之间以及他们相互之间因财产关系和人身关系提起的民事诉讼，适用本法的规定。"

德国也是大陆法系的代表国家，其关于环境保护的法规和法国类似，主要由两类法律构成，分别是污染防治法和自然保护法。苏联和一些东欧国家的环境保护法律体系也属于这一模式，不同的是苏联较早关注了生态保护，关于生态保护的法律不仅数量上占优势，而且其等级效力一般高于单纯污染防治的法律。

（2）日本模式。日本的环境立法是由污染防治法向自然保育法转变的。日本的环境保护法体系在世界上都是比较完善的，主要因为日本早期一直追求经济的高度增长，忽略了环境保护，由此造成了一系列的环境污染和生态破坏事故，因此在严重的环境危机下，日本1970年修订后的《公害对策基本法》强调环境优先，并且把"保护国民健康和维护其生活环境"作为环境立法的唯一目的。但是随着1992年联合国环境与发展大会的召开，其确立的可持续发展战略原则，对日本的环境立法产生了重大的影响，其1993年制定的《环境保护法》就确立了环境立法的目的："必须以健全经济发展的同时实现社会的可持续发展为宗旨，以丰富的科学知识防止环境保护的危害于未然为宗旨，实现因社会活动或其他经济活动对环境的损害减少到最低限度，每个人在公平的分配负担下自主积极地实施保护环境的行动，既维持健全的环境，又减少对环境的负荷。"从该法的立法目的可以看出，日本环境保护法的目的已由单纯的防止环境公害的发生向着保护整个国土的环境转变，形成了以综合性的基本法为中心，其他相关部门法为补充，包括污染防治和生态保护等内容的法律、法规所组成的完备体系。

（3）美国模式。美国的环境立法体系非常完备，分为成文法和不成文法两部分。成文法是联邦和各州的立法机关专门为保护环境而指定的法律、法规；不成文法是与环境保护有关的普通法和司法判例。成文法中在基本法《国家环境政策法》的统率下，又由污染控制法律和资源保护法律两部分组成：①污染控制法律主要是有关空气、土壤、水的污染防治法，如《清洁空气法》、《安全饮用水法》、《噪声控制法》等；②资源保护法主要是保护公共土地，自然保护区和野生动物植物，总目标是保护自然资源的多样性和维护脆弱而重要的生态系统。总之美国的环境立法指导思想由治理为主向着预防为主转变，扩大了环境法的调整范围，成功实现了美国环境法的转型。

从上述各国环境立法的转型可以看出，虽然采取的途径、程度不同，但是基本内容是一致的，即由污染防治到污染防治和生态保护并重，进而扩展到对整个生态系统平衡的保护。因此，中国也应顺应历史潮流，借鉴发达国家的经验，由单纯的注重防止污染环境损害的发生向着防治污染环境损害的发生和预防生态系统平衡破坏转变。

3.侵权责任法调整生态型环境侵权的解决路径

环境侵权是一种特殊侵权,无论是污染型环境侵权还是生态型环境侵权均首先对人们的环境权益造成损害,然后通过环境这一介质危害人们的人身或财产利益。但由于污染型环境侵权的侵害行为单一,可以类型化为一种侵害模式——排放,所以至今中国民事立法上把环境侵权仅限定为污染型环境侵权一种。对于现实存在的生态型环境侵权,笔者认为可以从以下路径进行解决。

一般侵权责任的成立要符合侵权责任的构成要件,对于侵权责任的构成要件有"三要件说"和"四要件说"。《法国民法典》主张"三要件说",即损害事实、因果关系和过错三要件,而《德国民法典》主张"四要件说",即行为的违法性、损害事实、因果关系和过错四要件。考虑到中国民法理论主要渊源于《德国民法典》,因此根据中国《民法通则》第一百零六条第二款可见中国采取"四要件说"比较合适,对于一些特殊侵权行为则只采取"三要件说"。因此可以得出,不管是哪一种侵权行为其必须有侵权行为、损害结果和侵权行为与损害结果之间的因果关系,因此在认定侵权行为人民事责任时,侵权行为与因果关系就变得格外重要。[1]生态型环境侵权如若进入到中国现行《侵权责任法》调整,其必须符合这些条件。

生态型环境侵权的侵害模式为"侵害行为—生态环境—人的权益",侵害行为首先是破坏了生态环境,然后又损害了人们的人身或财产权益,其中这一侵权行为并不必然损害人们的人身或财产权益;同时,环境侵权多为大规模侵权,有时受害者人数并不确定。按照受损权益的不同,环境侵权可以分为两种类型:①仅对人们的环境造成了损害;②不仅侵害了人们的环境利益,还侵害了人的利益,人的利益包括人身利益、财产利益或精神利益等。对于第二种侵害了人的利益的,按照是否有直接受害人为标准,生态型环境侵权又可以分为以下三种类型:①无直接受害人的环境侵权;②对不特定多数人造成损害的环境侵权;③对特定人造成损害的环境侵权。

对于并无直接受害者的环境侵权,梅夏英教授认为仅仅对环境造成污染或对生态造成破坏,而没有对他人造成人身或财产损害的,在民法上并没有多大意义,因此中国《侵权责任法》对此无能为力。但是他认为,虽然没有直接对他人的人身或

---

[1] 杨立新:《侵权法论》第2版,人民法院出版社2004年版,第147页。

财产造成损失，但是也确实存在一种经济损失，即纯粹的经济损失，比如因空气污染、水污染、生态破坏等对周围商家造成的利润下降，对民众造成的生活不便等皆属于纯粹的经济损失，可以通过在《侵权责任法》中设立一般条款获得某种程度的解决。在德国，就是通过这种立法模式来保护他人利益的。因此，中国可以借鉴德国的立法经验，在《侵权责任法》中设立一般条款，保护人们的纯粹经济损失，但是中国现行《侵权责任法》并没有相关规定，这与纯粹经济损失理论的不成熟与中国并无环境权做支撑的国情有关。因此，对于第一种并无直接受害人的生态型环境侵权只能采取行政或刑事等其他手段来保护环境和惩罚加害人。

对于对不特定多数人造成损害的生态型环境侵权，中国《侵权责任法》也并没有多大能力去调整，虽然"有损害，即有救济"是中国《侵权责任法》的目标，但是中国《民事诉讼法》中规定原告必须与案件有着直接的利益关系，并且中国并没有关于公益诉讼的规定，对于不特定主体受害的案件，谁又能作为诉讼主体去主张权益呢？这在中国民事诉讼上是一个尚未得到很好解决的问题，因此《侵权责任法》对此也是有心无力。

从以上侵权责任法的本质和功能与生态型环境侵权自身的特征分析，可以得出，侵权责任法若要调整生态型环境侵权，必须要符合以下条件。

生态型环境侵权要对人的权益造成损害。中国《侵权责任法》作为一部保护私人权益的法律，其第2条明确规定了调整对象，只能限定为人们的民事权益范围之内，对于仅对环境这一公共利益造成的损害，并没有损害到人们的人身或财产利益的，只能寻求公法上的保护，不受《侵权责任法》的调整。

生态型环境侵权要对特定人的权益造成损害。《侵权责任法》作为一部实体法，其必须与中国现行的程序法《民事诉讼法》相配套，这样才可以从实体和程序两个方面全方位保护人们的利益不受损失，中国《民事诉讼法》只能保护特定人的民事权益受损以及有受损危险的事实。

综上所述，中国《侵权责任法》调整的生态型环境侵权是有限度的，其只能调整因人们的生态破坏行为而对特定人的人身或财产造成损害的行为，只属于生态型环境侵权的一部分。环境侵权本是一种特殊侵权，生态型环境侵权更有其特殊的性质，因此仅靠一部《侵权责任法》来解决生态型环境侵权的全部，已经超出了《侵权责任法》的范围，中国《侵权责任法》只能在其不破坏自身传统与体系的前提下调整生态型环境侵权，为受害者提供民法上的救济。

四、生态型环境侵权民事责任的体系

（一）生态型环境侵权民事责任的归责原则

归责原则在侵权法上有着重要的意义，是侵权行为发生后，由谁承担民事责任的依据。通说认为归责原则是指据以确定侵权民事责任由行为人承担的理由、标准或者最终决定性的根本要素，是贯彻于整个侵权行为法之中，并对各个侵权法规范起着统帅作用的立法指导方针，是司法机关处理侵权纠纷所应遵循的基本准则。民事责任的归责原则决定着民事责任的构成要件和举证责任的内容，因此举证责任在认定民事责任方面具有重大意义。中国的《侵权责任法》把归责原则分为两种：过错责任原则和无过错责任原则。综观环境侵权民事责任中归责原则的发展，其是由过错责任原则发展至无过错责任原则。

1. 过错责任原则

过错原则源于罗马法，是指加害人对其有过错的行为承担民事责任，其中过错包括故意和过失。故意是指行为人积极追求或者是放任损害结果的发生，即直接故意和间接故意。过失是指行为人对其行为所造成的后果应该能预见，但是因疏忽大意而没有预见，或者已经预见但是轻信能够避免，即疏忽大意的过失和过于自信的过失。如果加害人主观上不存在故意或过失，当然不承担民事责任。过错原则是侵权法中一般的侵权责任归责原则，一般的侵权行为均以过错原则来衡量其是否承担民事责任，无过失即无责任。中国《侵权责任法》第六条规定的是中国的过错责任原则。中国《侵权责任法》第六条第二款规定的是过错推定责任原则，其是指法律推定加害人有过错，如果其不证明或不能证明其不存在过错，那么由其承担民事责任。过错推定责任属于过错责任，其是过错责任的一部分，是过错责任发展到一定阶段的特殊情况，仍以加害人的过错为责任的根据，为了减少受害者的举证责任而设立。过错责任与过错推定责任不同的是举证责任不同，过错责任由受害者承担证明加害者有过错的责任，加害者无须证明其是否有过错，而过错推定的举证责任由加害者承担其是否有过错，如不能证明其无过错则要承担不利的后果。

2. 无过错责任原则

无过错原则是指基于法律的特别规定，即使行为人对其造成的损害没有过错也要承担责任，即法律上有特殊规定，行为人不问主观有无过错，只要其行为造成了损害，就应当承担责任，在无过错责任下，因果关系的认定就变得极为重要。无过错原则是伴随着19世纪现代化大工业的发展而发展起来的，是生产力发展到一定阶段的必然结果。随着经济技术的快速发展，环境问题也日益突出。不断出现的环境污染事件，使得人们对环境问题愈加关注，由于受害者多为弱势群体，如果继续使用传统民法的过错原则，将不利于保护受害者的利益和不利于阻止加害者的环境侵权行为，因此各国在环境侵权方面逐渐舍弃了过错责任，无过错原则开始成为世界各国处理环境侵权案件的归责原则，中国也不例外。中国《民法通则》第一百零六条第三款："没有过错，但法律规定应当承担民事责任的，应当承担民事责任。"这是中国法律上关于无过错责任的明文规定。《民法通则》第一百二十四条："违反国家保护环境防止污染的规定，污染环境造成损害的，应当承担民事责任。"可见环境侵权作为一种特殊的侵权行为，无过错原则无疑是环境侵权的归责原则。

在环境侵权领域采用无过错责任归责原则有着重大的意义：①在实体上，其体现了民法的公平原则。无过错责任归责原则是从整个社会的利益均衡考虑，为了照顾社会弱势群体的利益而设，虽然其在个案中可能有失公平，但是为了整个社会的公平正义，体现了现代民法追求实质正义的价值追求。②在诉讼上，其简化了诉讼程序，减轻了原告的负担。在一些特殊侵权案件中，比如产品责任、道路交通责任和环境污染责任，受害者多为社会的弱势群体，其举证责任能力差，而加害者一般为大公司和大企业，其承担责任的能力强，如果再由受害者承担举证责任的话，则有违社会公平。

综观中国环境立法，污染型环境侵权多为无过错责任的归责原则，但是在生态资源保护中，多为过错责任，比如森林资源、土地资源和野生动物资源等，适用的都是过错责任原则。[1]笔者认为，现代环境问题日益严重，污染型环境侵权与生态型环境侵权现象皆层出不穷，为了更好地保护中国的自然资源和生态环境，在一定范围内的自然资源法中应适用无过错归责原则。同时生态型环境侵权也属于环境侵权的一种，其规则原则也不应例外，所以在生态型环境侵权中一律适用同污染型环境侵权同样的无过错责任归责原则。

3. 违法性的取舍

中国《民法通则》第一百二十四条规定："违反国家保护环境防止污染的规定，造成他人人身财产损害的，应当负民事责任。"但是《民法通则》第一百零六条第三款规定："没有过错，但法律规定应当承担民事责任的，应当承担民事责任。"

---

[1] 《中华人民共和国森林法》第三十九条："盗伐森林或者其他林木的，依法赔偿损失；由林业主管部门责令补种盗伐株数十倍的树木，没收盗伐的林木或者变卖所得，并处盗伐林木价值三倍以上十倍以下的罚款。"

可见，无过错责任原则并没有要求行为的违法性这一要素，而环境侵权作为一种特殊侵权责任，其行为的违法性在判定其是否承担民事责任时就显得至关重要。对于这一纠纷，众说纷纭，莫衷一是。王利明教授认为民法中的过错概念既包括行为人主观状态的应受非难性，也包括客观行为的违法性，过错本身就意味着法律对行为人的行为做出了否定性的评价。[1] 宋宗宇教授认为环境侵权中的无过错责任应该是完全的无过错责任，即不管行为人主观上是否有过错，也不管客观上行为是否违法，只要行为人造成了环境损害，损害了人们的利益，就应当承担民事责任。只有主观和客观上的过错都不论，才是真正的无过错责任。笔者认为《民法通则》第一百二十四条的规定已经不能适应现实生活的发展，在环境侵权这一特殊领域，"合法排污"与"合法行为"已不能成为其免除民事责任的依据，合法行为仅仅是免除其承担行政责任的依据，只有这样才符合环境侵权民事责任的立法目的，更好地遏制环境侵权行为，也能更好地体现无过错责任归责原则的宗旨——更好地保护弱势群体的利益。

因此生态型环境侵权作为环境侵权的一种类型，也应适用完全无过错规则原则，即不管主观上是否有过错、客观上是否违法，只要其行为对环境造成了损害，进而又间接侵犯了特定人们的民事权益，就应当承当民事责任。

（二）生态型环境侵权的构成要件

民事责任的成立一般需要四个要件：①侵权行为；②主观过错；③有损害或危险的发生；④侵权行为与损害的发生之间有因果关系。而生态型环境侵权属于特殊侵权，其构成要件应为三个：①侵权行为；②损害或损害危险结果的发生；③侵权行为与损害后果之间具有因果关系。简单来看，其与污染型环境侵权的构成要件相同，但因其基础行为的不同，生态型环境侵权在具体的各个构成要件中进行了一定程度的扩张或限缩。侵权责任法所调整的生态型环境侵权的损害，一定是通过对生态的破坏而导致了人们利益的受损，对于那种仅仅对环境生态造成破坏的行为，侵权责任法就无能为力了。

1. 侵权行为

阳光、水、森林和空气等环境要素相互联系、相互作用组成了整个生态系统。整个生态系统作为一个整体，系统中的任何一种因素受到了破坏，均会引起连锁反应，进而造成整个生态系统的失衡，并且生态系统失衡的后果极其严重，其潜伏期

---

[1] 王利明：《民法——侵权行为法》，中国人民大学出版社1993年版，第445页。

长、破坏力强，不仅使当代人的利益受损，也会损害后代人的环境利益。生态型环境侵权的侵权行为方式多种多样，是指人们所从事的不当行为造成了当地环境的生态失衡，进而损害了人们的民事权益的行为。比如人们所从事的滥砍滥伐行为、过度开采矿产行为、基因引进行为和过度打猎行为等，这些行为如果不尊重自然规律，均会造成生态环境的失衡。

污染型环境侵权的行为可以类型化为一种方式，即排放，比如排放污染物质到大气、水、土壤，造成了大气污染、水污染或者土壤污染等。但是生态型环境侵权的行为方式多种多样，无法类型化，只能具体问题具体分析。《中华人民共和国水土保持法》为了保护生态环境，防止水土流失，就规定了下列禁止从事的行为：毁林开荒、烧山开荒和在陡坡地、干旱地区铲草皮等行为；《中华人民共和国草原法》也规定了禁止开垦和破坏草原，禁止在荒漠草原及半荒漠草原、沙化地区砍挖灌木、药材等。另外《中华人民共和国水法》、《中华人民共和国矿产资源法》等自然资源保护法也都对破坏生态环境的行为做出了禁止规定。生态型环境侵权的侵权方式多种多样，无法概括为一种类型，因此这也是其迟迟没有进入侵权责任法视野的原因。但是笔者认为，不能因为其行为方式的复杂，而漠视其对人们民事权益造成损害的民事责任，可以依据具体自然资源保护法的禁止行为来判定其行为是否属于生态破坏行为。

2. 损害后果

损害后果是指受害人因他人的加害行为而遭受的人身或财产的不利后果。[1]侵权责任法所救济的损害，是指受害人人身或财产方面的不利后果。作为侵权责任法上的损害后果，应该具备以下三点特征：①这种损害是侵犯公民合法民事权益所造成的他人人身或财产不利的后果；②在法律上，这种损害后果具有救济的可能性与必要性；③这种损害后果具有客观真实性和确定性。因此生态型环境侵权如若进入侵权责任法的调整范围，其所造成的损害后果就必须具有以上三点特征。

生态型环境侵权所造成的损害后果具有特殊性。生态型环境侵权的成立首先要对生态环境造成了损害，然后对人们的民事权益造成了损害，如果没有对生态环境造成损害，那么就无所谓生态型环境侵权的成立，因此，在判定生态型环境侵权是否造成损害时，首先要判断其对环境造成的损害，环境损害存在，即存在侵权行为，环境损害不在，即不存在侵权行为。其中对人们民事权益造成的损害只是判断加害

---

[1] 张新宝：《侵权责任法》，中国人民大学出版社2006年版，第35页。

人民事责任大小的依据。

根据生态型环境侵权所损害的权益类型可以将危害后果分为以下几种：环境权益损害、人身损害、财产损害和精神损害。

（1）环境权益损害。环境权益损害即因为加害者的破坏生态行为损害了人们的环境权益，例如通风权、采光权、生活安宁权、水权等。生态型环境侵权的成立以危害了人们的环境权益为前提，因此在判定此侵权成立与否时，对环境权益危害的判定就变得至关重要。《人类环境宣言》第1条就规定了人类的环境包括天然和人为两个方面，对于人类的幸福和所享有的基本人权都是必不可少的。现代越来越多的国家认识到了环境权的重要性，并且承认了环境权是法律应该保护的范畴，例如《密执安州环境保护法》第2条就确定了任何人都有权向法院提起保护环境的权利；美国的《清洁空气法》也规定了任何人都可以直接或间接向法院提起保护公共利益的诉讼。[1]但由于中国《民事诉讼法》要求提起诉讼的民事主体必须与案件有着直接的利害关系，所以公民因环境权益的受损而提起公益诉讼在中国并没有明确的依据。可见，环境权益的危害，并不受中国民法的保护。

（2）人身损害。人身损害主要是指因生态环境的受损而直接或间接损害了人们的生命健康权，如因生态环境的破坏，而导致人们健康受损。对于人身危害，污染型环境侵权的危害似乎比生态型环境侵权的危害更直接、更明显，如因环境污染而导致人们出现各种疾病。

（3）财产损害。财产损害主要是指因当地生态环境的破坏而导致人们财产的受损，使公民的财产丧失了价值。其中又包括直接损害和间接损害，例如"梨锈病"案中2 000多户梨农的损失即属于因生态环境的失衡而导致的直接财产损失。

（4）精神损害。精神损害主要是指因危害了公民的人身或财产权而使公民产生的悲伤、恐惧、绝望等精神损害。这种损害是无形的，无法用金钱来衡量，但也是确实存在的。中国《侵权责任法》第22条就首次正式明确规定了侵害他人人身权益，造成他人严重精神损害的，被侵权人可以请求精神损害赔偿。

3. 因果关系

因果关系一直被视为民法理论中的不解之谜，美国著名的法学家、《美国侵权法重述（第二次）》的重要报告人普罗赛尔教授曾指出关于因果关系，该说的已经说了，不该说的也已经说了，但是因果关系在理论和实践中仍是一团乱麻，到现在

---

[1]　美国《清洁空气法》第304条a款规定："任何人都可以直接或间接受影响者名义甚至以保护公共利益的名义，对包括公司和个人在内的民事主体，就该法规定的事项提出诉讼。"

也没有说清楚。[1]因果关系本身是哲学上的一个概念,在侵权法中的因果关系是指侵权行为与损害后果之间的因果关系,因果关系的是否成立直接决定着加害人是否承担民事责任,因此因果关系的认定变得至关重要,在生态型环境侵权中因果关系的认定也是如此。

(1)传统民法理论因果关系学说。在中国传统民法理论上关于因果关系的学说最主要的是必然因果关系说和相当因果关系说两种,但是在环境侵权上的因果关系经历了从必然因果关系说向相当因果关系说的转变。"必然因果关系说"在中国具有通说的地位,指只有当行为人的行为与结果直接具有直接的、本质的、必然的内在联系时,因果关系才成立。如果这种关系是偶然的外在联系时,那么行为与结果直接的因果关系就不成立。[2]"相当因果关系说"系目前大部分学者赞成的,指只要行为人的行为与后果之间具有适当的关系时,因果关系即成立。鉴于中国环境侵权所具有的长期性、复杂性和潜伏性,因此采用必然因果关系说不利于保护受害者利益。

关于侵权法中的因果关系,张新宝教授认为,因果关系的证明义务本来由受害者一方承担,并且举证要达到充分的程度,但是对于一些特殊情况要遵照法律的特殊规定:①法律直接推定损害结果存在的,就不需要行为人再去证明因果关系的存在;②在一些特别案件中,法律直接规定因果关系达到"盖然性"标准的,就不需要有充分的证据证明因果关系存在;③法律或者司法解释规定举证责任倒置的就由加害者承担举证责任。比如环境侵权中的因果关系就由加害者承担举证责任。[3]

杨立新教授认为,不管因果关系如何复杂,总要理出一个线索让法官和律师遵循,因此,他认为有以下四个规则:①直接原因规则,即行为与结果之间具有直接的因果关系,不需要适用其他的理论论证。②相当因果关系规则,即在行为与结果之间有其他条件介入时,只要行为是结果发生的适当条件,因果关系即成立。适当条件是指行为是发生损害结果的不可或缺的条件,不仅是特定情形下的偶然条件,而且是一般发生同种结果的有利条件。③推定因果关系规则。适用推定的因果关系规则,要有法律的特别规定,其宗旨是为了保护弱者利益,由加害者承担其行为与结果之间不存在因果关系,比如环境污染侵权、医疗事故责任侵权等。④法律原因规则。在特别情况下,判定因果关系特别困难,就适用英美法系的"事实原因—法律原因"

---

[1] 王家福:《中国民法学》,法律出版社1991年版,第476页。

[2] 王利明:《民法新论》(上册),中国政法大学出版社1987年版,第465页。

[3] 杨立新、张新宝、姚辉:《侵权法三人谈》,法律出版社2007年10月第1版,第107页。

规则，即行为对于后果既是事实原因又是法律原因，就可以证明因果关系成立。[1]可见，上述两位学者均比较赞同环境侵权的因果关系适用推定因果关系理论，并且实行举证责任倒置规则。

（2）中国环境侵权因果关系的立法规定。在环境侵权因果关系的立法中首次规定举证责任倒置的是1992年最《高人民法院关于适用〈中华人民共和国民事诉讼法〉若干问题的意见》第七十四条：在因环境污染引起的损害赔偿诉讼中，对原告提出的侵权事实，被告否认的，由被告负责举证。该条文虽然未对因果关系做出具体规定，但是有学者认为这是中国首次在环境侵权中适用举证责任倒置规则。[2]2001年《最高人民法院关于民事诉讼证据的若干规定》第四条又进一步规定了关于环境侵权民事诉讼的损害赔偿，由加害人就存在免责事由和其行为与危害后果之间不存在因果关系承担举证责任。这是中国立法上针对环境侵权民事责任中举证责任的细化规定，可以说举证责任倒置规则在环境侵权中得到了不断完善。中国《侵权责任法》第六十六条又进一步明确了因环境污染发生纠纷，污染者应当就法律规定的不承担责任、减轻责任的情形以及其行为与损害之间不存在因果关系承担举证责任。从中国的立法来看，在环境侵权中适用推定因果关系和举证责任倒置规则是毫无疑问的。

（3）外国环境侵权因果关系的主要学说。欧美一些发达国家以及日本，在经济高度发展的同时环境问题也日益严重，因此其关于环境侵权制度的理论较中国成熟，中国可以借鉴其环境侵权因果关系理论。综观各国关于环境侵权因果关系的理论，主要有以下几种学说：优势证据说、事实推定说及疫学因果说。

"优势证据说"是日本学者借鉴英美法的"占有优势证据说"所创，指只要一方当事人提出的证据比另一方提出的证据占有优势，便达到了法律上的证明程度，即因果关系成立。在英美法上，其意义是指在民法理论上，证明其心证程度比在刑法理论上证明其心证程度更轻，刑法采用"嫌疑不罚"，以更好地保护被告的人权，而民法是为了追求公平正义，因此其证明程度要比刑法中的证明程度低很多。此种学说，可以减轻环境侵权中原告的举证责任，但是此种方法易生弊端，受害者或者得到全部赔偿，或者完全得不到赔偿，因此此学说并没有被广泛应用。

"事实推定说"认为在环境侵权中，因果关系是否成立，并不需要严密的科学方法论证，只需达到盖然性的程度即可。所谓盖然性程度是指侵权行为与损害后果之间的关系是"无该行为即无该结果"，具体到生态型环境侵权就是指无生态破坏

---

[1] 杨立新、张新宝、姚辉：《侵权法三人谈》，法律出版社2007年10月第1版，第109页。
[2] 韩德培：《环境保护法教程》，中国政法大学出版社1997年版，第346页。

行为，人们的权益就不会受损，否则因果关系即成立。但是这种学说容易滋生法官滥用权力现象，不利于体现法律的公平公正。

"疫学因果说"是指疫学上可能考虑的若干因素，利用统计学的方法，调查因素与疾病之间的关系，选择相关性较大的因素，对其进行综合分析与研究，来判定行为与结果之间是否存在因果关系。此学说为很多国家在环境侵权的因果关系判定上所引用。这种学说可以降低优势证据说和事实推定说的盖然性，但是其适用范围比较狭窄，只能适用于环境侵权造成公民人身损害的情况，对于造成公民财产损害的后果就无能为力，因此具有一定的局限性。

（4）生态型环境侵权的因果关系判定。中国《侵权责任法》上并没有关于生态型环境侵权民事责任的规定，那么其是否同污染型环境侵权适用同样的判定规则呢？

笔者认为，鉴于生态型环境侵权的特性以及社会实践的需要，其因果关系的判定标准应进行一定的扩张，主要表现在以下两个方面：①责任适用的因果关系标准。生态型环境侵权的因果关系是指加害人的行为与生态环境破坏之间是否存在引起与被引起的关系。只有加害人的行为引起了生态环境的失衡，生态型环境侵权的民事责任才能成立。由于生态系统是一个整体，其各要素之间的联系复杂多变，一般的普通民众无法证明行为人的行为与生态环境破坏之间是否存在因果关系，所以笔者建议对于生态型环境侵权应兼采推定因果关系规则和事实推定说，即只要行为人的行为与生态环境破坏之间存在表面上的因果关系，不需要采取科学严密的论证，只要这种标准达到盖然性的程度，就推定因果关系成立。行为人若要免责，就由其提供证据证明其行为与生态环境破坏之间不具有因果关系。②责任大小的因果关系标准。在确立了行为人承担生态型环境侵权的民事责任后，其承担责任的大小也变得至关重要。前已述及，生态型环境侵权的成立以对生态环境造成破坏为前提，行为人承担责任的大小则以其行为与受害者之间的人身、财产损失有关。生态型环境侵权行为人的行为大部分也是一种合法行为，采取上述规则判定行为人承担受害人的全部损失，无疑有加大行为人责任的嫌疑，过于苛刻的责任，对于行为人来说也是一种不公平的表现，长此以往将会阻碍社会经济的进步，因此，笔者建议确认行为人责任大小应采用可预见性标准，即行为人对受害者造成的损失应在一般情况下能够预见，受害人所遭受的损失应在环境侵权行为所造成损害的合理范围之内。这样才能兼顾行为人与受害人双方的利益，真正保障法律的公平公正。

根据上述对生态型环境侵权构成要件的论述，"梨锈病"案完全属于生态型环境侵权类型。如果法官把此"梨锈病"的发生当做环境侵权案件处理的话，那么案件的判决将会完全不同，2 000多户梨农的利益损失也将会得到弥补。首先，此案件属于环境侵权案件，作为特殊侵权案件应采取无过错归责原则，即不管加害人主观上有无过错，行为客观上是够违法，在判定民事责任时均不予以考虑；其次，举证责任倒置，由加害方承担举证责任，如果举证责任不能，则由其承担不利后果，在此案件中，就应该由被告七单位承担举证责任，根据生态型环境侵权采取的推定因果关系规则和适用盖然性标准，如其不能证明"梨锈病"的爆发与桧柏的种植没有关系的话，则因果关系成立。最后，此案件符合环境侵权的构成要件：①存在侵权行为。"保护环境，人人有责"作为中国的一项基本政策，人人都要遵守，而市交通委员会、省交通厅公路管理局、市公路管理处等七家单位作为公路的管理者，也具有保护环境的义务，并且《中华人民共和国公路法》第三条、第二十二条、第三十条均规定了公路的建设和施工应该符合国家的基本建设程序，应该依法符合保护环境的要求，因此公路管理者具有环境保护的义务，违反此义务就应该承担相应的民事责任。[1] 中国《建设项目环境保护管理条例》对基本项目的建设也设有环境保护的法定义务，因此被告七单位在公路两旁种植桧柏，应该先调查此区域的生态环境，再实施种植行为，在此案中可见被告并没有履行保护环境的义务，因此被告七单位是存在侵权行为的。②存在危害结果。"梨锈病"案中的危害结果是显而易见的，2 000多户梨农以种植梨树为生，梨树持续几年的减产甚至绝产，将会给梨农造成巨大的经济损失，梨农的基本生活保障遭到了威胁。此次生态破坏行为还给当地的生态环境造成了巨大的破坏，打破了此区域的生态平衡，不仅当代人的利益遭受了巨大的损失，后代人的利益也受到了威胁。[2] ③侵权行为与危害结果之间存在因果关系。因果关系的认定是环境侵权民事责任的关键，中国在认定因果关系是否存在时比较重视证据优势说，2001年《最高人民法院关于民事诉讼证据的若干规定》对证明程度做出了规定，只要符合"明显大于"这一程度即可。环境侵权属于特殊侵权，且受害者大多数为弱势群体，笔者认为只要原告能够提供证据证明，并且使该法院确信该因果关系确实存在即可。此"梨锈病"案中，根据中国农业大学植物

---

[1] 《中华人民共和国公路法》第三条："公路的发展应当遵循全面规划、合理布局、确保质量、保障畅通、保护环境、建设改造与养护并重的原则。"第二十二条："公路建设应当按照国家规定的基本建设程序和有关规定进行。" 第三十条："公路建设项目的设计和施工，应当符合依法保护环境、保护文物古迹和防止水土流失的要求。"

[2] 仅仅对于生态环境造成的损失，在研究生态型环境侵权的民事责任方面，不属于侵权责任法的调整范围。

病理学曾士迈院士对此做出的解释,"梨锈病"的爆发与道路两旁种植的桧柏存在因果关系,因此可以推定,被告的侵权行为与梨农的损失之间的因果关系成立。所以此案完全符合环境侵权的构成要件,如果《侵权责任法》纳入生态型环境侵权致人损害的类型,那么2 000多户梨农的损失将会得到补偿。

(三) 责任承担方式

生态型环境侵权民事责任的承担方式是指行为人因其行为给生态环境和人们民事权益造成了巨大的损害,而应当以何种方式承担其不利后果。中国《侵权责任法》第十五条规定了8种承担侵权责任的方式,可以单独适用,也可以合并适用。生态型环境侵权作为一种特殊的侵权行为,其承担责任的方式也应有所不同,主要有以下几种方式。

1. 损害赔偿

损害赔偿是指侵权行为人因其破坏生态环境的行为,给他人造成了人身或财产的损害,行为人应以其财产赔偿受害人所受损失的一种方式。赔偿受害人损失是侵权法最重要的一种形式,因为侵权行为法的目的是弥补受害人损失、填补损害,只要行为人造成了他人损失,就理应进行赔偿。中国《侵权责任法》第六十五条、《环境保护法》第四十一条均对此做出了规定,只要污染环境造成损害,就应当承担民事责任。笔者认为,生态型环境侵权同污染型环境侵权应适用相同的规则,其对环境造成的损害,不属于中国侵权责任法的调整范围,但是其行为造成了他人人身或财产损失的,具有私权损害的性质,中国侵权责任法就应该调整,赔偿的范围只限于财产损害、人身损害和精神损害。

2. 恢复原状

恢复原状有广义和狭义之分,广义的恢复原状是指当受害人的财产和权利受损时恢复到原来的状态;狭义的恢复原状是指受害人的财产和权利大致恢复到原来的状态。鉴于生态型环境侵权的特性,一般所指的恢复原状应指狭义的恢复原状。生态环境是人们日常生活不可或缺的一个重要因素,一旦遭到破坏,对生活造成的影响巨大,因此对于生态环境破坏行为,应采取"谁开发谁保护,谁破坏谁修复"的原则,对于生态环境的维护,最科学的一种方式就是责令加害人采取有效方式对环境进行补救,恢复原状。采取此种方式对于保护生态环境意义重大,但是应在一定条件下进行:①有恢复原状的可能;②在经济条件下,有恢复的必要。笔者认为,在具备了这两个条件后,对于生态型环境侵权就应该采取恢复原状的方式,其中这一责任形式可以单独适用,也可以同其他责任形式并列适用。

3. 消除危险

消除危险是指对于已经造成的生态破坏或有生态破坏之虞的行为,应强制其停止已经发生的危害或排除生态破坏发生可能性的民事责任形式。对于生态型环境侵权,生态环境一旦破坏,恢复难度大,所需时间长,具有不可逆转性,这些都决定了仅仅采用赔偿损失的方式不足以弥补受害人的损失以及不利于对环境的保护。对于生态环境的保护,最重要的是将危险控制在发生之前。有学者认为,设置侵权责任法制度的最理想状态在于对现在或将来危险的预防,而不是事后的补救。[1]在一般的民事侵权行为中,其侵权行为是一次性的,受害人通常首先要求赔偿损失,但是在生态型环境侵权中,其侵权行为具有持续性,如果只要求赔偿,而不要求消除危险,那么这种损害就会一直发生下去。因此,对于生态型环境侵权,消除危险这一民事责任形式就变得更加重要。

(四)抗辩事由

如前所述,生态型环境侵权适用无过错规则原则,即不管行为人主观上是否有过错、客观上是否违法,只要其行为损害了生态环境以及他人的人身或财产权益,就应该承担民事责任。但是生态型环境环境侵权的原因行为有时为合法合理的正常行为,为了公平合理地解决纠纷,立法上确立了抗辩事由。所谓抗辩事由是指在侵权案件中,被告针对原告的请求,提出使自己免除或减轻民事责任的事由。中国《侵权责任法》第三章规定了以下几种不承担责任或减轻责任的事由:被侵权人对损害的发生有过错、受害人故意、第三人原因、不可抗力、正当防卫与紧急避险。根据环境侵权的特征,其抗辩事由主要有三种,即不可抗力、受害人故意和第三人行为。根据《侵权责任法》第六十八条可知:因第三人过错导致的损失,由污染者和第三人承担不真正连带责任。[2]笔者认为,生态型环境侵权属于环境侵权,其免责事由种类上没有改变,但是基于其特性,在免责事由范围上应受到一定的限制。

1. 不可抗力

不可抗力是指不能预见、不能避免并不能克服的客观情况。[3]一般是指一些自

---

[1] 史尚宽:《债法总论》,中国政法大学出版社2000年版,第207页。

[2] 《中华人民共和国侵权责任法》第六十八条:"因第三人的过错污染环境造成损害的,被侵权人可以向污染者请求赔偿,也可以向第三人请求赔偿。污染者赔偿后,有权向第三人追偿。"

[3] 《中华人民共和国民法通则》:"本法所称不可抗力,是指不能预见、不能避免并不能克服的客观情况。"

然现象（地震、台风和洪水等）和社会现象（战争和暴乱等）。当被告以不可抗力作为抗辩事由时，其能达到免除或减轻其民事责任的效果。在污染型环境侵权中，不可抗力可以作为行为人完全免责的抗辩事由，但是在生态型环境侵权中，不可抗力的范围就要受到一定限制。由于整个生态环境系统中各环境要素之间互相联系，生态型环境侵权的发生与气候、天气等自然因素密切相连，大部分生态型侵权行为与自然因素共同作用，才能造成损害，仅有侵权行为或仅有自然因素，均不能造成对生态的损害。因此，在判定不可抗力作为生态型环境侵权的免责事由时，应具体问题具体分析，不能只要有自然因素作用的存在，就一味地免除行为人的民事责任，这样对受害者不利。如果生态型环境侵权的发生与自然因素等不可抗力现象密切相关，那么其不能作为抗辩事由。因此，在判定生态型环境侵权的责任时，不可抗力的范围应受到一定的限制，不能绝对适用。

2. 受害人故意

受害人故意是指受害人明知自己的行为会导致损害的发生，却故意或放任这种危害的发生，其又可以分为直接故意和间接故意。直接故意是指受害人明知自己的行为会发生损害结果，却故意积极去追求此种结果的发生，主观上是积极追求。间接故意是指受害人明知自己的行为可能导致危害结果的发生，但却放任此危害结果的发生，该结果发生与否均不违背受害人的意愿，主观上是消极放任。《侵权责任法》第27条规定了行为人故意造成损害发生的，行为人不承担民事责任，因此对于损害后果完全由于受害人故意造成的，行为人可以完全免责。因此对于生态型环境侵权的抗辩理由，笔者认为加害人可以以此作为免责的理由。

受害人过错包括受害人故意和过失两种，那么受害人过失是否可以作为生态型环境侵权行为人免除或者减轻其责任的理由呢？受害人过失是指受害人对损害的发生本应具有预见性，却因自己疏忽大意或过于自信而没有预见，导致了损害的发生。《侵权责任法》第二十六条规定了被侵权人对损害的发生有过错的，可以减轻侵权人的责任。因此，受害人过失可以作为加害人减轻其民事责任的依据。在生态型环境侵权中，大部分危害的结果是可以预防或阻止的，但需要受害人具有特定的知识背景，能够预料到危害结果的发生，并且要付出一定的代价，因此笔者认为，受害人过失不应作为加害人减轻其责任的依据。受害人付出代价进行预防危害结果的发生是源于加害人的生态侵权行为，是由加害者行为所致，属于加害人带给受害者的额外成本。如果再以此作为减轻加害者责任的依据，对受害者不公平，不利于侵权案件公平合理的解决。因此在生态型环境侵权案件中，对于因加害者行为所引起的受害者额外的义务，不因受害者具有过失而免责。

3. 第三人原因

第三人原因是指危害结果的发生完全因原告或被告之外的第三者故意或过失所致。中国《侵权责任法》第六十八条规定了因第三人原因对环境造成污染的，被侵权人可以向污染者请求赔偿，也可以要求第三者赔偿，污染者赔偿后，有权向第三人追偿。从这一条文可以看出，立法者为了更好地保护受害者利益，拓宽了其要求赔偿的渠道，要求第三者与污染者之间承担不真正连带责任，但最终责任是第三者承担。之所以这样立法，是由于第三者一般也为普通民众，若要其承担民事责任，可能因其负担能力差，不能完全赔偿受害者的损失，这样对受害者极不公正。因此为了更好地保护受害人利益，立法在第三者和加害人之间设立不真正连带责任，由受害者进行选择。笔者认为，对于生态型环境侵权完全可以采取此规则，同污染型环境侵权适用相同的规定。

五、结　语

"梨锈病"案的发生，使得生态型环境侵权进入到人们的视野，司法实践中遇到的困难，使得民法学者开始关注环境侵权的另一种类型——生态型环境侵权。根据现实生活中发生的越来越多的环境侵权案件，笔者对于生态型环境侵权有如下建议。

（1）充分认识到生态安全的重要性，走可持续发展道路。随着经济的快速发展，生态环境逐步恶化，并且由区域性向全球性蔓延，拥有美好的生活环境已成为人人的呼声。目前中国环境问题突出，耕地不断减少、水土流失严重、动植物品种减少，这些生态环境的破坏也会给中国的经济带来巨大的损失，因此应充分认识到生态环境的重要性，在追求当代人利益的同时不要损害后代人的利益，走可持续发展道路。

（2）在《侵权责任法》的有限范围内解决生态型环境侵权的民事责任。"梨锈病"案的判决，使人们认识到了法律的滞后性，笔者认为法官不能因其没有明确立法规定而拒绝裁判，这与中国的民事诉讼制度目标不符。法律与形形色色的社会生活之间具有矛盾性，但在具体实施中，应该借鉴现有的法律去处理发生的案件，充分发挥法官的智慧，正确运用自由裁量权，公平合理地处理案件。《侵权责任法》虽未明确规定生态型环境侵权，但可以根据其特征，在《侵权责任法》的调整范围内，处理生态型环境侵权造成他人人身或财产损害的民事责任问题。

（3）制定专门的环境侵权责任法，更全面地保护环境和人们的利益。环境侵权不仅会造成他人人身或财产的利益损失，而且会对生态环境造成更大的损失。因此，保护私权的《侵权责任法》不可能调整环境侵权的全部，只能调整那些对私权造成损害的侵权行为，对环境利益的损失则无能为力。因此，笔者建议若要全面保护生态环境和他人利益，可以制定一部专门的环境侵权责任法，这样才能更好地保护生态环境。

生态型环境侵权与污染型环境侵权是环境侵权的两种类型，中国《侵权责任法》对生态型环境侵权采取的保留态度有一定的科学性，但是不能因为法律的缺失就漠视其存在的状态。中国《侵权责任法》应在其调整范围之内对因生态破坏而致民事权益遭受损失的特定民事主体进行保护。

第三节　环境侵权损害赔偿责任的社会化研究

现代社会，环境污染与破坏等环境侵权行为频繁发生，传统侵权损害赔偿理论囿于过失责任、个人责任的窠臼，难以合理、有效地填补环境侵权所造成的损害。于是，现代环境侵权救济制度的一般发展趋势为损害赔偿责任的社会化，其主要表现为环境责任保险制度、行政补偿制度、债务保证和担保制度等的建立。通过对这些制度的介绍与比较分析，笔者希望对中国完善相关立法提出些许帮助。

环境侵权是指因产业活动或其他人为原因，致使环境污染、生态破坏，从而对他人人身权、财产权、环境权益或公共财产造成损害或有造成损害之虞的一种特殊的侵权行为。虽然环境问题早已有之[1]，比如古希腊哲学家柏拉图在其著作《法律》中就曾提出过，但那时的环境问题只是一些零星的、小规模的生态破坏，对人类的生存和发展并不构成实质性的威胁，因此有关法律也很不发达。自18世纪后半叶产业革命发生以来，随着工业化和城市化的发展，现代意义上的环境问题特别是环境污染也相伴而生，及至20世纪，危险活动急剧增加，事故损害大量增加，而这些意外灾害具有与以往不同的特征，造成事故的活动皆为合法而必要，事故的发生多为

---

[1] 参见《中国大百科全书·环境科学》，中国大百科全书出版社1983年版，第1页。

高度工业技术缺陷的结果，难以防范，加害人是否具有过错，被害人难以证明。[1]环境侵权现象及损坏赔偿责任作为众多社会问题之一，已成为当今世界普遍关注的话题，然而由于环境侵权的原因行为往往具有主体的不平等性，价值判断上的社会妥当性、合法性，侵害状态的继续性、潜在性和累积性，又兼公害和私害性，则建立在过失责任与个人责任基础上的传统侵权行为法难以发挥其救济功能，于是，环境侵权救济制度发生大幅度调整势在必行。因此，有必要寻求包括环境侵权损害赔偿责任社会化在内的其他制度来对受害人进行救济。

一、环境侵权损害赔偿社会化的社会背景

奥地利学者昂格尔教授（Unger）曾经指出："损害赔偿法，在特别程度上，乃是某一特定文化时代中伦理信念、社会生活与经济关系之产品和沉淀物。"[2]因此，要研究环境侵权损害赔偿责任的问题，不得不首先对西方各国社会经济生活及相应的法律变革予以考察。

（一）个人本位观及其对近代民法的影响

17、18世纪，人类社会迈入了一个新的时期。在思想方面，重视理性和个人自由，其将"个人本位"作为理论基石，围绕个人权利之保护而精心设计；在经济方面，各国将亚当·斯密的经济自由主义学说作为经济政策的支柱，该学说以"放任"为核心，强调经济活动应通过市场这只"看不见的手"的自我调节作用而进行，政府对社会经济秩序的形成并无积极作用，而是凌驾于社会之上，充当民事纠纷的"仲裁人"、"公断人"，其消极地位和角色如同"午夜巡逻的更夫"或"守夜人"。[3]这一时期，人们认为"干涉最少的政府才是最好的政府"。

基于个人主义和自由主义的近代民法及相应政府的消极行为，当时在促进经济繁荣和技术进步、反对封建专制、发展民主政治等方面均有积极意义，但到了19世纪以后，自由竞争的资本主义发展到了垄断的资本主义阶段，社会经济生活开始发生深刻变化，随着生产高度的社会化和科学技术的迅猛发展，强调个人自由的绝对放任的资本主义自由竞争其弊端开始显露，出现了大量的社会问题，如经济危机、市场垄断、工业事故、环境污染等，而这些问题，远非个人或个别企业所能解决，

---

[1] 王泽鉴：《民法学说与判例研究》（第2册），中国政法大学出版社1998年版，第153页。
[2] 王泽鉴：《民法学说与判例研究》（第2册），中国政法大学出版社2005年版，第147页。
[3] 梁慧星：《西方经济法与国家干预经济》，载《中国民法经济法诸问题》，法律出版社1991年版，第359页。

必须寻找另一种途径。而能够最有效来对付这一切的,非政府莫属。

(二)社会本位的出现及民法的社会化

第二次世界大战后,为了振衰除弊,以主张扩大政府的经济职能、加强政府对经济生活的干预为主要内容的凯恩斯经济学说取代了亚当·斯密的经济自由主义学说,通过政府这只"看得见的手"矫正市场自身固有的缺陷,逐渐通过国家公权力的作用,介入私法领域,加强对私法关系的监督、干预,使近代民法个人本位的原理不得不让位于社会本位。其体现在侵权行为法领域上就是由传统的过失责任、个人责任为主的指导原则,向无过错责任、社会责任指导原则的转变,在学理上称为"责任的社会化"。

二、环境侵权损害赔偿责任归责原则的演化

"在法律规范原理上,使遭受损害之权益,与促使损害发生之原因者结合,将损害因而转嫁由原因者承担之法律价值判断因素,即为'归责'意义之核心。"[1]因而归责原则是指当行为人因其行为和物件致人损害时,应以何种根据使其负责的规则,它是定位行为人民事责任的根据和标准。

(一)传统过失责任原则及其缺陷分析

纵观侵权法的历史发展,从允许同态复仇到实行结果责任,都不利于发挥个人的积极性和创造性。直到17、18世纪,由于人类进入了自由资本主义,强调个人本位,过失责任则开始确立,其认为,致害人主观上存在过错是承担民事责任的必要条件。承认致人损害在一定范围内的合理性和可容许性,在一定程度上采取了限制责任和保护加害者的立场,从而使资本金摆脱致损风险及其赔偿负担的拖累而迅速成长。正因为这种精神符合自由资本主义发展的需要,因此过失责任原则成为了近代私法的三大基石之一。

然而,自从产业革命以来,随着工业化和科学技术的迅猛发展,环境污染、破坏愈演愈烈,特别是20世纪50年代以后,环境问题日益凸显。由于现代科学技术水平的有限性,决定了人类在工业生产及经营活动中还不可能完全避免和防止环境污染和破坏的发生。在造成环境污染与破坏的行为者中企业占大多数,在利益最大化的驱使下,它们往往为了获利而不惜牺牲环境和他人的人身健康,并且在此情况下,

---

[1] 邱聪智:《庞德民事规则理论之评价》,载《台大法学论丛》第11卷第2期,第277页。

由于种种原因，受害人很难查清和证明加害人主观上是否存在过失和故意。更重要的是，环境侵权常常是多种因素长时间的积累后逐渐形成的，而这多种因素中每一个单一的排污行为或环境开发行为大多又是合法的，很难归咎于过错，因此有学者指出："现代社会权益损害现象之重心，业已由传统个人间之主观侵害，转移到危险活动之损害事故，其间亦确有许多传统之归责原理，未能加以合理说明，而且非诉诸足以配合新社会事实之法理，既不能发挥侵权法填空损害之社会功能，亦根本无法达成其所欲实现之正义观念者。"[1] 为此，要解决环境损害的规则问题，唯有重新构建归责原则。

（二）无过失责任的确立

法律被人类创造出来，一个重要的原因就在于防止社会风险成本过大，防止社会收益的减少，使社会秩序的构建趋于合理，实现收益的最大化。"一个健全的社会，不仅要有公平的利益分配制度，而且要有公平的损失分配制度。"[2] 所以要引导环境侵权损害赔偿问题得到合乎正义的解决，就要在受害者和加害人之间找到一个很好的利益平衡点，建立一个合理的损失分配制度，而这时无过失责任应运而生。

在无过错责任原则下，受害人并不需要就加害人的过错举证，只需证明损害之发生以及加害行为与损害后果存在因果关系，甚至加害行为与损害后果之间的因果关系也可以推定而来。而行为人应就其没有过错的事由予以反证，其基本思想已不在于对具有"反社会行为"的制裁，而在于对不幸损害之合理分配。这样在一定程度上弥补了传统侵权行为法严重不能达到的对受害者补偿的目的，使被害人救济更加容易，有利于维护社会的公平正义。

三、环境侵权损害赔偿责任社会化

（一）从个人责任到社会责任的转变

自20世纪以来，整个侵权法确立了以保护受害人为中心的理念，强调侵权法的补偿功能。然而，在环境侵权中，一方面，如果仅仅立足于个人原则之上，仅着眼于个人或单一主体，一旦单一主体的赔偿能力有限，则不能实现对受害人最大限度的保护；另一方面，在更多的情况下，环境侵权表现为不特定的多数人造成的复合污染对相当地区不特定多数人的多种权益的同时侵害，此时要确定加害人很困难或

---

[1] 王利明：《民法、侵权行为法》，中国人民大学出版社1991年版，第41页。
[2] 江平：《民法学》，中国政法大学出版社2000年版，第749页。

者根本无法确定，何谈责任承担呢？无论出现哪一种情况，都将不利于对破坏的社会关系的恢复和社会秩序的保障，因此，有必要借助社会的力量将整个生产的风险进行合理分担，这时应当由传统的自己责任、个人责任原则下的"损害转移"转化为现代社会责任原则下的"损失分配"、"损失分散"，使环境侵权损害赔偿责任与责任保险、赔偿或补偿基金、财务保证或担保等环境损害填补的保障制度密切衔接，通过高度设计的损害填补保障制度，由社会上多数人承担和消化损害。[1] 以此来强化侵权行为法损害填补功能的同时，弱化制裁、处罚和教育的功能。

（二）环境侵权损害赔偿责任社会化的实现方式

总结各国侵权损害填补保障制度，环境损害赔偿责任社会化主要有以下几种实现方式。

1. 责任保险制度

环境损害保险制度是指被保险人依法应当向第三人承担赔偿责任为保险标的，由被保险人向第三人负赔偿责任时，按照保险合同的约定向被保险人给付保险赔偿金的保险。其功能在于通过保费的缴纳，组成一个共同体，当保险事故发生时，将此特定个人的损害，通过保险、再保险或成本转嫁等过程，由该共同体承担，以此达到损害赔偿社会化的目的。

目前国外环境污染责任保险制度主要有三种模式：①美国的强制责任保险制度，其主要针对有毒有害物质和废弃物处理处置所可能引发的损害赔偿责任；②英国以任意保险为原则的制度，一般由企业自主决定是否就环境污染责任投保；③德国兼采强制责任保险与财务保证或担保的模式。

2. 行政补偿制度

行政补偿制度是指根据有关法律规定，由政府通过征收环境税、环境费（如排污费、自然资源补偿费）等税费作为筹资的方式而设立的损害补偿基金，根据相应的救助条件，以此基金补偿环境侵权受害人的制度。行政补偿具有双重性：①它依赖于公权力的强制征收、管理和运用补偿基金，使传统的由特定侵权行为人承担的损害赔偿责任转化为所有可能的环境侵权行为人共同分担损失，具有很强的政治意味，带有公法性质。②该制度又以"污染者付费原则"和民事赔偿责任作为征收、设立和支出补偿基金为基础，虽然行政色彩浓郁，但总体上仍属于民事损害赔偿的

---

[1] 王明远：《环境侵权救济法律制度》，中国法制出版社2001年版，第124页。

一个特殊环节。[1]

环境侵权行政补偿制度已经在各国获得快速发展。最具代表性的是日本1973年《公共健康受害补偿法》所规定的行政补偿制度，该法贯彻了"污染者付费原则"，补偿费用完全由企业承担，公共资金仅用于实施该制度的事务费。

3、财务保证或担保制度

财务保证或担保制度是指由潜在的环境侵权责任人（主要是污染性危险企业）提供一定的资金，专门用于对受害人进行及时救治的制度。[2]具体来说，主要有两类：①提存金制度（或称寄存担保制度），指污染性危险企业在开工之前，依照有关法律向提存机关预先提存一定的保证金、担保金，或者在生产经营过程中依照有关法令按期提存一定的金额，以备损害赔偿之用。②企业互助基金制度（或称为公基金制度），指各个具有共同危险的企业按照约定预先缴纳一定的金额，从而建立起互助基金，当其中某一企业因环境侵权而被索赔时，首先由该互助基金支付赔偿金，其后再由被索赔的企业逐步将等额的资金返还给该互助基金。但总体来看，这两种责任社会程度还比较低，实质上是通过共同协助的方式将大额赔偿转由污染者逐年赔偿的责任，或将责任主体一次支付的巨额损害赔偿金在时间上予以分散，以保证赔偿的实现。

除以上三种方式外，环境侵权损害填补保障制度还包括发行环境损害风险福利彩票、发行巨灾证券，或者国家给付等，笔者在此不再赘述。

四、结　语

综上所述，正是基于环境侵权的特殊性，仅依靠个人赔偿制度，难以实现对环境侵权的救济，在结果上很难实现"公平正义"的法律价值。环境侵权损害赔偿责任的社会化，正是为了追求救济后果和责任承担中的"公平正义"而出现的。但中国目前有关环境侵权损害赔偿责任的立法相当薄弱，虽已大致确立了环境污染的无过失责任原则，但在立法上对环境侵权损害填补保障制度的规定尚处于空白阶段，这既不利于环境侵权的受害人，又与国际环境侵权损害赔偿责任的社会化趋势相差甚远，因此，建立有中国特色的环境侵权填补制度，以补偿遭遇不幸损害的公民已迫在眉睫。

---

[1]　王明远：《环境侵权救济法律制度》，中国法制出版社2001年版，第153页。

[2]　王明远：《环境侵权救济法律制度》，中国法制出版社2001年版，第68页。

第四节　房屋倒塌致损民事责任研究

一、房屋倒塌致损概述

（一）关于"房屋"

《侵权责任法》第八十六条规定："建筑物、构筑物或者其他设施倒塌造成他人损害的，由建设单位与施工单位承担连带责任……"该条文包括了三种致损的情况：建筑物倒塌、构筑物倒塌和其他设施倒塌。本节将要进行探讨的是建筑物之房屋倒塌致损的情形。

对于该条中"建筑物"这一概念，全国人大常委会法制工作委员会在《中华人民共和国侵权责任法条文说明、立法理由及相关规定》中是这样定义的："建筑物，是指人工建造的、固定在土地上，其空间用于居住、生产或者存放物品的设施，如住宅、写字楼、车间、仓库等。"[1] 在建筑学领域，建筑被划分为居住建筑、工业建筑和公共建筑。本节论及房屋倒塌致损中的"房屋"仅限于私有居住建筑，即同时满足以下两个条件的房屋：①该房屋为私人所有，而非公有房屋。因中国学者对公有建筑物倒塌致损的侵权责任问题多有研究[2]，本节讨论的房屋仅限于私人所有的房屋。②该房屋是以居住为使用目的。私人所有的房屋因用途不同又可以分为居住房屋和商用店铺，而在房屋倒塌事故中，商用店铺中的受害主体还具有一个特殊的身份——消费者，这就涉及商家的安全保障义务，以及公共安全等特殊问题，限于篇幅原因，本节讨论的房屋仅限于以居住为目的的房屋。

这里"私人所有"、"以居住为目的"的房屋既包括单层的房屋，又包括多层楼房，既包括已建成投入使用的房屋，又包括在建中尚未投入使用的房屋。

（二）房屋倒塌致损

所谓房屋倒塌致损，是指房屋由于自然原因（如地震、泥石流、海啸等自然灾

---

[1] 参见全国人大常委会法制工作委员会民法室：《中华人民共和国侵权责任法条文说明、立法理由及相关规定》，北京大学出版社 2010 年版，第 344 页。

[2] 参见曹竞辉：《国家赔偿立法与案例研究》，台湾三民书局 1986 年版，第 147—154 页；杨立新：《类型侵权行为法研究》，人民法院出版社 2006 年版，第 700—705 页。

害的发生）或人为原因（如因所有人或管理人怠于维修和管理、房主装修毁坏承重墙或其自身质量缺陷等原因）引起倒塌，并造成受害人人身或财产受到损害的事实。[1] 房屋倒塌致损专指因房屋在设计、施工或者管理过程中存在缺陷而导致的倒塌，如果是在拆除过程中发生倒塌伤人后果的，不被包括在本节研究房屋倒塌致损的范畴之内。

"倒塌"是指建筑物之以不可分割的方式与建筑物相连接的不可移动的部件的全部或者部分毁损。[2] 本节论述的"倒塌"，即建筑物因坍塌、倒覆而丧失基本使用功能，既包括整栋建筑物整体性倒塌，也包括个别房屋的主体结构如承重墙等的倒塌。本节论述的"致损"包括人身损失和财产损失，而财产损失既包括倒塌房屋本身的损失、房内财产的损失，也包括在倒塌时造成的房屋外部具有相邻关系的建筑物及其他财产的相关损失。

有损害就有赔偿，任何权利受到损害都将直接导致另一种权利的产生，那就是获得赔偿的权利。在因人为原因造成上述损害的情形下，加害人应当对受害人的人身和财产损失承担责任。房屋倒塌致损责任在性质上应当被认定为一种民事侵权行为所应承担的民事责任。

（三）房屋倒塌的原因和后果

1. 自然原因

诱使房屋倒塌的自然原因主要是指自然灾害。由于本节讨论的房屋这类人工建造物本身具有的坚固耐用的特殊属性，能够引起房屋倒塌的自然灾害一般都是如地震、洪水、泥石流、海啸等比较严重的自然灾害。

与狂风吹落阳台的花盆或是楼顶的广告牌砸下造成的损害不同，自然灾害引发的房屋倒塌多是大范围的整体性倒塌。此类型的房屋倒塌一旦发生，其波及的范围是极为广泛的，造成的人身和财产损失也极为巨大。像汶川地震中的房屋倒塌几乎是整个城镇的覆灭。对于不存在人为过错的自然灾害引起房屋倒塌的事故中，不存在致害责任主体，此种倒塌后果的严重性和波及范围的广泛性决定了其救济方式的特殊性，即需要国家和政府以及整个社会各方救援力量的介入。

---

[1] 参见龙茜、谢郁：《公共建筑致人损害之救济制度研究》，载《高等建筑教育》2007年第16卷第4期。

[2] 参见［德］克雷斯蒂安·冯·巴尔：《欧洲比较侵权行为法》（上），张新宝译，法律出版社2001年版，第300页。

2. 人为原因

（1）房屋质量缺陷。所谓"房屋质量缺陷"是指建筑工程在建造中产生，并在竣工验收时没有发现，但现实存在的一种足以影响房主在使用房屋过程中安全性的隐性危险。这种潜在危险一旦实现，将会导致房屋主体结构的毁损。由于这种缺陷的隐蔽性，一般消费者在购买房屋的过程中，在不具备建筑行业专业知识的情况下，很难通过场地目测判断出来。而且即便发现了该质量缺陷，也不是全部都可以通过履行维护、保养义务来消除这种潜在的危险。

从房地产的开发流程上来看，在整个房屋建造过程中，能够产生质量缺陷的，存在于以下环节中——勘察、设计、施工。其中在施工环节中又包括下列造成房屋质量缺陷的原因：施工单位本身操作不符合行业标准、施工单位没有严格按照设计单位提供的设计图纸施工，以及施工单位使用不符合产品质量要求的建筑材料所造成的缺陷等。

（2）人为破坏。人为破坏致房屋倒塌是一种积极的作为行为。这一原因又可以细化为以致房屋倒塌为目的而实施的破坏行为、不当使用引起的倒塌和为实现其他目的（主要是施工）而过失引起房屋倒塌的行为。对于前一种情形，涉及刑法管辖的范畴，对于民事赔偿方面责任主体的认定也较为明确；此处讨论的重点是后两种情形，即不当使用引起的倒塌和为实现其他目的而引起的房屋倒塌。

不当使用引起的倒塌主要表现为房屋所有人、承租人或是其他房屋占有人不当使用，引起房屋倒塌。为实现其他目的而引起的房屋倒塌，主要存在于在房屋内或房屋周围施工而引起房屋倒塌的情形中。例如因甲在自己院内打井导致地下水层结构受到破坏，而引起其邻居乙的房屋主体结构毁损；如施工单位在拆除待拆房屋时不慎引起其附近的房屋倒塌；如因修建地铁，在施工过程中引起路线经过地附近居民楼的主体结构毁损；又如房主为装修而砸墙引起邻居承重墙的倒塌等等。

需要注意的一点是，人为破坏这一原因中的因施工而引起房屋倒塌和房屋质量缺陷中因施工缺陷而引起的倒塌是不同的类型，需要予以区分。两者最大的不同是，前者是在房屋建成后、使用过程中发生的，有房屋所有人或其他使用人的参与；而后者是在房屋建造过程中发生的，除了自建房屋，一般都没有房屋所有人的参与。

（3）怠于维修和管理而引起的倒塌。与上述第二种致房屋倒塌的原因不同，怠于维修和管理致房屋倒塌是一种消极的不作为行为。怠于维修和管理而引起的倒塌即维护、管理瑕疵引起的倒塌。

一般来说，在物件致损中，物件的危险性与对其占有人、所有人采取防止损害发生的措施之要求成正比：物件的危险性越高，对其占有人、所有人所要求的注意义务越重。中国法上的房屋"维护、管理瑕疵"应当是指对房屋存在的危险没有及时采取消除的措施或者没有及时采取足够的警告和防范手段。

对于一些超过建筑物使用期限的老旧房屋，尤其是在遇到台风暴雨等恶劣天气的时候，因年久失修很容易出现倒塌。此种原因引起倒塌所造成的损失中，享有赔偿请求权的主要是房主以外受到损害的第三人。

3. 混合原因

混合原因引发房屋倒塌，既包括自然原因与人为原因的混合，也包括人为原因之间的混合。由于上述各种人为原因已经详细地论述，下面主要探讨的是自然原因与人为原因的混合，这其中尤以自然灾害引发质量缺陷最为典型。

自然灾害引发质量缺陷是自然原因与人为原因竞合的一种主要情形，是指在自然灾害这一不可抗力的作用下，房屋潜在的质量缺陷这种危险条件转变为现实的破坏力，导致房屋倒塌并造成损害发生的一种房屋倒塌原因。例如在地震这一自然灾害的作用下，存在潜在质量缺陷（勘察缺陷、设计缺陷、施工缺陷）的房屋发生倒塌，而处于同一自然灾害条件下，不存在质量缺陷的房屋没有发生倒塌。

在自然灾害引发质量缺陷引起房屋倒塌而致损的情形中，对竞合的两种原因力的划分成为确定责任主体、责任份额，解决问题的关键，也是不少学者对这一问题的争论点。本书在后面"中国房屋倒塌侵权责任制度分析"一节中将对这一问题进行深入的探讨。

4. 房屋倒塌的后果

在侵权责任法中，损害后果是侵权责任成立的重要构成要件之一，其是指由于他人的加害行为或者物的内在危险之实现而使受害人遭受的人身或财产方面的不利后果。

在房屋倒塌事故中，损害后果主要表现为因房屋倒塌引起的房屋损毁、房屋内财产损毁、被倒塌的房屋砸伤或砸死而导致自然人身体的损害、生命的丧失，以及由此引发的精神痛苦或疼痛。

（1）人身损害。人身损害是指受害人的生命、健康、身体[1]等人身权受损而产

---

[1] 《中华人民共和国侵权责任法》第一章第二条中列举的民事权益并未将此两种权利加以区分，但是《最高人民法院关于确定民事侵权精神损害赔偿责任若干问题的解释》将身体权从健康权中分离出来，并规定侵害身体权的应当承担包括精神损害赔偿在内的民事责任。

生的死亡、伤残、疾病等的损害后果。

虽然法律上将损害分为财产损失、人身损害和精神损害这三种类型，但是在人身损害这一集合中包含了太多事实上的损害类别，如死亡、伤残、相关的财产损失、精神损害等。《侵权责任法》第二十条规定的是"侵害他人人身权益造成财产损失的……"《侵权责任法》第二十二条规定的是"侵害他人人身权益，造成他人严重精神损害的……"在房屋倒塌事故中，对于这些损害的救济，《侵权责任法》多只能采用财产损害赔偿和精神损害赔偿的方式为之。

具体而言，在房屋倒塌事故中，侵害受害人的生命权会导致受害人死亡的损害后果；侵害受害人的健康权会导致受害人健康水平下降或疾病的产生；侵害受害人的身体权会导致受害人的肢体完好性被破坏、器官的功能丧失或者下降，甚至残疾并致丧失劳动能力。另外，人身损害的后果还表现为自然人因医治伤害、丧葬死者所支出的费用，以及伤残误工的工资损失、护理伤残的误工损失、丧失劳动能力或死亡所造成的其扶养人的扶养费损失等。

（2）财产损失。财产损失是指因为财产受到侵害而造成受害人的经济损失，是对可用财产来直接衡量的权利行使的妨害。它是一种实际的损失，包括已有财产权益的损失和可得财产权益的损失。与精神损害相比，财产损失是可以用金钱的具体数额加以计算的实际物质财富的损失。

在房屋倒塌事故中，财产损失包括两方面的内容：①倒塌房屋对房屋内外财物的毁坏，这一损害是完全可以用金钱的具体数额加以计算的；②倒塌房屋砸死、砸伤受害人而伴随的财产损失，如丧葬、医疗、护理等费用的支出。

（3）精神损害。精神损害是指由于他人对受害人特殊物或人身的侵害，而使受害人或其近亲属产生精神方面的痛苦和严重的精神反常现象。

具体而言，在房屋倒塌事故中，精神损害存在的形式主要包括以下三种：①房屋倒塌致使受害人伤残、侵害受害人身体权和健康权，受害人因此遭受的精神痛苦、疼痛或严重的精神反常现象；②房屋倒塌致使受害人死亡、侵害受害人生命权，受害人近亲属因此遭受的精神痛苦；③房屋倒塌致使受害人具有特殊意义的纪念物品永久性灭失或者毁损，受害人因此遭受的精神痛苦。[1]

---

[1]《最高人民法院关于确定民事侵权精神损害赔偿责任若干问题的解释》第四条："具有人格象征意义的特定纪念品，因侵权行为而永久性灭失或者毁损，物品所有人以侵权为由，向人民法院起诉请求赔偿精神损害的，人民法院应当依法予以受理。"

二、房屋倒塌致损民事法律关系分析

（一）加害主体

1. 建设主体

（1）建设单位。建设单位又被称为"房地产开发商"、"发包人"或"房地产开发企业"，是房地产开发经营的主体，指依法核准登记从事房地产开发经营的公司或企业法人。在整个房地产开发建设的过程中，建设单位都起着极为重要的作用。其具体负责工程项目的可行性研究，选择设计方案，决定工程的勘察单位、设计单位、施工单位，主持工程的竣工验收等。任何一个环节出现问题，建设单位都有着不可推卸的责任；尤其是在因房屋质量缺陷导致的房屋倒塌事故中，无论是勘察缺陷、设计缺陷还是施工缺陷，建设单位都是首先被考虑到的加害主体。

（2）施工单位。与"房地产开发商"、"发包人"、"房地产开发企业"的称呼相对应，施工单位又被称为"房地产建筑商"、"承包人"、"建筑业企业"。施工单位是房地产开发中承担房屋建造工作的主体，是具有专业技术人员和技术装备，从事建筑工程的新建、改建、扩建等活动的企业。建筑业企业在房地产开发过程中，承担着将设计单位按照开发商的建设规模、面积、层数、高度、栋数、结构类型、造价等要求而设计的施工图纸变成实际建筑物的重任。在出现房屋质量缺陷导致的房屋倒塌事故中，如果是因为施工单位建造的房屋与设计有所偏离，即没有按照设计单位提交的施工图纸所标注的建筑零配件的规格和结构施工而引起，或者没有按照行业规定的操作程序施工，则施工单位即为该侵权行为的加害主体。

（3）勘察单位、设计单位、工程监理单位。根据《建设工程勘察质量管理办法》第二条规定可以得知，勘察单位是指持有国家规定部门颁发的建筑工程设计资质证书，在工程建设过程中，根据建设工程和法律、法规的要求，查明、分析、评价建设场地的地质地理环境特征和岩土工程条件，并编制建设工程勘察文件以供在其后建设过程中工程设计者和建设者参考的建设主体。

建设项目获得审批后的第一项任务就是委托勘察单位对待建项目的建设场地进行实地勘察。岩土工程、水文地质和工程测量是勘察单位主要的工作内容，这也决定了一旦因为这些工作事项的疏忽而引起整个建筑物的倒塌时，勘察单位即成为事故的直接责任主体。

根据《建设工程勘察质量管理办法》第二条规定可以得知，设计单位是指持有国家规定部门颁发的建筑工程设计资质证书，在工程建设过程中，运用工程建设的理论及技术经济方法，按照现行技术标准，通过对建设工程所需要的技术、经济、资源、环境等条件进行综合分析、论证，对新建、改建、扩建项目的工艺、土建、公用工程、环境工程等进行综合性设计（包括必须的非标准设备设计）及技术经济分析，并提供作为建设依据的设计文件和图纸的活动的建设主体。

设计单位在建设过程中发挥着极为重要的作用，其工作具有广泛性和持续性：①其承担的任务集技术与智慧于一体，大到整个建筑物的建筑风格和样式，小到建筑物选用钢筋、水泥等建筑材料的规格、型号都是设计单位提供的设计文件中应有内容。②设计单位不仅要在施工单位进行施工前提供相关的设计文件，还要根据工程完成的进度进行现场施工技术配合，在施工过程中出现安全和质量问题时，及时提出相关的技术解决方案。在设计单位负责的相关工作事项出现问题而导致建筑物倒塌的后果时，设计单位即成为事故的直接责任主体。

在实践中，勘察单位和设计单位往往是同一个组织，建设工程的勘察和设计这两项业务往往由集勘察、设计功能于一体的工程设计院完成。

为了加强对建设工程安全问题的监管，中国自1988年开始，在建设领域实行建设工程监理制度，由工程监理单位负责对工程建设过程中的安全问题实施监督和管理。

工程监理单位，是指持有国家规定部门颁发的建筑工程监理资质证书，受建设单位委托，在工程建设过程中，对工程建设项目各实施阶段的投资、质量、进度进行监督和管理活动的法人组织。[1]

由概念可以看出，工程监理单位对工程实施监管的基础是其与建设单位的委托合同，工程监理工作贯穿于投资决策阶段、设计阶段和工程建设阶段。与勘察、设计单位相比，工程监理单位承担着更全局的质量责任。在整个工程建设过程中，工程监理单位起到弥补建设工程漏洞、提前消除潜在倒塌诱因的作用。对于委托合同中规定应由其监管的每一个环节都承担着直接或间接的责任，所以在房屋质量缺陷引起的倒塌事故中，工程监理单位理应成为加害主体之一。

由于工程监理单位监管的基础是其与建设单位之间的委托合同，根据合同自愿的原则，中国法律上并不强制性要求所有的建设工程都必须委托工程监理单位对整个建设流程进行监管。但是为了保障公共安全，对于一些关乎国计民生的建筑工程，中国实行强制监理政策。建设部《建设工程监理范围和规模标准规定》第二条明确

---

[1] 参见朱树英、曹文衔：《设计单位、工程工程监理单位在建设工程质量损害赔偿中的法律责任》，"中国民商法律实务论坛"2001年参会论文。

规定了必须实施监理的建设工程的范围,其中就包括本节讨论的成片开发建设的住宅小区工程。

2. 装修单位

装修单位成为加害主体的情形主要存在于建筑物的局部倒塌中。如个别房主为装修房屋,委托装修单位进行施工,在施工过程中破坏房屋主体结构,引起承重墙倒塌。[1]

《住宅室内装饰装修管理办法》第五条规定:"在进行室内装饰装修活动时,禁止未经原设计单位或者具有相应资质等级的设计单位提出设计方案,变动建筑主体和承重结构。" 现代社会住宅房屋的特点决定了各房主之间的相邻关系与以往大不相同:①无论是大城市还是小城镇,居民住宅楼大多是房地产商成片成幢开发的多层住宅小区;②建筑主体及承重结构对整栋楼的房主而言具有共用性,任何一户居民因装饰装修而对建筑主体及承重结构的破坏,不但给自己造成财产或人身的损失,而且可能危及他人的公共安全,很有"牵一发而动全身"的意味。

在进行房屋装饰装修过程中,如果装修单位没有取得相关资质或者超越相关资质施工,给建筑主体及承重结构造成损害,导致房屋的局部倒塌并引起所有人、管理人、相邻关系人或是其他相关第三人的人身和财产损失时,即成为房屋倒塌致损侵权法律关系中的加害主体。当然在依照被装修房主的错误指示而造成上述后果的情形下,被装修房主的指示人与装修单位共同构成加害主体。

3. 房屋所有人、管理人及使用人

(1) 房屋所有人。从世界各国立法中规定的房屋倒塌责任主体来看,房屋所有人被认为是最有可能成为加害人的主体,尤其是在早期的立法中。中国之前规定房屋倒塌责任的《民法通则》第一百二十六条也将房屋所有人视为主要加害主体之一。基于房屋的不动产属性,房屋的所有人是指依照法律规定,在房屋登记管理部门进行登记,并由登记簿记载,有权对登记房屋进行占有、使用、收益和处分的民事主体。

房屋所有人对房屋既享有完全的控制权利,又承担维修、照管的义务。其对自身享有权利的滥用或是未尽应有的照管义务都有可能引起房屋倒塌造成他人人身、财产的损害,从而成为房屋倒塌事故的加害主体。

(2) 房屋管理人。在中国民事立法中,管理人被认为主要存在于国有财产交由

---

[1] 参见刘桂林主编,刘志刚、邵卿副主编:《房地产法律政策适用指引》,中国法制出版社2009年版。

国有企业、事业单位经营，即所有权与经营权相分离的情况。[1]然而笔者认为，在现实生活中，对于私人所有的房屋，也会出现所有人委托他人代为占有和管理的情形。管理人应被认为是受所有人委托或基于法律的规定，在一定的权限范围内行使所有人的全部或部分权能的主体，而不应被限制在国有财产照管人的范畴。[2]

从风险控制能力的角度考虑，管理人是在房屋所有人托管之后，同房屋接触最为密切、对房屋风险控制能力最强的主体，在房屋由管理人进行管理和使用期间发生倒塌导致损害的事故中，管理人代替所有人成为承担侵权责任的主体。

（3）使用人。使用人是指对房屋不享有所有权，但是依据法律规定或法律关系的存在，对房屋进行占有、使用的，除管理人之外的占有房屋的第三人，如房屋承租人。

需要明确一点的是，管理人和使用人的界限在何处？笔者认为，对这两者的区分有两个标准：①所有人是否以有偿的方式将自己的房屋转移到他人的占有之下，以及收费主体是否为所有人。当所有人以收费的有偿方式将房屋转移到他人的占有之下时，该"他人"是承租人，应视为使用人的范畴；反之以无偿或者付费的方式转移到他人的控制之下时，该"他人"应视为管理人。②"他人"对于占有房屋的维护保养义务如何？管理人对其占有的房屋所应尽的维护保养义务等同于所有人；而使用人，如承租人对占有房屋的维护保养义务轻于所有人的维护保养义务。

所有人、管理人或使用人在房屋倒塌致损事故中的角色具有特殊性：①在非因所有人、管理人或使用人的原因致房屋倒塌的情形中，所有人、管理人或使用人是受害主体。不管其人身权益是否受到损害，房屋倒塌这一事件的发生即让所有人、管理人或使用人的财产遭受了巨大的损失。②在因所有人、管理人或使用人的原因致房屋倒塌的情形中，所有人、管理人或使用人虽然本身遭受了人身或财产的损失，但这种损失是由其自身过错造成的，所以所有人、管理人或使用人不能向其他人主张赔偿的权利。而且在因其房屋倒塌而损害到第三人人身和财产权益的情况下，所有人、管理人或使用人又具有加害主体的身份。

对于上述第一种情形，将放在下一小节——"受害主体"中探讨。本节提及的

---

[1] 参见杨立新：《类型侵权行为法研究》，人民法院出版社2006年版，第698页。

[2] 王利明教授在对"管理人"这一概念进行分析时也指出，对于采用"管理人"一语表达其他占有人是否科学值得再探讨，尤其是在中国民法典侵权行为法编的起草过程中，是否继续沿用这一概念还是有商榷必要的。参见王利明：《人身损害赔偿疑难问题》，中国社会科学出版社2004年版，第494页。

所有人、管理人或使用人是指以加害主体而存在的情形。对照上文分析的房屋倒塌的几种原因可以得知，所有人、管理人或其他占有人作为加害主体主要存在于怠于维修和管理以及授意施工人违规施工所导致的房屋倒塌情形中。

（二）受害主体

1. 房屋利益享有人

倒塌房屋的利益享有人包括房屋的所有人、管理人或使用人（如承租人或者其他居住人）。在非因房屋所有人、管理人或使用人原因引起房屋倒塌的事故中，受害主体必然包括所有人、管理人或使用人。

上文中已经提到，在非因所有人、管理人或使用人的原因致房屋倒塌的情形中，所有人、管理人或使用人是受害主体。不管其人身权益是否受到损害，房屋倒塌这一事件的发生即让所有人、管理人或使用人的财产遭受了巨大的损失。这也是梁慧星老师坚持《侵权责任法》收录第八十六条的理由之一。在《侵权责任法》颁布之前，对于房屋倒塌致损的问题依照《民法通则》第一百二十六条的规定处理。在非因居住人的原因引起房屋倒塌致损的情形中，作为受害人的居住人，一方面要遭受巨大的人身财产损害，另一方面还要为因倒塌而受到损害的第三人买单；而作为事故制造者的建设、施工单位，并不在第一时间内承担由其造成的损失，这显然是不符合法学逻辑的。《民法通则》第一百二十六条的规定可能是确定责任承担者最便捷的途径，但却违背了民法最基本原则之一——公平原则。为此，《侵权责任法》一改之前立法的弊端，对房屋所有人、管理人或其他占有人作为受害主体而存在的可能予以考虑，规定在某些情形下，由建设单位、施工单位承担房屋倒塌责任，以保护可能成为受害主体的房屋所有人、管理人或者使用人。

2. 第三人

（1）相邻关系人。由于现代住宅楼大多是成幢开发的建筑群，在一个单元或者一幢住宅楼内住着很多户业主，因此其具有高度密集的特点。各相邻关系主体之间的联系也因此变得尤为密切，相邻关系的内容也更为丰富、更加复杂。一旦某一住户房屋发生倒塌，必然会使其具有相邻关系的住户受到损害，而且还有可能危及整幢住宅楼的公共安全。同前面探讨的房屋利益享有者相似，在非因自身原因造成倒塌的情况下，相邻关系人会成为倒塌事故的受害主体。此处讨论的与倒塌房屋存在相邻关系的住户，只要倒塌非因其自身原因引起，就会成为房屋倒塌的受害主体。

（2）随机第三人。随机第三人作为受害主体的情形又可以分为在房屋之内受害和在房屋之外受害。在房屋之内受害主要是指该随机第三人以临时来访者的身份进入该房屋，因房屋倒塌而造成该随机第三人受到损害。这种受害主体一般应当以合法进入房屋为前提。而对于在房屋之外成为受害主体的随机第三人，多表现为路过的行人，具有极大的不可预见性。

（三）各方主体之间法律关系

1. 以建设单位为基点的法律关系

（1）建设单位与勘察设计单位、施工单位。建设单位和勘察设计单位、施工单位之间是承揽合同关系。勘察设计单位、施工单位按照与建设单位之间合同的约定，对合同范围内的工程进行勘察、设计、施工，直至整个工程的竣工验收，并修补其任何缺陷。建设单位依照合同的约定履行支付工程款等义务。如果建设单位委托工程监理单位进行监理，勘察设计单位、施工单位必须接受工程监理单位的施工活动的监督。建设单位直接向勘察设计单位、施工单位下达指令是违反合同的行为。

（2）建设单位与工程监理单位。建设单位和工程监理单位之间是委托合同关系。在双方签署的监理合同中，对于监理人员的服务范围、时间、费用等事项都需进行详细规定。同时，监理工程师的权利范围也需要在监理服务协议中予以明确。

（3）工程监理单位与勘察设计单位、施工单位。工程监理单位与勘察设计单位和施工单位之间并无合同关系，但是双方存在着监理与被监理的关系。这种监理与被监理的关系在建设单位与勘察设计单位、施工单位、工程监理单位分别签订的承揽合同和委托合同中体现出来。通过两个合同的规定，工程监理单位有权对勘察设计单位和施工单位的建筑行为进行监理，勘察设计单位和施工单位基于同建设单位之间的承揽合同关系，有义务对工程监理单位的监理予以配合。

2. 以房屋所有人为基点的法律关系

（1）房屋所有人与建设单位。房屋所有人与建设单位之间是商品房买卖合同关系。《商品房销售管理办法》第三十三条规定："房地产开发企业应当对所售的商品房承担质量保修责任。"此外，房地产开发企业应当向买受人提供《住宅质量保证书》，作为其对销售的商品住宅承担质量责任的法律文件，并按照保证书的要求承担保修责任。房地产开发企业履行完相关义务后，作为建设单位可以向质量瑕疵责任方，就其因房屋质量给住户损失的赔偿进行追偿。

（2）房屋所有人与管理人、使用人。在将管理人理解为受所有人委托或基于法律的规定，在一定的权限范围内行使所有人的全部或部分权能的主体的前提下，所有人与管理人之间的法律关系更类似于保管合同关系。不同之处在于，该保管的标的物是作为不动产的房屋。基于所有人的委托，管理人对房屋进行管理，可以是有偿，也可以是无偿。管理人在管理房屋过程中，应当尽到妥善管理的义务，对于可能出现的引起房屋倒塌的潜在危险应当采取措施及时消除或者通知房屋所有人。管理人在照管房屋期间，不得擅自转保管。

房屋所有人与使用人之间主要存在的关系是租赁合同关系。与管理人更注重对房屋的照管义务不同，使用人强调的是对房屋的使用收益。当然在其使用房屋获得收益的过程中，应当尽到合理使用的注意义务。对于长期租赁的使用人，应当对房屋进行维修和管理。因为作为房屋的直接占有人，长期的占有使其对房屋可能出现的潜在危险更有控制能力，当然房屋所有人与其约定，房屋维修管理义务属于房屋所有人的除外。

（3）房屋所有人与装修单位。房屋所有人与装修单位之间的法律关系类似于承揽合同关系，即装修单位按照房屋所有人的要求，完成房屋装修工作，交付装修完毕的房屋，房屋所有人向装修单位支付报酬。装修单位未经房屋所有人同意，不得将其承揽的主要工作交由第三人完成，其辅助工作交由第三人完成的，应当就该第三人完成的工作成果向房屋所有人负责。同时房屋所有人应当及时向装修单位履行支付报酬的义务。

三、中国房屋倒塌侵权责任制度分析

（一）自然原因房屋倒塌致损中侵权责任的承担

因自然原因引起的房屋倒塌的具体案例，最典型的莫过于汶川地震中房屋倒塌的情形。由前文对房屋倒塌原因之自然原因的论述可以知道，能够引起房屋倒塌的自然灾害一般都是如地震、洪水、泥石流、海啸等比较严重的自然灾害。但是对于严重自然灾害中倒塌的房屋又因自然灾害这一因素在倒塌原因中所占比重不同，而可以将此种原因细化成纯自然灾害引起倒塌和自然灾害诱发潜在缺陷引起倒塌。前者在侵权责任法研究的过程中，均被作为侵权责任的免责事由——不可抗力之情形加以对待，自然不涉及加害主体以及侵权责任的承担。而对于后一种情形，笔者将其划归混合原因的范畴。

（二）人为原因引起房屋倒塌致损中侵权责任的承担

1.房屋质量缺陷

对于房屋质量缺陷引起房屋倒塌的情形，中国立法之前是以过错推定的方式将侵权责任加在房屋所有人和管理人的身上，现行的《侵权责任法》第八十六条明确规定由建设单位和施工单位承担连带责任，不论过错。这种立法上的突破具有相当的合理性。因为在房屋建造过程中产生的质量瑕疵是房屋所有人无法预知和难以发现的，尤其对于隐蔽瑕疵的发现，更需要相当水平的专业知识。房屋质量缺陷引起倒塌后，最直接的受害人就是房屋所有人，在所有人已经遭受巨大财产损失的情况下，按照之前的《民法通则》第一百二十六条，仍由所有人先承担赔偿责任，再行使追偿权，对于受害人而言，很容易产生胜诉却得不到赔偿的情形。

2.人为破坏

（1）使用人不当使用。此处使用人的不当使用，不包括房屋所有人的不当使用，房屋所有人对房屋的不当使用被归结为"怠于维修和管理"。在现实生活中，非所有人的使用人主要是指承租人。因此，使用人的不当使用引起房屋倒塌时，需要考虑在房屋的出租人（房屋所有人）和承租人之中，选择承担责任的主体。

杨立新教授在《类型侵权行为法研究》一书中提到其他占有人作为赔偿义务主体时指出[1]，在租赁关系中，由所有人还是占有人承担赔偿责任，由双方约定的责任者承担赔偿责任；没有约定的，原则上由租赁者承担责任，但如果租赁者能证明其管理没有过错或者为防止损害发生已尽必要注意时，则应由所有人承担赔偿责任。对于这样一种责任承担模式，其理论上的缺陷表现在，房屋所有人和承租人之间关于承担赔偿责任的内部约定，"不应该对抗建筑物及其他地上物致人损害责任中的受害人"[2]。

笔者认为，房屋被出租后，因房屋的某种危险条件引起房屋倒塌，导致房屋之外的人蒙受了人身伤害或财产损失，应当先判断引起房屋倒塌的该危险条件是在出租之前就已经存在还是出租人将房屋交付给承租人以后出现。

如果该危险条件在出租之前已经存在，该损失由出租人负责赔偿自不待言。因为无论是依据报偿原则还是依据风险控制理论，作为房屋所有人的出租人，对其控制下的房屋造成的损害理当承担赔偿责任。

---

[1] 参见杨立新：《类型侵权行为法研究》，人民法院出版社2006年版，第698页。
[2] 参见王利明：《人身损害赔偿疑难问题》，中国社会科学出版社2004年版，第494页。

如果该危险条件出现在出租之后，又要综合个案考虑，在出租人和承租人之间哪一方主体对倒塌房屋风险控制力更强。这一点可以从谁对房屋负有维修义务，以及承租人承租年限的长短来判断。对于出租人负责房屋维修的，该损失由出租人负责赔偿；对于房屋租赁期限较长，房屋的维修义务由承租人承担的，该损害由承租人负责赔偿。

（2）不当施工。不当施工引起房屋倒塌也是比较常见的情形，如因建房或修地铁而引起具有相邻关系的房屋出现裂缝进而倒塌，或是某户业主在房屋装修过程中破坏楼房承重结构引起倒塌等。对于前一种情形，可以参照房屋质量缺陷引起倒塌的责任承担模式，要求相关的建设单位与勘察设计单位、施工单位、委托监理单位承担连带责任。此处将对后一种情形，即不当装修引起的房屋倒塌予以论述。

随着社会经济的发展和人们经济收入、生活质量要求的不断提高，买房，然后大张旗鼓地彻底装修，已经成为整个社会的常态。而目前多数居民住宅楼大多是成幢开发的建筑群，在一个单元或者一幢住宅楼内住上很多户业主，而整幢楼依靠同一个建筑主体及承重结构进行支撑，一旦这些结构因为某一住户的不当装修而遭到破坏，将危及整幢住宅楼的公共安全。

房屋装修过程中，对于房屋所有人和装修单位而言，两者之间存在着委托承揽合同的法律关系。一般情况下，房屋所有人将房屋交给有资质的承包人装修，承包人按照房屋所有人的指示对房屋进行装修，因此造成的房屋倒塌由房屋所有人承担赔偿责任自不待言。但是，此种情况下，应当对承包人附加一个技术安全提示义务。因为同房屋的建造相比，房屋装修虽然不如前者程序复杂，但仍是一项专业技术性非常强的工程。房屋所有人的有些指示，可能会造成房屋倒塌的严重后果，而对不具备相关专业知识的房屋所有人而言，其可能并不知晓。此时，就需要承包人从专业的角度，对房屋所有人予以安全提示，以避免不必要的损失。对于现实生活中，一些承包人为了自身的经济利益，对房屋所有人存在安全隐患的不合理指示保持沉默，由此引起房屋倒塌造成重大损失的，该具有资质的承包人应与房屋所有人承担连带责任。

对于因承包人的原因引起房屋倒塌进行赔偿责任的承担，则需要考虑该责任是否发生转移的问题。在此种情况下，房屋所有人有理由对装修期间发生的对第三人的人身或财产损害要求免责，这种责任的转移具有合理性。

（三）混合原因引起房屋倒塌致损中侵权责任的承担

混合原因引发房屋倒塌，既包括自然原因与人为原因的混合，也包括人为原因之间的混合。本节针对的是各种人为原因混合引发房屋倒塌时的责任承担模式。人为原因混合引发房屋倒塌的情况多种多样，但总结起来可以划分为两大类：①多方加害主体原因的混合；②加害主体原因和受害主体原因的混合，被称为"受害人过错"。

1. 多方加害主体原因之混合情形

本节开头对房屋倒塌原因的划分是为了理论上论述的简洁，然而在实践中，发生房屋倒塌时，引起倒塌的原因力却并不像理论上那么泾渭分明，常常是多种原因力共同作用的结果。如本来就有房屋质量缺陷的房屋，经过所有人的不当装修，引起了倒塌；或者施工人在年久失修的房屋附近开挖地槽，引起房屋倒塌；或者施工之前没有进行充分的场址勘察，再加上施工过程中使用了质量不合格的建筑材料，引起房屋倒塌等。

对于多方加害主体原因混合引起房屋倒塌，落实到最终责任的承担方面，就会涉及各加害主体责任的份额这一问题。笔者认为针对这种多方加害主体原因混合引起的房屋倒塌，受害人在提起诉讼时，可以选择只诉其中一方加害主体，也可以要求各方加害主体承担连带责任。但是法官在做出判决时，应当确定各方加害主体在房屋倒塌事故中的责任承担份额。

因为连带责任是基于风险共担的理念，即无论责任人与导致损害的原因有多大的牵连，他都要承担责任。连带责任的弊端在于，会使无辜的财产所有者受到不公正的裁判。这与"自己责任"的理念是背道而驰的。

在最终责任份额的确定上，有的学者认为责任比例很难科学地确定。但是多数学者认为，责任比例分配中考虑"法律原因"的原因力大小不等同于物理上的原因力大小，而是对各责任主体可责难性大小的考虑与衡量。由于责任比例可确定性是以侵权损害赔偿责任的财产性为前提，因此其实质是一种财产责任。尽管不同的法官对同一案件中各方当事人的责任比例会做出不同的判断，但是这种表面上看似无法精确确定的现象，并不代表不应该确定责任比例。因为按照确定的过错比例分配责任是一种更接近于正义的分配方式，而且在实在无法确定责任分配比例的个案中，还可以采取平均分配的方式作为补充规则。

2. 加害主体原因和与受害主体原因之混合情形

加害主体原因与受害主体原因之混合，即受害人过错是对于房屋倒塌引起的损害后果，受害人的行为也在原因力中占有一定比例的情形。在房屋倒塌事故中，这类倒塌诱因也具有存在可能。比如受害人进入到年久失修的房屋中实施的某种行为引发了房屋倒塌；又如具有相邻关系的甲和乙先后装修新房，甲在装修过程中已经对承重墙进行了大刀阔斧的改造，而乙在装修过程中也对承重墙进行了改造，结果引起房屋的局部倒塌等。

受害人过错是按照双方的可责难性程度和原因力大小，通过调整加害人赔偿范围的方式，实现侵权责任分担领域的分配正义。对于存在受害人过错的房屋倒塌侵权案件，法官在确定加害人承担责任范围时，需要对存在的受害人过错一并加以考虑。其对加害人责任承担范围的影响主要表现为免除责任和减轻责任。

（四）自然原因引发房屋质量缺陷之责任承担

混合原因引发房屋倒塌，既包括自然原因与人为原因的混合，也包括人为原因之间的混合。对于各种人为原因混合，责任份额的划分主义是司法实务中普遍奉行的规则。而自然原因与人为原因的混合，尤其是类似地震这种大规模、大范围、大强度的自然灾害引发房屋质量缺陷造成房屋倒塌时，责任的确定难度较大。

在日本，对于自然原因和土地设置物的原因竞合问题尚没有最高裁的判决，但在飞騨河巴士翻落事故的第一审判决中正式予以了论述："……如果事故的原因全部是过失或者瑕疵导致的损害，则当然应该赔偿由此产生的全部损失；相反如果全部是因不可抗力导致的，则意味着即使产生损害也没有义务赔偿。然而现实的具体案件如果不属于两者中的任何一种，而是处于两者的中间位置，根据实际情形，除去被视为不可抗力的原因所占的比例，对其他部分承担赔偿义务是损害赔偿制度当然的归结……"[1] 在该案的第一审判决中采用了寄与度的构成，仅赔偿扣除了因不可抗力的比例（寄与度）部分的损害赔偿，一审法院将泥石流这一不可抗力的比例认定为四成。

笔者认为，对于上述日本案例中自然原因与人为原因竞合引起的损害，采用寄与度理论，通过认定各原因力在事故中所占比例而确定赔偿责任的方式，从理论意

---

[1] 飞騨河巴士翻落事故判决（一审判决：名古屋地判昭和48年3月30日判时700号3页。二审判决：名古屋高判昭和49年11月20日判时761号18页）。转引自［日］圆谷峻：《判例形成的日本新侵权行为法》，赵莉译，法律出版社2008年版。

义上，是可以借鉴的。中国学者对日本案例的处理办法也有不谋而合的观点，认为在自然灾害不至于导致房屋倒塌的情形下，经鉴定确系房屋设计及施工质量等问题导致房屋倒塌，应准确地区分责任。[1]

但是在司法实践中，类似于2008年四川省汶川地震式的自然原因导致房屋倒塌的案例中，由倒塌引发的人身损害赔偿纠纷却很难通过诉讼途径来解决，日本案例中的"寄与度"在此很难发挥作用。因为在诉讼中面临三大难题：

1. 因果关系证明难题

地震发生前，可能有的房屋本身存在质量瑕疵，但是这种瑕疵仅在理论上具有引起房屋倒塌的可能性，实际上，尚不足以造成房屋倒塌并造成人身财产的损害。此次地震震级达8级，烈度为11度，远远超过极重灾区房屋抗震烈度设防的现行设计标准。本次地震为逆冲、右旋、挤压型断层地震，且地震强烈波动时间长达100秒。[2] 在这样高强度的地震面前，地震因素的介入使得房屋质量问题与损害后果之间的因果关系发生中断。

2. 证据搜集难题

在实践中，房屋质量即使有问题，也难以搜集证据加以证明。汶川地震发生后，各地法院反映，遇难者家属拟提起的人身损害赔偿纠纷均是以地震倒塌房屋存在质量问题为由提出要房屋的开发商、施工单位承担相应的赔偿责任。而在地震中倒塌的建筑物大都遭受了地震引起的直接破坏和在抢险救援过程中搬动、敲砸、切割等两次破坏。因而建筑物结构部件混杂不清，对倒塌房屋的结构部件及建筑材料的检测鉴定难度也相当大，鉴定程序即使启动，也难以得出明确结论。

地震发生后，有些媒体根据同一小区内有房屋没有倒塌的事实认为倒塌房屋当然存在质量问题。这一判断并不具有科学性，而且对当事人也具有极大的误导性。因为据地震专家分析，即使在特定局部区域，地震波的运动方向和烈度并不具有绝对的一致性，这很容易导致某一栋房屋倒塌而邻近建筑却基本完好的现象。目前，现有的地震探测技术并不能对某局部区域房屋倒塌反推房屋本身存在质量问题。这又进一步加大了证明难度。

---

[1] 参见陈桂明主编：《汶川地震灾后恢复重建主要法律问题研究》，法律出版社2010年版，第127页。

[2] 参见《"5·12"汶川地震房屋建筑震害分析与对策研究报告》，2009年4月9日，在成都市举行的"2009年内地与香港建筑业论坛"上，四川省发布的由其省内建筑、地震、国土等系统专家学者调研形成的综合报告。转引自牛敏主编：《破解——大地震下的司法策略》，人民法院出版社2009年版，第3页。

3. 赔付难题

在这类诉讼中，许多被告如开发商、施工单位等，本身也会因为地震而导致赔付能力急剧下降，如果大量当事人对其提起诉讼，判决的执行也面临着"无钱可赔"的实际困难。

因此在自然灾害引发房屋质量缺陷，从而导致房屋倒塌造成人身、财产损害的事故中，审判的法院还应当根据自然灾害的破坏规模，结合个案的具体情况，对于局部小范围的自然灾害引发房屋质量而导致房屋倒塌，通过自由裁量权认定自然灾害和房屋质量缺陷各自在房屋倒塌事故中所占的比例，然后确定责任承担者应承担赔偿责任的份额。对于大规模的自然灾害引发房屋质量缺陷而导致的房屋倒塌，以不通过诉讼，而通过建立完善的建设工程质量保险制度弥补损害为宜。

四、中国房屋倒塌致损相关立法

在中国，物件致损责任的民事法律条文最早可以追溯到《大清民律草案》。该草案对于物件致损责任的规制模式较多地借鉴了《日本民法典》。它规定，"对于因设置或保存土地之工作物有瑕疵，加损害于第三人者"，由该工作物之自主占有人承担赔偿之责任。"若就损害原因别有责任人者"，负赔偿义务人得向其行使求偿权。

中国现代民法关于房屋倒塌责任的规定则体现在《民法通则》第一百二十六条以及最新实施的《侵权责任法》第八十六条中。而且根据"新法优于旧法，特别法优于普通法"的法律适用原则，《民法通则》第一百二十六条已经被《侵权责任法》第八十六条所取代。本节将对《侵权责任法》第八十六条的理解与适用做一个全方位的剖析。

（一）《侵权责任法》第八十六条与相关条文的关系

一个法律条文中的任何一个文字、一个措辞的修改与定夺都应该是经过深入探讨、深思熟虑后做出的。通过对具有替代关系的新旧法律条文的对比，可以更清晰地理解立法者立法思想的转变和立法意图的本质。

《民法通则》第一百二十六条："建筑物或者其他设施以及建筑物上的搁置物、悬挂物发生倒塌、脱落、坠落造成他人损害的……"

《侵权责任法》第八十五条："建筑物、构筑物或者其他设施及其搁置物、悬挂物发生脱落、坠落造成他人损害……"

《侵权责任法》第八十六条："建筑物、构筑物或者其他设施倒塌造成他人损害的……"

通过法条的文字对比可以发现，与比较法上的通行做法一致，之前的《民法通则》以及相关的司法解释都是将地上物倒塌与脱落、坠落等同处理，要求责任人承担过错推定责任。《侵权责任法》在立法过程中，无论是最初的学者建议稿还是一、二、三审稿，也都是采取了这一做法。但是，在《侵权责任法》四次审议稿以及正式的法律条文中，立法者却将地上物倒塌与脱落、坠落分别进行了规定；而且，在制度设计上，两种规定的归责原则和责任承担等方面都有较大差别。按照立法者的解释，是因为在实践中，工程质量问题突出，建筑物等地上物倒塌事件频发，有的常委会委员和专家提出，建筑物倒塌严重危害人民群众的人身财产安全，因此针对那些直接危及人民生命健康安全的"豆腐渣"工程，在立法过程中，做了这一调整。[1]

梁慧星教授在《侵权责任法（第三次审议稿）的评析与修改建议（一）》中曾经建议在第十一章增设一条，规定"建筑物缺陷致损责任"，并且对"建筑物缺陷致人损害责任"和"建筑物责任"的区别做了深入的研究。其设计的条文是："因设计、施工的原因使建筑物及桥梁、堤坝、道路、隧道等构筑物存在缺陷，在合理使用期限内造成他人人身财产损害的，由设计人、施工人、监理人连带承担赔偿责任，但设计人证明其设计符合国家规定安全标准的，不承担赔偿责任。"其设计该条文的立法理由是：在存在建筑物缺陷致损的情形中，要求无辜的建筑物所有人或者管理人承担赔偿责任，而不规定设计人、施工人、监理人承担赔偿责任，不合法理、情理，不符合法律逻辑。

笔者认为，作为《侵权责任法》重要起草者之一，梁慧星教授的这一立法初衷应该就是《侵权责任法》第八十六条诞生的重要原因。按照梁慧星教授的立法思路，"建筑物责任"和"建筑物缺陷致人损害责任"是两种并列的侵权责任，《民法通则》第一百二十六条并没有对这两种责任做出很好的区分，以至于会出现在建筑物因缺陷倒塌造成损害时，依照第一百二十六条的规定，要由作为受害者的建筑物所有人、管理人为事故的罪魁祸首建筑承包商的过错买单的不合理情形。《侵权责任法》一改这一立法弊端，通过设立第八十五条，规定了"建筑物责任"，仍然由建筑物所有人、管理人或者使用人承担侵权责任；通过增设第八十六条的"建筑物缺陷致人损害责任"，消除由受害人为加害人买单的不符合法律逻辑的情形。

---

[1] 参见王利明主编：《中华人民共和国侵权责任法释义》，中国法制出版社，2010年，第438页。

（二）对该条中"其他责任人"范围的思考

《侵权责任法》第八十六条第一款和第二款中均有"其他责任人"这一表述。不难发现，此两处"其他责任人"的范围既不重合也无相交之处，否则会产生逻辑矛盾。那么这两处"其他责任人"的范围分别是怎样的？区别在哪里？为何会有这样的区别呢？厘清这些问题，对司法实践中对该条款的适用具有极为重要的意义。

要解决上述问题，还是应当从建筑物倒塌的原因入手，分析哪些人有可能成为这类侵权法律关系中的责任主体。由上文可以得出，在自然原因引起倒塌致损中，并不存在责任人这一方主体；在房屋质量缺陷、不当使用、怠于维修和管理引起倒塌的情形中，责任主体包括建设单位、勘察设计单位、施工单位、监理单位、不合格建筑材料供应单位以及所有人、管理人或使用人等。

从这两款法律条文的设计中，还可以解读出这样一条信息：第一款针对的应当是房屋质量缺陷引起倒塌的情形，例如，勘察单位勘察结果有误，导致设计单位没有按照该建设工程的特殊地质构造设计，从而基础不牢引起倒塌；或是设计单位的设计方案不科学，存在重大瑕疵，导致倒塌等。那么第一款中的"其他责任人"，应当包括勘察设计单位、施工单位、监理单位以及不合格建筑材料供应单位。第二款针对的应当是除房屋质量缺陷引起倒塌之外的人为原因引起倒塌的情形。那么该条款中的"其他责任人"，应当包括有责任的房屋所有人、管理人、使用人和其他任何致建筑物倒塌的第三人，具有兜底条款的作用。

（三）《侵权责任法》第八十六条存在的不足

1. 建设单位与施工单位承担连带责任之原因不明确

《侵权责任法》第八十六条第一款规定了建设单位、施工单位承担连带责任，采用无过错责任归责原则。对于建筑物倒塌这样严重的事故，新实施的《侵权责任法》对建设单位和施工单位等相关责任主体采用无过错责任归责原则，对于保护受害人的权益具有极大的进步性。但是，无过错是指对于由于建设单位、施工单位等加害主体造成的这种损害，不要求其主观上存在过错，损害这种事实的发生，即是其承担责任的原因。无过错并不等于无原因。第八十六条只规定了"建筑物……倒塌造成他人损害的"，由建设单位与施工单位承担连带责任，并没有具体指出哪些原因引起的倒塌由建设单位与施工单位承担连带责任。

2. 由建设单位与施工单位承担连带责任并不合理

依照第八十六条的规定，对于房屋质量缺陷引起倒塌造成损害的，先由建设单位与施工单位承担连带责任。建设单位和施工单位赔偿后，有其他责任人的，有权向其他责任人追偿。对于这样的规定，施工单位应当觉得很冤枉。因为前文也提到，房屋质量缺陷可能产生于房屋从勘察设计到施工的任意一个环节。对于建设单位而言，它承担连带责任无可厚非。因为建设单位作为建筑活动的组织者，应当尽到相应的监督义务，通过对勘察设计单位、施工单位、监理单位的选任，以及通过对建筑材料采购权的控制，保证建设工程质量达到国家强制性安全标准。而且，作为建设工程的所有人，建设单位享有因工程代理的全部收益，承担由此带来的风险，包括因倒塌应承担的侵权责任，是理所当然的事情。但是施工单位就不同了。虽然建设工程从图纸到实物的变迁是由施工单位完成的，但是勘察设计环节却是施工单位无法控制的，第八十六条却规定由它和建设单位承担连带责任，显然对施工单位而言是有失公平的。

3. 对第一款"……造成他人损害的"中"他人"的思考

首先应当明确的是，"他人"是与谁相对应而被称作"他人"的。《侵权责任法》第八十六条："……造成他人损害的，由建设单位与施工单位承担连带责任。"由该条可以得知，"他人"是和"建设单位与施工单位"相对而言的。在房屋建成并交付使用后，建设单位与施工单位即脱离该建筑物。房屋倒塌时，受到损害的主体不大可能是建设单位与施工单位，而且在这类侵权案件中，应予赔偿的损害范围，自然是受害人受到的损害，作为加害主体的建设单位与施工单位，不可能因自己的过错造成自己损害而向其他人要求赔偿自己的损害。所以，此"他人"的对立面是不存在的。"他人"在此处显得累赘。将"他人"删除既符合法律语言简练的要求，又不会在法律适用过程中产生歧义，实为可行之策。

五、中国房屋倒塌致损立法的完善

（一）《侵权责任法》第八十六条之完善

对于上文中指出的《侵权责任法》第八十六条中存在的三个问题，笔者在此处提出以下三点完善的建议。

1. 明确承担责任之原因

针对《侵权责任法》第八十六条第一款未明确规定无过错责任之原因这一问题，笔者建议引入"质量缺陷"这一概念。"质量缺陷"专门针对在建筑物、构筑物或者其他设施建造过程中，由于建造参与者，如建设单位、勘察设计单位、施工单位、监理单位的不尽职，完成的工作没有达到国家规定的强制性安全标准，造成建造的工程存在明显或隐性的缺陷，并因此引起建筑物、构筑物或者其他设施发生倒塌，给受害人造成人身财产损害的情形。

2. 连带责任承担主体

针对该条第一款中，"由建设单位与施工单位承担连带责任赔偿后，有其他责任人的，有权向其他责任人追偿"的这一规定，笔者建议解除施工单位之连带责任，将连带责任的承担主体改为建设单位和其他责任人。另外，在中国房地产开发实践中，建设单位这一责任主体往往是以项目公司的形式存在的，而且具有注册资本少、一旦完成工程项目就予以注销的特点。在房屋倒塌致损事故发生后，如果建设单位已经注销，受害人的侵权损害赔偿责任请求权就面临着无法落实的问题。因此，针对房地产开发企业设立建设单位进行工程建设的情形，完全有必要以立法的方式，规定房地产开发企业对于其下属的该项目公司承担连带责任，以保证受害人赔偿责任请求权的实现。

3. 删除"他人"一词

本着法律条文语言应当简练的原则，建议将第八十六条第一款和第二款中"……造成他人损害的"中"他人"删除，改为"建筑物、构筑物或者其他设施倒塌造成损害的"。这一法律语言的精练在司法实践中，对于法律的适用并不会产生歧义。

（二）大规模倒塌事故中责任认定前的救助

房屋倒塌的原因十分复杂，一般而言，倒塌事故发生后，政府会组织对安全事故的原因进行调查。那么，对于因工程重大质量缺陷而造成倒塌的房屋，尤其是那种涉及受害主体众多的高度密集型的住宅楼，事故原因查明后、责任落实之前，受害群众的生活问题应当如何解决呢？这一问题如果不能妥善解决，将会产生严重的社会影响。

对于自然灾害引发房屋倒塌的事故中，中国多是采用国家财政拨款和社会捐助的方式对受害群众予以救助，但是对于因工程重大质量缺陷而造成的倒塌事故，如果采用国家财政救助，就会出现国家为"豆腐渣"工程的无良建筑商买单的情形，政府实际上扮演了工程质量直接责任者的角色。

面对同样问题，在国外，许多发达国家（如西班牙、法国、比利时、日本等）和发展中国家（如巴基斯坦、阿尔及利亚等）采用了工程担保和工程保险等工程风险管理的方式予以解决。像巴基斯坦、孟加拉国等经济社会发展水平较低、建设资金严重短缺的国家，对于房屋建筑，业主都明确要求承包企业必须购买工程保险，否则不准开工。

在中国，2006年中国人民财产保险股份有限公司率先在北京、上海、青岛、深圳等14个城市推出了新版的建筑工程质量保险产品，该险种承保开发商开发的建筑工程因潜在缺陷在保险期内发生质量事故、造成建筑物损坏时的赔偿责任。这一举措将国际通行的建筑工程风险管理模式——建筑工程质量保险制度引入工程建设领域，逐步取代中国建筑业现行的质量保证金制度。建筑企业、开发商投保该险种后，一旦发生突发建筑工程安全事件，由保险公司在第一时间向受害第三方进行赔偿。这一制度的全面推行将有利于为受害主体提供及时、有效的救助。

第四章 人格权法的新发展

近些年来，互联网等新型媒介的迅速普及，带给人们生活上的巨大便利，但越来越多的公众人物隐私权保护问题的出现显示了中国人格权法在公众人物隐私权保护方面的严重制度缺失。本章通过对公众人物隐私权与公众知情权的学理探析，同时总结和借鉴比较法上的经验，认为在未来《人格权法》中应明确公众人物隐私权保护的范围以及采用公共利益原则平衡公众人物隐私权与公众知情权之关系。

一、公众人物隐私权与公众知情权之冲突解决机制问题的提出

隐私权与知情权作为知识经济时代极具代表性的两项权利，有着独特的社会地位与重要的法律作用。2012年10月28日，一名网友通过新浪微博爆料出万科前董事长王石婚变和新欢为一内地女星的消息，此新闻一经网上公布便引起了轩然大波，使得王石因其婚事变动重归众人视野。此次事件的发生重新引发了人们对于公众人物的隐私权、肖像权、名誉权等一些人格权利边界问题的关注。隐私应如何加以保护，并与公民知之权利加以调和，顾及公共利益，乃法律规范上的重要课题。[1]

中国现行法律并没有对公众人物的概念做出明确界定，只是学界和实务界对公众人物在面对公众知情权、媒体报道权和舆论监督权时应当做出一定"让步"达成了一致共识。但是，任何权利都不是无条件的，对于公众知情权的保护让步绝不是没有边界、没有底线的。尤其在信息社会，国家、企业和个人能够迅速地搜集、储存、传送各种数据，以不同的方式加以组合或呈现，作为一种资源或商品加以利用，"人肉搜索"的流行使得公众人物的隐私更容易受到侵害。因此在理论上剖析二者之间相互制约相互平衡的关系，借鉴比较法上公众人物隐私权保护的立法经验将有助于中国人格权法的立法与完善。

---

[1] 王泽鉴：《人格权的具体化及保护范围——隐私权篇》（上），载《比较法研究》2008年第6期。

二、公众人物隐私权与公众知情权之关系理论分析

（一）公众人物隐私权概念之界定

"隐私权"的概念最早出现于19世纪90年代的美国，当时著名哈佛大学法学教授萨缪尔·沃伦和路易斯·布兰戴斯在《哈佛法律评论》第4期发表了一篇名为《隐私权》的文章，从此揭开了法学界对于隐私权研究的新篇章。[1] 随着社会生活的不断丰富，"隐私权"的内涵及外延也随之得到提升、扩展。"隐私"又称私人生活秘密，指私人的生活安宁权不受他人非法干扰，私人信息的保密不受他人非法收集、窥探和公开的一种权利，其内容主要体现在公民的个人信息、私有领域和私人活动领域所享有的不受非法泄露、侵犯、干预的隐私权利。通说认为隐私权的范围主要包括以下三类：①个人生活信息保密权。指禁止他人非法知悉、使用、披露或者公开个人生活信息方面的权利。主要指家庭成员、亲属关系、交际关系、财产状况到个人的身高、体重、病史、婚恋史、身体缺陷、健康状况、个人爱好等。[2] ②私人生活领域不受非法侵扰权。指权利主体享有不受他人非法侵扰其私人生活空间领域安宁的权利。③个人行为秘密权。个人行为是指一切个人的、与公共利益无关的活动，如日常生活、社会交往、通讯、夫妻性生活、婚外恋和婚外性生活、个人通讯等，公民可自由支配其个人行为，不受他人非法干涉、监视、跟踪与骚扰。[3]

明确"公众人物"的法律概念，是对其隐私权全面保护的基础。所谓公众人物，是指在社会生活各个领域中为公众所广为知晓的人物。公众人物的产生有两种途径：①自愿的公众人物，是指主观上主动追求或放任自己成为公众人物，而客观上又为公众所知晓的人。比如政府官员、娱乐明星等。②非自愿的公众人物，是指成为公众人物并不是其主观追求或放任的结果，而是发生了某些重大事件使其偶然性跃入公众视野。[4] 因此所谓的"公众人物"具体包括：①国家机关、政府部门的公务员以及公益组织的高级管理人员；②艺术界、文化界、体育界等具有较高曝光度、较高知名度的明星；③经济界、科学界、商界等能引起公众兴趣的具有较高知名度的社会人士。因此，公众人物的隐私权是指公众人物所享有的其生活安宁不被打扰，私人信息不被非法获取并传播的权利。

---

[1] 张新宝：《隐私权的法律保护》，群众出版社2004年版，第1—2页。
[2] 王利明：《民法》，中国人民大学出版社2006年版，第256页。
[3] 郭明瑞：《民法》，高等教育出版社2003年版，第147页。
[4] 张友宾：《论公众人物的限制性隐私权及其法律保护》，载《学术交流》2007年第8期。

(二）公众知情权概念之界定

目前中国并无公民知情权的明确法律规定，其是从公民的言论自由以及出版自由等权利延伸而来，关于其性质尚无定论。有些学者认为其是公民的一项公法性质的权利，也有些学者认为知情权并不是一项民事权利，其是一项政治权利和社会权利。[1]"知情权是自然人对与自己有关的事物或者有兴趣的事物以及公共事务接近和了解的权利。知情权等同于隐私权的个人权利，并且只有将知情权的定义为自然人的一项人格权利而从广义角度来理解知情权的内容才会出现隐私权和知情权的冲突问题。"[2]由此可见，知情权是一项具有部分公法性质并没有被法律明确规定的公民享有的不可或缺的政治权利或社会权利。目前，学界将知情权主要分为以下几种。

1. 知政权

知政权即自然人依法享有的了解、知悉国家事务、社会活动以及国家公务人员活动及相关背景资料的权利。知政权是保障共同参与社会生活、国家民主法治建设的基本权利，也是体现当代社会政治民主化进程的重要环节，这对于实现社会公平公正是不可或缺的。

2. 社会知情权

社会知情权即自然人依法享有的对其感兴趣的社会事务和生活现象进行了解、知悉的权利。随着社会物质水平的不断提高，人们对精神生活的需求随之增长，在信息技术不断发展的时代，通过互联网等媒介能够在短时间内获取自己所感兴趣的信息，随时对其进行了解和掌握，从而满足日益增强的好奇心理。

3. 个人信息数据知情权

个人信息数据知情权即自然人依法享有的知悉自己相关方面信息的权利。这类知情权主要体现在一切同自然人利益相关的信息发布及公布的情况，例如病人及其家属在特定时期享有获悉疾病原因、疾病诊断结果、治疗措施和手术情况等信息的权利；在校学生享有知悉课业成绩、考核方式、分数结果等信息的权利；公司员工享有知悉个人信息、业绩考核方式、薪酬发放进程等信息的权利。

（三）公众人物隐私权与公众知情权之冲突类型

任何权利都不是无条件的，权利都有其相对应的保护对象及适用范围。隐私权的泛滥、膨胀会一定程度上损害社会的公共利益。有学者认为，网络的迅速发展，

---

[1] 王利明：《人格权法新论》，吉林人民出版社1994年版，第489页。
[2] 张新宝：《隐私权的法律保护》，群众出版社2004年版，第36页。

使得隐私权与知情权间的矛盾空前突出、日益恶化,而当前法律似乎并未找到更好的平衡点。[1]尤其是以公众人物的隐私权同社会大众的知情权之间的冲突最为突出,更有愈演愈烈之趋势。

目前,公众人物隐私权同公众知情权之间的法律冲突主要体现在以下两个方面。

1. 自愿的公众人物与公众知情权之冲突

自愿的公众人物包括国家公务人员以及社会名流。国家公务人员作为行使国家权力的主体,负有管理国家和公共事务的责任与义务,因此,他们的家庭出身、学历履历、思想道德、职业操守、工作能力、言行举止乃至社会背景、配偶子女、生活状况、财产收入等私人情况都会一定程度上牵涉到公共利益,因此公众对这些情况应享有知情权。当前中国讨论热烈的公务人员的财产公开制度即体现了公众知情权与政府官员的隐私权冲突。而公众对社会名人的关注是人类的正常欲望,社会名人的情感路程、学历与出身、创业过程等的公开也会带来良好的社会效应。因此无论是普通公众或是新闻媒体对这些社会名流及其所从事的工作领域、行业、事业及其个人的情感状况的收集与报道是出于人类的正常精神活动需要,理应得到合理的满足。但一些新闻媒体利用其职能对社会名流的隐私进行恶意窥探并肆意宣扬,造成了极其恶劣的社会影响。

2. 非自愿的公众人物与公众知情权之冲突

非自愿公众人物如上文所述,指因重大事件偶然性介入公众视野,并非自己积极谋求公众关注的人物。随着网络的发展,"人肉搜索"的滥用,很多非自愿的人们会被网络推到公众的舞台,成为网民关注的焦点。例如中奖的彩民,电影《搜索》中的叶蓝秋,其跃入公众视野并非个人积极追求,但其被公众广为知晓之时,公众不能滥用其知情权就公众人物的隐私权大肆窥探,影响他人正常生活。

三、公众人物隐私权与公众知情权冲突之比较法考察

隐私权自19世纪末被提出讨论之后,经历100多年的发展,是现代信息社会最重要的议题之一,受到各国的重视。[2]无论是隐私权、知情权的权利起源还是立法、司法实践过程,国外和中国台湾地区的先进理论及经验都值得我们学习借鉴。

---

[1] 周昕:《网络环境下的知情权边界》,载《重庆邮电大学学报》2010年第5期。
[2] 王泽鉴:《人格权的具体化及保护范围——隐私权篇》(上),载《比较法研究》2008年第6期。

（一）美　　国

隐私权作为法律上的一种概念或权利，源于1890年沃伦（Warren）及布兰代斯（Brandeis）共同在《哈佛法律评论》第4期所发表的论文《论隐私权》（The Right to Privacy）。美国实务上并无有关隐私权的规定，直至美国著名的侵权法学者威廉·L·普若瑟（William L. Prosser）于1960年在《加利福尼亚州法律评论》上发表《论隐私》的论文，从实务中总结了四类侵权他人隐私权的行为：①侵犯隐密。指侵害他人的独处或私人事务，例如侵入住宅、窃听电话、偷阅信件等。②公开揭露。指未经权利人允许擅自揭露使他人困扰的私人事实，例如公开传述他人婚外情或疾病等。③扭曲形象。指揭露他人隐秘致使他人遭受公众误解。④无权在商业上使用他人姓名或肖像。指为自己利益而使用他人的姓名或特征。以上对侵犯隐私权所做出的分类被美国理论界与实务界所接受，从而架构了美国法上的隐私权体系。但美国法特别重视公民的言论自由，认为其乃民主宪政的基础，应受宪法优先保障，因此侵权法上的隐私权受到了一定的限制。[1]发生在美国的"《纽约时报》上诉沙利文"案则体现了美国公民的言论自由与官员的隐私保护之间的微妙关系。1960年3月29日，《纽约时报》刊登了一则名为"关注他们的呐喊"的广告，广告内容为美国南部地区种族歧视现象，并且不点名批评了当地警察打压民权人士与示威学生的行为。后来阿拉巴马州蒙哥马利市警察局长沙利文以诽谤为由将《纽约时报》诉上法庭，经审查，广告部门细节失实，法官判令时报做出巨额赔偿。两审失利，《纽约时报》上诉到最高法院，1964年大法官们最终撤销了下级法院的裁判。法官们认为公民履行批评官员的职责，如同官员恪尽管理社会之责，对公共事务的讨论不应受到限制，应充满活力并且广泛展开，它可能包含了对政府或官员的激烈、刻薄，甚至尖锐的攻击。[2]小威廉·布伦南大法官认为政府官员名誉受损，并不意味着要以压制言论自由为代价进行救济。由此看来在关于新闻自由与隐私权的权衡上，美国着重保护新闻自由。

（二）德　　国

德国司法将隐私权主体区分为一般民众与公众人物，公众人物又分为绝对公众

---

[1] David A.Anderson."The Failure of American Privacy Law," Basils Markesinis ed..*Protecting Privacy*,Oxford,1999,p.139.

[2] ［美］安东尼·刘易斯：《批评官员的尺度》，何帆译，北京大学出版社2011年版，第10页。

人物与相对公众人物。绝对公众人物是基于特殊的身份地位，如总统、总理、皇室成员等，娱乐界、体育界、文化界的名人因其出色的成就广为人知而成为绝对公众人物。相对公众人物指非基于一定的身份地位，因特定事件而成为的公众人物。因绝对公众人物的身份地位，以及民主社会对政治透明度的要求，公众对绝对公众人物拥有更多的知情权。地方法院和上诉法院遵循传统判例规则，认为绝对公众人物的隐私受保护范围仅限于住宅范围内，在公众场合无隐私可言。德国联邦法院有所突破，认为绝对公众人物享有隐私权的范围既包括住宅范围以内，也包括住宅范围以外远离公众视线的独立空间。所谓独立空间，联邦法院认为是指使他人明确可知其有独处意愿，自信能够远离偷窥的目光，行为方式也与在公众场合不同的地方。独立空间外，绝对公众人物即使不是在执行公务也不享有隐私权。德国宪法法院未否认独立空间的观点，认为在确定绝对公众人物的隐私权保护范围时应考虑两个维度：①功能性，即新闻报道是否与公众利益有关且具有引导社会讨论的功能；②空间性，即是否属于独立空间。

《欧洲人权公约》第8条规定"公权力不得侵害该权利"，要求国家公权力确保公民隐私不受他人侵犯。国家要在个人利益与公共利益之间实现合理的平衡，权利平衡的关键是公众的知情权是否涉及公共利益。德国联邦法院在平衡人格权与新闻自由时模糊了以前所采用的绝对公众人物与相对公众人物区分的标准，转而借鉴欧洲人权法院在个案中考量公共利益的做法，从向新闻自由倾斜的态度转变为公正客观地寻求隐私权与新闻自由平衡的立场，一定程度上加大了对德国公众人物隐私权的保护力度。

（三）中国台湾地区

著名学者史尚宽先生在其巨著《债法总论》中论述人格权包括所谓秘密权，指私生活上或工商业上所不欲人知之事实，有不被他人得知之权利。[1]台湾地区"宪法"第22条规定："维护人性尊严与尊重人格自由发展,乃自由民主宪政秩序之核心价值,隐私权虽非宪法明文列举之权利,惟基于人性尊严与个人主体性之维护及人格发展之完整,并为保障个人生活私密领域免于他人侵扰及个人资料之自主控制,隐私权乃为不可或缺之基本权利。"隐私权的保护范围由传统上侵害和公开他人隐私扩张到个人信息的保护。第11条规定："人民有言论、讲学、著作及出版之自由。"该"宪法"所以明文保障言论自由，在释宪实务中一再扩大保障范围，皆因为言论自由具

---

[1] 史尚宽：《债法总论》，中国政法大学出版社2000年版，第148页。

有的重要价值,正如"司法院"释字第 509 号解释所强调的:"言论自由为人民之基本权利,宪法第十一条有明文保障,国家应给予最大限度之维护,俾其实现自我,沟通意见,追求真理及监督各种政治或社会活动之功能得以发挥。"关于言论自由与隐私,"司法院"释字第 509 号解释强调言论自由为人民之基本权利,国家应给予最大限度之维护,并规定:"惟为兼顾对个人名誉、隐私及公共利益之保护,法律尚非不得对言论自由依其传播方式为合理之限制。"关于为保护名誉而对言论自由进行法律上的限制,"最高法院""93 年台上字第 1979 号判决"系张俊宏控告李敖在电视台所发表的言论一案中,在认定是否侵犯隐私权时,"最高法院"认为张俊宏身为立法委员,其要求保持隐私之程度固较一般人为低,但并不致于因前开身份而被剥夺。最高法院采取比较利益权衡,向公众人物的隐私权进行了倾斜保护。[1]

四、中国公众人物隐私权与公众知情权冲突之建议

(一)比较法上的启示

从上述其他国家或地区的立法及司法判例来看,各国对隐私权与知情权之协调保护的倾斜程度并不相同。"隐私权"一词虽起源于美国,但美国在权衡隐私权与知情权时更重视公民的言论自由,认为其乃民主宪政的基础,应受宪法的优先保障,因此侵权法上的隐私权受到了一定的限制。并且在判定公众人物隐私权保护的时候,美国法官更加重视公民言论权的自由,认识一个社会对批评之声有多大的容忍限度,往往标志着这个社会的民主程度。德国对于公众人物隐私权保护的力度在逐步加大,将公众人物区分为绝对公众人物与相对公众人物并区别对待,绝对公众人物因其身份地位以及民主政治的需求,如其隐私与公众利益相关,则公众享有对其更多的知情权。德国宪法法院对公众人物隐私权的保护范围也有所加大,并且在权衡公众人物隐私权同公众知情权之冲突时从以前向新闻自由倾斜的态度转变为公正客观地寻求隐私权与新闻自由平衡的立场。

中国台湾地区立法认为隐私权乃维护人性尊严与尊重人格自由发展之需要,并且为自由民主宪政秩序之核心价值,虽然"宪法"中并未明确提出对隐私权的保护之规定,但其作为人格的一部分,理应为不可或缺的民事主体的一项基本权利。台湾地区立法上明确规定了公民的言论权,并且一再扩大对其的保障范围,但在司

---

[1] 王泽鉴:《人格权具体化及其保护范围——隐私权篇》(下),载《比较法研究》2008 年第 6 期。

实践中，法官权衡公众人物的隐私权与公民的知情权时，认为公众人物虽然对其隐私有进行一定限制之必要，但不是完全剥夺。在具体案例中采取利益权衡的原则，向公众人物的隐私权进行了一定的倾斜保护。

（二）公众人物隐私权与公众知情权冲突之建议

目前中国缺乏一套完整的隐私权保护制度，但不可否认其作为人格权的一种，是民事主体所不可或缺的一项重要权利。虽然中国《侵权责任法》中将其明确作为民事权益进行保护，但其保护力度在信息时代明显不足，在司法实践中缺乏操作性，因此在未来《人格权法》的立法中应得到重视。借鉴他国或其他地区的优秀经验固然重要，但立法还应注重与中国实际情况相联系。因此，对于中国公众人物隐私权与公民知情权之冲突，笔者提出以下建议。

1. 明确公众人物的概念以及范围

若要对公众人物的隐私权进行保护，首先要将公众人物的概念以及范围界定清楚。目前中国关于公众人物的概念以及范围，众说纷纭。本书认为公众人物是指，拥有显赫的身份或者掌握政治职权，能够对公众产生重大影响或者因特殊事件偶然介入的公众人物，包括政治人物、演艺明星、体育明星、企业家以及因特殊事件进入公众视野并对公共利益产生影响的人。另外在界定是否为公众人物时还要考虑时间因素。一个人不可能永远活在公众视野之下，并且因其曾为公众人物而永远要求其隐私应做出一定的限度让步，则有违人人平等原则。当他们退出公共舞台后，就无法像以往一样对社会产生重大影响，其所担负的职务或从事的事业不再与公共利益密切相关，他们就不再是公众人物，法律应给予他们私生活的安宁和自由。公共官员在卸任、退休，各界知名人士在退出职业领域后，若不再掌握公共权力，对公共事务产生直接、重大影响，就不应再被认为是公众人物。但在其退休或退出公共舞台之后，公众要求知情权的事宜涉及其退休前与公共利益相关的，应优先保障公众的知情权。有限公众人物是因某一偶然事件引起公众关注，若事件结束、影响消除或时间消逝，则不应再被认为是公众人物。[1] 最后需注意的是，与公众人物相关的人，例如其家属、助手、同事等不能因为其与公众人物在生活或者工作中的亲密联系而成为公众人物，他们的隐私也不能因为其与公众人物的关系而随意被公布于众，理应受到中国法律的保护。

---

[1] 李新天、郑鸣：《论中国公众人物隐私权的构建》，载《中国法学》2005年第5期。

2. 公共利益原则

公众人物的隐私权应做出一定的让步在理论界已达成一致意见，但是让步的尺度如何确定，却是理论界和司法实践部门的难题。隐私权本与公共利益无关，但鉴于公众人物本身所承载的公共利益，因此公众有权要求对其隐私中有关公共利益的一部分行使知情权。笔者认为应借鉴德国以及中国台湾地区的规定，采取公共利益判断的原则，即公众人物的隐私权以及公众的知情权相冲突之事实是否涉及公共利益。恩格斯曾就公众人物隐私权提出："个人隐私一般应受到保护，但当个人私事甚至隐私与最重要的公共利益或政治生活有关时，自然人的隐私就已不是一般意义的私事，而属于政治的一部分，它不受隐私权的保护，应成为历史记载和新闻媒体不可回避的内容。"王泽鉴教授也认为被承认的隐私权乃在保护个人生活不受干扰、独处的权利，即个人具有不可侵害的人格，对其思想、情绪和感受等自身事务的公开、揭露具有决定的权利。唯隐私权并非绝对，应受公共利益及本人同意的限制。对公众人物隐私权的保护中，其与社会公共利益有关的，决定公众人物适任性或表彰其形象的学历才能、家庭背景、健康状况、任职经历或工作成就等信息不能成为法律保护的隐私。因此，在采用公共利益原则限定公众人物隐私权时应采取公共利益原则，如该公众人物隐私未涉及公共利益，则应视为隐私进行保护。

3. 在未来《人格权法》中对公众人物的隐私权保护做出明确规定，并以类型化的方式予以规制

从上述其他国家和地区的立法经验，可以看出其对隐私权的保护已上升到宪法保护的高度，从宪法、民法以及刑法多个角度对公民的隐私权进行规制，笔者认为这在信息社会十分有必要。发达的网络社会，广泛的媒体手段已使公民的隐私权岌岌可危，因此有必要在立法中对公民的隐私权做出明确规定。涉及公共利益的公众人物，虽其涉及公共利益的隐私应做出一定让步，但也应受到特殊保护，不当报道公众人物的隐私有可能会对社会造成负面影响，最终危害社会公共利益。因此在未来的《人格权法》中应明确规定对公众人物隐私权的保护，但公众人物也可分为政治官员、社会名流和因特殊事件而出名的非自愿的公众人物。虽皆为公众人物，但在协调隐私权与公众知情权时应存在不同，比如官员的财产公开制不能适用于社会名流与非自愿的公众人物，社会名流的"三围尺寸"等承载娱乐信息的内容不能适用于政治官员与非自愿的公众人物等。

第五章 婚姻法热点问题研究

第一节 论夫妻离婚时按揭房的认定与分割

近年来随着中国经济社会的飞速发展，人们的物质生活水平逐步提高，中国的离婚率也在逐步上升。在审判实践中，随着离婚案件数量的增多，财产形式的多样化、物权状态的不稳定化，以及当事人的增加使得离婚财产分割案件越来越复杂。其中离婚时按揭房屋的认定与分割在审判实践中成了最难处理的焦点，因此本书对《婚姻法解释（三）》中关于夫妻按揭房的分割与认定问题进行了探讨，希望能为中国的立法事业做出一定的贡献。

2010年11月16日最高人民法院《婚姻法解释（三）》对现实生活中比较尖锐的"小三"问题、"房子"问题均施以法律的手段加以了调整。但自《婚姻法解释（三）》征求意见以来，大家便争吵不断、议论纷纷，虽然其规定的夫妻财产制内容十分丰富，但是需要探讨的问题也很多。《婚姻法解释（三）》已于2011年8月13日正式施行，其第十条对夫妻按揭房屋在离婚时的认定与处理做出规定，但是其规定概括简单、操作性不强，因此本书对离婚时按揭房屋的认定与处理做出了探讨。

一、问题的提出：以一起案例为切入点

（一）案情简介

原告单某与被告张某于2000年3月认识并确立恋爱关系，于2002年10月登记结婚，婚后生育一男一女，但双方因婚前缺乏深入了解且性格不合，导致双方感情破裂，于是原告于2010年4月向法院起诉离婚并且分割夫妻共同财产，单某请求法院将位于广东省东莞市的一套100平方米的按揭商品房归其所有，辩称此房屋系

其于 2001 年 3 月以个人财产向银行按揭购置，属于被告婚前个人财产，不应分割。法院审理查明，原告与被告夫妻感情确立破裂并且不可调和，判决双方离婚。原告与被告争议的房产确系被告张某于 2001 年 3 月 29 日与房地产公司签订的商品房购销合同，首期款 43 329 元，剩余楼款 171 000 元，以被告的名义向中国银行股份有限公司东莞分行按揭贷款支付，截止日 2010 年 4 月 15 日，共向银行还款本金 96 709.44 元，利息 59 779.81 元，双方均确认银行贷款是用双方共同收入归还，双方确认目前尚未办理房屋产权证，目前房屋市场价值为 280 000 元。法院认为原告与被告 2002 年 10 月登记结婚，而房屋由被告 2001 年 3 月 29 日购买，应属于被告一人的婚前财产，房屋所有权归被告，由于案涉房屋的贷款由婚后夫妻共同偿还，因此被告应向原告偿还银行贷款中的一半数额 78 244.63 元（向银行还款本金 96 709.44 元＋利息 59 779.81 元 /2 = 78 244.63 元）。对于房屋的增值部分，原告亦有权按照一定比例享有，房屋的初始购买价为 214 329 元，现双方确认该房屋的市场价值为 280 000 元，共增值 65 671 元，具体计算为 65 671 元 × 78 244.63 元 /（43 329 元＋156 489.25 元）= 25 715.38 元。因此房屋所有权归属被告，房屋剩余贷款由被告偿还，被告共向原告支付补偿款 103 960.01 元。

（二）争议焦点

在此案件中，法院的最终判决是房产归婚前按揭贷款的一方，即按揭房屋房产登记的一方。即使在婚姻关系存续期间尚未取得房屋的产权证，也不影响此房屋为夫或妻一方个人财产的认定。签订按揭贷款不动产买卖合同的时间与结婚登记的时间至关重要，是法院认定此按揭贷款房屋是否为婚前财产的标准。可以看出法院的判决和《婚姻法解释（三）》的规定还是一致的，均认定婚前一方按揭贷款购置的房屋应属于婚姻关系中夫或妻一方的个人财产，在离婚时房屋产权应属于一方。如果在婚后房屋尚未归还的贷款是用夫妻共同财产偿还，那么由产权登记的一方对另一方依照《中华人民共和国婚姻法》（以下简称《婚姻法》）第三十九条第一款的内容进行补偿。[1] 众所周知，房价一直上涨，如果仅仅按照夫妻共同还款的一半对未获得房屋的另一方进行补偿，有损公平，因此房屋的增值部分如何处理，也成了法院必须要解决的矛盾之一。房屋的增值指夫妻离婚进行房产分割时房屋的价格相对于购买价格的差价。为协调这一矛盾，《婚姻法解释（三）》中对房屋的增值如

---

[1] 《中华人民共和国婚姻法》第三十九条："离婚时，夫妻的共同财产由双方协议处理；协议不成时，由人民法院依据财产的具体情况，照顾子女和女方权益的原则进行判决。"

何处理也进行了规定，但是其并没有规定增值部分如何具体分割。在上述案例中，可以看出东莞法院对于房屋的增值部分如何分割有具体公式，但其是否合理呢？笔者将在下文详细论述。

二、按揭房屋的性质

中国商品房市场发展之迅速、房屋价值之飙升，使房屋俨然成为一个家庭中价值最大的财产。在引入了按揭作为购买商品房的主要融资方式后，由于按揭制度所涉法律关系的复杂，使得离婚时纠纷中关于按揭房屋的争议越来越多。买房从签合同到付首付、办理银行按揭贷款，再到办理产权证、偿还贷款要经历很长一段时间，一个人很有可能在这期间结婚又离婚。那么此时婚前按揭房产到底如何归属呢？然而中国按揭制度立法上的空白，加之按揭房屋法律关系的复杂性，给司法实践中对于离婚时按揭房屋及增值部分的归属与分割带来了极大困难，各地法院各执己见、判决不一，出现了相同案件不同判决结果的情况。

（一）按揭房的概念与特征

房屋按揭，即购房人在与房地产商签订房屋买卖合同后，由开发商作为保证人，购房人将其合同标的物的房屋所有权或者是房屋的期待权抵押给按揭贷款银行，银行将一定数额的款项以购买者的名义支付给房地产商，之后购房人按约定的时间数额向银行还贷。按揭制度起源于英国，是指债务人将担保物的物权转移与债权人作为担保，当债务人清偿债务后，担保物的所有权重新转移到债务人名下的一种物的担保制度。自20世纪90年代以来，按揭制度传入大陆，历经本土化过程，已然成为中国居民购买房屋时的一种重要的融资方式。在中国，按揭分为法定式按揭和公义式按揭两种形式。法定式按揭是指将现有的房屋转让给按揭权人作为将来房屋还款的保证；公义式按揭是将未来的房地产（如楼花）转让给按揭权人作为将来还房屋贷款的保证。通常在现实生活中离婚时涉及的房产分割针对的主要是法定式按揭一种。

按揭制度虽起源于英国，但经历几十年的发展，已经与中国的特殊社会经济文化制度相融合从而具有了独特内涵，"按揭一词已融入中国法律背景而形成了具有专门的中国法律内涵的中国习惯法认可的法律术语"。按揭房的主要特征有：①按揭房法律关系的复杂化。中国的按揭包括三方主体，即购房人（按揭人）、银行和房地产开发商。法律关系有购房者（按揭人）与房产商之间的房屋买卖关系；按揭人与银行之间因贷款和按约定利息还款而产生的借贷关系；购房人将所购房屋作为按约定偿还贷款本息的担保而产生的按揭关系；房产商与银行之间订立的保证按揭人按时还款而产生的保证关系；购房人不能按时还款时，由房产商回购房屋的回购关系；按揭人按照银行的规定向指定的保险公司购买保险而产生的保险合同关系。②按揭房不同于所有权保留。中国大陆设立按揭不要求转移所有权，只要求将房产权证书或者房屋预售合同交由银行保存，这一点与英美法中将担保物的所有权转移明显不同，也与中国的所有权保留制度不同。所有权保留是指在转移财产所有权的商品交易中，根据法律的规定或者当事人的约定，财产所有人转移标的物的占有于对方当事人，但仍保留其对该财产的所有权，待对方当事人支付一部分或全部价款或完成特定条件时，该财产的所有权才发生转移的一种法律制度。[1] 所有权保留是一种通过延缓所有权转移的方式来担保出卖人货款债权获偿的担保方式。③按揭房不同于抵押。按揭作为中国购买房屋的一种常见的融资方式，经过近几年的发展已不是新生事物，但是中国法律至今并没有对其做出明确的法律规定及其概念界定，中国一系列的全国性法律、法规如《物权法》、《城市房地产管理法》、《商品房销售管理办法》等都没有引入"按揭"概念。2003年《最高人民法院关于审理商品房买卖合同纠纷案件适用法律若干问题的解释》中也没有使用"按揭"这一名词，而是使用"商品房担保贷款"来代替。可见在中国的立法层面以及司法实务层面均把按揭房看做抵押。[2] 按揭房与抵押存在很多不同：①二者所涉及的主体及法律关系不同。抵押是为了担保债权而设立的，涉及两个法律关系债权债务关系与抵押法律关系，一般最多涉及三方当事人抵押人、债务人、债权人（抵押权人），当抵押人是债务人本人时，那么抵押的法律关系仅仅存在于债权人与债务人之间。按揭则最少涉及三方主体，分别为按揭人（购房者）、按揭权人（银行）和保证人（房产商），其中按揭人必须是购房者本人，按揭权人也只能是贷款银行或其他具有相关资质的金融机构。②按揭与抵押的客体不同。抵押的客体必须是现实存在且具有一定交换价值的财产或者能够即时物化的权利，同时根据中国物权法规定，期待权不能作为抵押权的客体。按揭的对象包括现房、建工程和楼花三种，后两者是尚未建成的建筑物，这与传统大陆法设定担保的标的物必须是有体物、现实存在物的观点相冲突。

---

[1]《最高人民法院关于贯彻执行〈中华人民共和国民法通则〉若干问题的意见（试行）》第84条规定："财产已经交付，但当事人约定财产所有权转移附条件的，在所附条件成就时，财产所有权方为转移。"

[2] 彭湘军：《论按揭的法律属性》，湘潭大学2008年硕士学位论文。

③按揭与抵押的生效条件不同。以不动产作为客体抵押的生效，抵押合同成立后，仅需要双方当事人依照法律规定去登记机关办理登记。而按揭的生效，则不仅需要购房者到有关国家机关办理按揭登记，还需要将有关权利证书移交给银行。

由此可见，由于目前中国法律并没有承认按揭的存在，学者们更多试图用抵押、质押来解释按揭，这明显与实践中按揭的存在与广泛使用产生冲突，梁慧星教授起草物权法草案时曾说："考虑到中国很多地方在房屋分期付款买卖中已采用所谓的按揭付款，但由于在发生按揭贷款纠纷时中国缺乏相关详细的法律规定，给法官造成很大的困难，因此有必要在物权法上规定。如果物权法不规定，将造成法律与现实生活的脱节，并且法律不能很好地引导社会实践，也不利于维护中国的经济秩序和法律秩序。"[1]

（二）离婚时按揭房的主要类型

由于按揭制度的特殊，按揭房屋所涉及的法律关系也十分复杂，再加上按揭贷款合同的履行期限较长，往往跨越婚前婚后，以及签订房屋买卖合同和取得房屋产权证之间存在时间差等因素的影响，使得按揭房屋在婚姻关系解除时极易发生纠纷。离婚时对这一类房产的性质很难断定为是个人财产还是共同财产，对此中国《婚姻法》并无明确法律规定，司法实践中各地法院的观点也不一致甚至对立，导致最终的判决结果也不尽相同。本章所讨论离婚时的按揭房屋是指，一方在婚前办理按揭，婚后共同还贷，房屋产权证登记在一方名下的房屋。根据房屋产权证的办理情况，在司法审判实践中，离婚时夫妻房屋按揭房纠纷的主要类型有以下几种：

1. 按揭房屋尚未办理房屋权属登记，尚未取得房屋产权证书

一方在婚前按揭贷款购得房屋，交付首付款后未取得房屋产权证，婚后以夫妻共同财产还贷，离婚时还尚未取得房屋产权证。

2. 按揭房屋已经办理房屋权属登记，婚后取得房屋产权证书

一方在婚前按揭贷款购得房屋，交付首付款后，婚后以夫妻共同财产还贷，于夫妻关系存续期间取得房屋产权证。

3. 房屋权属登记在婚前办理，房屋产权证书也已在婚前取得

一方婚前按揭贷款购得房屋，交付首付款后取得房屋产权证，婚后用夫妻共同财产还贷。

---

[1] 梁慧星：《物权法草案建议稿》，社会科学文献出版社 2000 年版，第 766 页。

三、对离婚时按揭房屋及其增值分割的问题分析

（一）按揭房屋的认定与分割的标准

离婚时按揭房屋的认定与分割与取得房屋产权证的时间密切相关。由于中国《婚姻法》及其相关的法律、法规对房产分割的规定比较笼统，不具有操作性，因此在审判实践中法官和律师会转而适用其他法律，例如《物权法》和《合同法》，但是笔者认为，《婚姻法》具有伦理性，其与财产法所具有的等价有偿性不同。《物权法》、《合同法》中规定的财产关系本质上是一种经济上的利害关系，重点在于利益。而《婚姻法》的内容更多来源于伦理道德，是伦理与道德上升而成的法律。马克思主义认为婚姻本质上是一种伦理关系。[1] 黑格尔也认为婚姻是一种伦理。[2] 这就决定了夫妻财产关系因其特殊性而不具有经济关系的等价性、有偿的性质，这也是夫妻财产制与民事法律领域的其他财产关系的本质区别。男女双方缔结的婚姻，为物质生活、精神生活和性生活的共同体，其中夫妻共同财产是婚姻的物质保障。所以维护婚姻的伦理性，是制定婚姻家庭法应予以首先考虑的因素，当然对于离婚夫妻的财产分割也应注重其特殊性，不能一味适用《物权法》的规定。

离婚时夫妻按揭房屋的类型根据取得房屋产权证的时间可以分成以下三种情形：①婚前一方按揭支付首付款，房屋登记在一方名下，婚后夫妻双方共同还贷；②婚前一方办理按揭，婚后双方共同还贷，尚未取得房屋产权证的；③婚前一方办理按揭，婚后共同还贷，婚后取得房产证并登记在婚前办理按揭一方名下。

上文论述中提到的《婚姻法》中有关夫妻财产的规定是特别法，而《物权法》是规定财产关系的普通法，按照法律适用的规则来说，应先适用特别法，特别法没有规定的时候适用普通法。由于身份法与财产法的区别，在适用财产法有关规定的时候关注亲属间财产关系的特殊性，在其特殊性的指导下适用相关法律规范，因此在判断按揭房屋的归属时既不能简单按照不动产登记簿上登记的权利人姓名来确定，也不能单纯依照取得产权证书的时间在婚前或婚后就认定其为个人财产或婚后共同财产。要合理界定婚姻关系存续期间取得的不动产物权的归属，应当区分不同情况采取不同的判断标准。

---

[1] 参见《马克思恩格斯全集》第1卷，人民出版社1995年版，第182页。
[2] ［德］黑格尔：《法哲学原理》，范扬等译，商务印书馆1962年6月第1版，第177页。

当夫妻之间的财产关系涉及第三人利益时，应尊重不动产登记簿上权利人的权利，尊重公示的效力，即使不动产登记簿上的权利人与真实的权利人不一致、受法律保护的物权与真实的物权不一致的情况下，从保护第三人、维护交易安全的角度出发，根据物权的公示公信原则，应赋予公示物权的正确性推定的效力，保护第三人的利益。此时应以房屋所有权登记权利人为按揭房屋的所有权人为原则来判断按揭房屋产权的归属。

当房屋仅涉及夫妻内部的权利义务关系，并不涉及第三人的情况下，夫妻对不动产的所有权归属存在争议，就不存在维护交易安全的问题。所以此时应从公平与正义的角度出发关注夫妻关系的特殊性，明确其身份属性，应当依照《婚姻法》的有关规定以及有关理念出发，确定房屋所有权的归属，以维护婚姻关系的稳定，保护婚姻关系当事人的合法利益，以达到实体公正的效果。简单地说，应该综合考虑购房资金的来源、夫妻共同还贷的情况、结婚的年限、夫妻双方对家庭的贡献等因素来确定房屋的归属。

（二）按揭房屋的认定与分割

根据上文论述，离婚时夫妻按揭房屋的类型根据取得房屋产权证的时间可以分成三种情形。笔者认为，按揭房屋由于其特殊性质，其价值构成有三个部分：一方婚前办理按揭支付的首付、双方婚后用共同财产还贷部分和尚未支付的房贷本息部分。这三个部分共同构成了按揭房屋的整体价值，共同组成了房屋的整体。单纯因为按揭房屋登记簿上记载的权利人为婚前办理按揭的一方，就认定按揭房屋为一方婚前个人财产，或者仅仅因为房屋产权证书在婚后取得就认为按揭房屋为婚后共同财产，显然都存在一定的问题。笔者认为在司法实践中处理离婚时按揭房屋的纠纷时，不应简单断定按揭房屋是个人财产或是夫妻共同财产，但是可以尝试在观念上将其看做三个部分：一方婚前办理按揭而支付的首付部分，在婚姻缔结之前支付，根据中国《婚姻法》当然为其婚前的个人财产；婚后双方共同还贷部分为双方共有；最后还有一部分是尚未偿还的贷款本息，最终由取得按揭房屋所有权的一方承担。以上三个部分并不是不遵守一物一权原则，按揭房屋的所有权必然只有一个，这与其价值来源有三个部分并不矛盾。之所以做以上的区分，其实是为了能更好地找到维护夫妻双方利益的分割方法，在明确以上三个部分之后，再根据双方当事人对房屋主张权利的不同情形来判断房屋所有权的归属。下面将分具体情形进行讨论。

1. 对双方均主张房屋所有权情况的处理

根据上文论述，按揭房屋的价值构成由首付、共同还贷部分和尚未支付的贷款三部分组成，而房屋具有物理不可分割性，根据一物一权原则，决定了按揭房屋最终只能够有一个所有权。当离婚时双方当事人都主张按揭房的所有权时，由于婚后夫妻双方有共同还贷行为，依照上文中对共同还贷行为的分析，笔者认为此时可以认为共同还贷是出于共同生活的需要，分享房屋部分产权的表现，按揭房屋为当事人双方按份共有，应按照当事人实际支付房屋价值的数额，计算所占按揭房屋产权的比例。

2. 对一方主张房屋所有权情况的处理

按揭房屋的价值构成中，首付是一方的婚前个人财产，共同还贷部分为夫妻双方的共同财产。当事人有自由处分自己财产的权利，因而在离婚诉讼中，也可能出现一方主张按揭房屋所有权，另一方无异议的情况。此种情况可细分为两种：①婚前办理按揭支付首付一方主张房屋的所有权，另一方无异议的；②仅仅只是共同还贷的一方主张按揭房屋的所有权，办理按揭一方并无异议，此时房屋产权证书可能已经登记在一方名下，在这种情况下应尊重当事人的真实意思表示，处理好对未主张所有权一方的补偿问题。要解决这个问题，需对房屋的价格进行确定，由取得房屋所有权的一方对另一方进行补偿。

3. 对双方均不主张房屋所有权情况的处理

在审判实践中，经常会遇到离婚夫妻对于争讼的房屋均不主张所有权，而是想取得一定的房价款补偿后再另行选择购买房屋的情况。在这种情况下，人民法院可以根据当事人的申请，拍卖按揭房屋，但拍卖房屋所得的价款应该首先支付尚未偿还的贷款及利息，然后剩下的房屋价值首付归按揭人所有，共同还贷部分双方平均分割。

（三）按揭房屋增值部分的认定与分割

离婚时按揭房屋的增值，是指按揭房屋在离婚分割时相对于购买价格上升的那一部分价值。由于目前中国房地产市场的蓬勃发展，这一部分价值不仅实际存在，并且数额较大。因此按揭房屋在离婚时的纠纷往往对房屋增值这一部分的争议极大，对于按揭房屋所有权的认定不同，直接影响增值部分的划分。中国目前司法审判实践中对按揭房屋性质的不同认定，直接导致了对增值部分的不同划分。

在中国目前的理论中，对于按揭房屋的增值部分性质主要有两种观点：①认为房屋的增值部分为原物的孳息；②认为房屋的增值部分为中国《婚姻法》第十条规定的一方以个人财产投资所得的收益。孳息是指因物或权利而生的收益。广义的孳息包括因物的使用或权利的行使而获得的一切收益，这里的孳息也包括投资收益。[1]投资，是指企业或个人以获得未来收益为目的，投放一定量的货币或实物，以经营某项事业的行为。[2] 投资有广义和狭义之分，狭义的投资是指以获取利益为目的将货币或实物投放入企业；广义的投资不仅包括上述狭义投资，还包括将货币投放在某些领域以获得增值，如房地产领域、古董领域、银行理财领域、黄金领域等。广义投资的收益本质是投资产品的增值收益。[3] 笔者认为增值应被认定为与一方投资收益、孳息并列的一种财产收益类型，既不是孳息也不是投资收益。对其在离婚时如何分割，应在未来修改《婚姻法》时做出相应的规定。而在目前的法律制度下，中国2001年修正后的《婚姻法》规定，夫妻一方的婚前财产属于个人所有，但是对该财产于婚后所产生利益究竟如何归属未做明确规定；最高人民法院发布的《婚姻法解释（二）》中，将投资收益规定为夫妻共同财产，但是没有对其他孳息与增值进行规定，留下了法律空白。鉴于现实中对房屋增值部分的分割纠纷屡见不鲜，笔者认为应将个人投资所得收益作广义的理解，不仅包括将货币或实物投放于企业以获得利润，也包括将货币投放在某些产品上以获得增值，如房地产投资、黄金投资、古董投资、银行理财投资等。将房屋增值的收益认定为个人投资收益的一种，这样符合大众将购房作为一种投资的意识。当然，这是当前法律空白情况下的一种权宜之计，将来《婚姻法》修订时还是应当对孳息、增值做出具体的规定。

四、结　语

本章通过对中国《婚姻法》及其司法解释的解读，以发生在现实生活中的真实案例为基础，对中国现实生活中离婚时夫妻按揭房屋分割的问题进行了全面的论述。通过全章的论述，可见中国《婚姻法》及其司法解释对于离婚夫妻按揭房屋分割的法律过于滞后和简单，不能适应当前司法实践的需要。因此笔者对于完善中国《婚姻法》及其司法解释以及审判实践中处理离婚房产分割案件有如下建议：

（1）解决好《物权法》与《婚姻法》的衔接问题。中国《物权法》第九条规定不动产物权的设立、变更、转让和消灭要经依法登记始发生效力，未经登记不能发

---

[1] 魏振瀛：《民法》，北京大学出版社2000年版，第316页。
[2] 冯淑萍：《简明会计辞典》，中国政治经济出版社2002年版，第147页。
[3] 参见《辞海》：上海辞书出版社1999年版，第915页。

生效力，但法律另有规定的除外。在《婚姻法》领域，按揭房的归属不能完全按照《物权法》的相关规定来判断房屋的归属。对这类房屋究竟是按照《物权法》还是《婚姻法》的规定来判断房屋的归属，中国法律并没有明确规定，因此笔者建议在中国未来《婚姻法》中增设婚前夫妻财产公示制度，夫妻在办理结婚登记前，要对夫妻各自的婚前财产进行公示备案，这样有利于明晰夫妻个人财产，减少离婚房产分割的矛盾。

（2）法官处理离婚房产分割案件应增加考虑因素。中国法官在面对离婚夫妻房产分割案件时一般参照《婚姻法》及其司法解释的规定，但在具体分割时应考虑的因素中国法律却没有明确规定，因此笔者建议法官在处理离婚夫妻按揭房屋分割的案件时应考虑如下因素：①夫妻双方对于财产的获得或增值所做出的贡献，如共有房屋中因一方的行为所做的装修或增值，法官在分割房产时增值部分应主要分给实施增值行为的一方；②离婚时夫妻双方的经济状况。中国《婚姻法》一直贯彻男女平等原则，在处理具体案例中，应看到男女双方经济实力的差异，在分割房产时应对经济困难一方予以照顾。

第二节　侵害监护权的行为及民事责任研究

监护权在侵权法上保护的实践价值不言而喻，随着社会的发展，监护权的保护在社会交往活动中的作用会越来越明显。对监护权保护的研究既是一种基于现实需要的研究，也是一件具有前瞻性的工作。就理论而言，虽然《民法通则》、《侵权责任法》及诸多相关的司法解释都有所涉及，但是诸项法律之间缺乏联系与沟通，从而纠结百生，必须进行彻底的理顺，以便为将来的法律清理做好准备。

一、问题的提起

江西省泰和县禾市镇农民陈发根、曾雪梅夫妇因错认亲生儿子、唆使他人养子脱离养父母的监护达2年10个月，由此引发了一场连环官司。2002年10月14日，肖辉、彭三女夫妇以陈发根、曾雪梅夫妇错认亲生儿子、唆使肖龙脱离养父母的监护达2年10个月，侵害了其监护权为由向法院起诉，要求确认对养子肖龙的监护权，责令被告夫妇停止侵害，赔偿精神抚慰金8 000元及经济损失5 800元。法院受理了此案，在查明事实后，法院认为，原告肖辉、彭三女夫妇收养肖龙10年，事实上已形成了养父（母）子关系，系肖龙的法定监护人，并依法享有监护权。被告陈发根、曾雪梅夫妇唆使肖龙脱离养父母的监护达 2 年 10 个月，侵害了原告肖辉、彭三女的监护权，并给原告夫妇造成精神痛苦和经济损失，但原告要求的精神抚慰金过高，应酌情减少。据此，法院根据被告夫妇的过错程度、经济能力、侵权后果和当地平均生活水平及《最高人民法院关于确定民事侵权精神损害赔偿责任若干问题的解释》第二条、第八条之规定，判决被告夫妇立即停止侵害，并赔偿精神损害抚慰金 4 000 元，误工费、交通费 3 527 元。[1]

类似侵害监护权的行为在现实生活中屡屡发生，并且形态千奇百怪。有的是父母一方侵害了另一方的监护权，有的是姨妈、姨夫侵害了父亲的监护权，有的刑事犯罪行为也间接地侵害了可以请求监护权权利主体的监护权。并且侵害监护权的行为也是种类繁多。但是《侵权责任法》上对于侵害监护权的规定却只是寥寥一笔带过。可以说这是中国不重视保护身份权的一种体现，因为中国长期以来重视财产权的保护，对身份权重视不够，导致了立法上的侧重一直没有在身份权上下工夫。因此对侵害监护权的研究既是一种基于现实需要的研究，也是一项具有前瞻性的工作。

二、监护权性质的界定

（一）学界观点

关于监护的性质，现代意义上的监护与古代意义上的监护在性质上有较大的差异。古时的监护，更多的是用"权力"来表示，罗马的法学家塞尔维将监护定义为："对那些由于年龄原因而不能自我保护的自由人给予保护的、由市民法所赋予的权力。"[2]

而现代学者对监护的性质在学理上认识不一，主要有以下观点。

1. 权利说

该说认为监护是一种权利，是一种身份权。身份权，作为亲属法上的一种权利，在现代意义的层面上本来就以义务为中心，亲权、亲属权、配偶权都是如此。监护权既含亲属法上的内容，又含亲属法外的内容，其权利中包含义务，自是同理。因此，应当理直气壮地确认监护是一种权利，即监护权。[3] 也可能正因为如此，中国《民法通则》第十八条第二款明文规定："监护人依法履行监护的权利，受法律保护。"

---

[1] 李展辉、欧阳可日：《错认亲生子侵害监护权》，载《法制日报》2003 年 6 月 18 日版。

[2] ［意］彼得罗·彭梵得：《罗马法教科书》，黄风译，中国政法大学出版社 2005 年版，第 128 页。

[3] 参见杨立新：《人身权法论》，人民法院出版社 2002 年版，第 929、930 页。

中国《侵权责任法》第二条概括性地规定了监护是一种权利。[1]即将监护权作为民事权益的一种列举在后。

2. 私法上的职责说

该说认为监护本质上是一种职责，或者说是法律课加给监护人的片面的义务。理由是权利的终极目标是权利人从权利中获得利益，然而在实际法律规定上，《民法通则》关于监护制度的规定并没有赋予监护人任何利益，而只是课加沉重的负担。所以持私法上职责说的专家认为，监护制度是为被监护人的利益而设，如果说监护是权利，岂不等于说监护制度是为监护人的利益而设，这显然是说不通的。[2]梁慧星先生也认为"监护之本质为一种职责而非民事权利"[3]。

3. 公法上的职责说

该说认为监护职务不是为获取劳动报酬或者什么特别的权利的一种职业或者特权，而是为保护被监护人利益的一种公益性的职责，是以尽义务为中心内容的社会公职。即使有报酬，也是为监督、代理、保护被监护人的一种正常支出和财务管理费用。[4]

4. 事务管理说

该说认为监护人在监护关系中别无其自己固有的生活关系，而仅为被监护人生活关系上的利益，置身于该法律秩序之中，似乎仅为了"管理"被监护人生活关系上的"事务"。而在监护关系上，监护人仅为被监护人生活关系上的事务管理人或者事务执行人。就未成年人监护而言，监护人兼有"亲权人事务之管理人"与"被监护人事务之管理人"的双重性格；就禁治产人的监护而言，其本质纯粹为禁治产人事务的管理，监护人仅有财产法上的财产管理受托人的地位。[5]

5. 权利义务一体说

该说认为监护本质上不失为一种权利，但以义务为中心和前提，是权利义务的统一，监护人既享有权利又负有义务。监护是义务的意思是此制度的设立旨在为监

---

[1] 《中华人民共和国侵权责任法》第二条："侵害民事权益，应当依照本法承担侵权责任。本法所称民事权益，包括生命权、健康权、姓名权、名誉权、荣誉权、肖像权、隐私权、婚姻自主权、监护权、所有权、用益物权、担保物权、著作权、专利权、商标专用权、发现权、股权、继承权等人身、财产权益。"

[2] 参见彭万林主编：《民法学》，中国政法大学出版社1994年版，第61页。

[3] 梁慧星：《民法总论》，法律出版社2001年版，第116页。

[4] 杨大文主编：《亲属法》，法律出版社2004年版，第267、268页。

[5] 参见陈棋炎：《亲属、继承法基本问题》，台北三民书局1980年版，第33—39页。

护人提供基本约束。监护人没有正当合情合理的理由不能辞任。监护是权利的意思是就监护的履行是由监护人依自己意思作为或不作为而言。因为监护人承担着监督和保护被监护人的责任,为完成监护的责任,监护人享有一定权利。[1]但整体来说仍是以义务为中心和前提的。

(二)监护权是身份权

笔者认为,从近、现代各国或地区有关立法的规定来看,权利义务一体说更合理:①监护虽然其以义务为中心,但是决不能否认其权利的属性,并且中国《民法通则》、《侵权责任法》都以法律的形式确认了其权利的性质;②监护也是一种义务,是监护人对于被监护人的一种基于身份或者其他关系产生的义务。所以监护就像劳动权、受教育权一样,既是一种权利,也是一种义务。劳动权和受教育权是在宪法中规定的,是权利义务一体的。本章从权利的角度对监护展开论述,笔者认为这是符合实际和理论的,就像《劳动法》的解释中一直强调劳动是一种权利,但是并没有否认劳动的义务属性一样,只是立足点不同。

对于监护权性质的争论,主要有两种观点:①肯定说,即肯定监护权是身份权的性质;②否定说,即否定监护权是身份权的性质。但至于监护权到底是什么性质的权利,却语焉不详。笔者赞同肯定说,其理由如下。

1. 从产生的根源看,监护权产生于身份权

监护主要分为两种,即对未成年人的监护和对精神病患者的监护。对未成年人的监护权,产生于亲权和亲属权,首先由其父母担任监护人,如父母不在人世或父母不具有担任监护人的能力时,则由其他近亲属担任。因此具有一定亲属身份关系的人,才能担任监护人,享有监护权。对成年精神病患者的监护权,则产生于配偶权和亲属权,与未成年人不同的是,首先由其配偶担任监护人,如没有配偶或配偶不具有担任监护人的能力时,则由其他近亲属担任。两种情况下,都是只有在上述亲属都不能担任监护人的情况下,才可以由关系密切的朋友、组织担任监护人。

2. 监护人与被监护人的关系,体现了公民之间的身份关系

身份关系的本质,是特定公民之间就相互利益具有的支配关系。对于被监护人而言,监护人就其人身和财产利益具有的支配关系,不仅可保护其人身,而且可处

---

[1] 参见王利明主编:《人格权法新论》,吉林人民出版社1994年版,第204页;龙卫球:《民法总论》,中国法制出版社2001年版,第276页;孙蕾、方媛媛:《〈民法典草案〉监护制度的缺陷与完善》,载《阜阳师范学院学报》(社科版)2004年第4期。

理其财产，还可代理其进行各类除必须由被监护人亲自参与的民事活动。这其实就是对身份利益的支配关系。就是说，监护权既包括亲属法的内容，也包括亲属法规定以外的内容，这样的两部分内容，都是监护权的组成部分，性质都是身份权。[1]同样的监护权，不可能有一部分是身份权，而另一部分不是身份权。

因此，笔者认为监护权是指监护人享有的对被监护人财产管理、使用和处分以及对被监护人居住所指定、身份行为及身上事项的同意、监督、教育等权益的总称。

三、侵害监护权的行为

（一）侵害财产监护权的行为

中国《民法通则》第七十六条规定："公民依法享有财产继承权。"据此可知被监护人只要属于中国公民，就依法享有财产继承权。《继承法》第六条规定用更明确的表达方式承认了被监护人可以拥有属于自己的财产，不过这些财产不是自己亲自管理、使用和处分，而是借助监护人之手来管理、使用和处分。[2]侵害财产监护权的行为又包括侵害财产管理权的行为和侵害财产使用权及处分权的行为。

1. 侵害财产管理权的行为

监护人对被监护人的财产有管理权是建立在对外关系之上的。因为随着时代的变化，监护人对被监护人的财产管理权越来越体现为监护人对被监护人的一项义务。管理，是指对财产的保存、利用及改良等行为。监护人管理被监护人的财产，首先必须开具财产目录，对被监护人的财产进行清点，登记造册。清点应有相关亲属、单位、组织的有关人员在场，以便证明，必要时应进行公证。在具体管理中，应依据财产种类的不同，按照不同的情况，进行合适的管理行为。对于现有的财产，应当妥为保存、利用；对于应改良的财产，应从增加财富价值的角度，加以必要的改良；对于消极的财产，应当积极寻求接受清偿的办法，使之早日成为积极的财产；对于应当得到的抚养费、抚恤金、劳保工资等，应积极追要，使应得到的费用属于被监护人所有。管理权的范围，应当及于被监护人享有所有权的一切财产。

他人无正当理由而占有被监护人的财产时，就构成了对管理权的侵害。监护人可以占有人的身份，请求返还其占有物，亦可以管理权人的身份，以管理权受到侵

---

[1] 参见杨立新：《人身权法论》，中国检察出版社1996年版，第868—872页。

[2] 《中华人民共和国继承法》第六条："无行为能力人的继承权、受遗赠权，由他的法定代理人代为行使。限制行为能力人的继承权、受遗赠权，由他的法定代理人代为行使，或者征得法定代理人同意后行使。"

害为由，请求交还被监护人之财产。这种情况其实发生的概率非常大。比如上文中提到的房屋出租，如果承租人不交或者迟交房租的话，实际上就侵害了财产管理权，因为监护人享有收取房租的权利。当然还有其他形式的侵害监护人财产管理权的行为，例如在监护人对被监护的财产进行清点、登记造册时进行阻挠、干扰，拖欠抚养费、抚恤金、劳保工资等。监护人对第三人主张管理权时，实质上是对被监护人履行管理义务，因此管理权也只是不让第三人侵害其履行管理义务的权利而已。

2. 侵害财产使用权和处分权的行为

监护人的财产使用权，是指在没有毁损、变更财物或权利性质的前提下，享有的支配利用财物的权利。民法上"处分"一词，最广义包括法律上的处分和事实上的处分；较狭义则仅指法律上的处分；最狭义则仅指处分行为。监护人对被监护人的财产一般不享有处分权，但为了被监护人的利益和需要，监护人也可以处分被监护人的财产。中国《民法通则》第18十八条规定，除为被监护人的利益外，监护人不得处分被监护人的财产。

侵害财产使用权和处分权的行为最主要即是亲属会议、次位监护人或者法院可能侵害到监护人的使用权和处分权。当然如果像上文中提到的第三人非法占有了被监护人的财物，当然同时侵害到监护人的使用权和处分权，自不在话下。此处仅分析亲属会议、次位监护人或者法院的情况。例如处分不动产时，应得到亲属会议的允许。当监护人处分房屋时，本来现在出售房屋是一个好时机，但是由于亲属会议的不允许，而导致错过了这个时机，则此时亲属会议实则侵害了监护人的财产处分权。当次位监护人为法定代理人时，也存在侵犯监护人处分权的可能性，也许这个行为并没有给被监护人带来不利益，而是一种双赢的行为，但是次位监护人不同意，这也相当于侵害了监护人处分权。同理，当法院因利害关系人的请求，另定监护人，但这种另定是没有依据及必要时，都是侵害了监护人处分权。

（二）侵害人身监护权的行为

1. 侵害居住所指定权的行为

由《最高人民法院关于贯彻执行〈中华人民共和国民法通则〉若干问题的意见（试行）》（以下简称《民法通则意见》）第十条和《婚姻法》第二十三条这两个法条可以推导出，在中国的法律体制下，监护人对被监护人人身上的权利义务包括对被监护人的保护和教育两个方面。[1] 保护和教育是人身权的总体概括性权利，如居住所指定权、被监护人交还请求权、身份行为及身上事项的同意权，都是保护和教育权的具体表现，保护和教育权是监护权的内容。

其实从居住所指定权的立法目的来看，除了保障被监护人的安全外，还有个目的就是被监护人的住所不明或者可以随意居住将导致监督保护、教育在事实上无法进行。所以监护人对被监护人的居住所享有指定权，被监护人不得随意离开监护人指定的居住所。被监护人通常应与其监护人处于同一居住所，非经监护人同意不得在他处居住。当然居住所的指定须同于被监护人的福祉，至少不妨碍被监护人身心健康，否则即为居住所指定权的滥用，得为宣告停止监护的原因。此权利由监护人行使。对于精神病人、无民事行为能力人，亦有居住所指定权。

从上文的论述可以看出，侵害居住所指定权的行为，就是第三人违背监护人的意思，使被监护人在非监护人指定的居住所居住。当然如果是被监护人依自由意思居住于第三人住所的话，按照日本和中国台湾地区的司法实践及理论，因第三人未妨害监护权的行使，故对此第三人不得请求排除妨害，亦不得请求交还子女。笔者认为如此武断地将所有被监护人都囊括在内是有待商榷的。因为当被监护人年龄很小或者被监护人是精神病人时，这样做就是非常不正当的，这时的被监护人根本就不具有相应的民事行为能力，且无法判断居住于第三人住所是否会有不利的后果或是影响。所以笔者建议如此规定的话，要加上限定条件，比如可以规定对10岁以上的未成年人或者精神病人处于非发病期间可以依自由意思居住于第三人住所。

2. 侵害被监护人交换请求权的行为

当未成年人或者精神病人被诱骗、不法拘留、拐卖、掠夺、隐藏时，监护人有权请求交还被监护人，排除任何人对被监护人的人身伤害。因为他人违法掠夺或扣留被监护人时，不但侵害了被监护人的人身自由权利，而且侵害了监护人的保护教养权，监护人为行使监护权而尽其义务，自应有请求交还被监护人的权利。被监护人交还请求权的要件为：①须监护人的保护教育权利为第三人所违法侵害，尤其被监护人被他人违法掠夺或扣留。②须交还被监护人的请求为监护权的适当行使，而非监护权滥用。基于被监护人现在或将来的利益及幸福的考虑，如果监护人请求交还被监护人违反保护教育的目的，应解释为被监护人交还请求权的滥用，而不准其

---

[1]《中华人民共和国民法通则意见》第十条："监护人对于被监护人的人身权益应当履行以下职责：保护被监护人的身体健康、照顾被监护人的生活；对监护人进行管理和教育。"《中华人民共和国婚姻法》第二十三条："父母有保护和教育未成年子女的权利和义务。"

请求。③须非被监护人本于其自有意思而居住于第三人的居住所。

侵害被监护人交还请求权的行为大多数发生在诱拐被监护人的情况下，也就是说被监护人脱离了监护人的控制范围，而此时监护人要求侵权人交还被监护人时，侵权人拒绝交还。这样就侵害了被监护人交还请求权，这种行为就是侵害被监护人交还请求权的行为。例如拐卖儿童、妇女、离婚后未与子女生活一方监护人诱拐被监护人等。因此诱拐儿童是一个普遍存在的问题，不仅是全球家庭破裂的增加所致，而且与国际婚姻的增多和人口流动的日益增多有关。其实这种诱拐行为针对的对象多是未成年人，或者更确切地说是儿童。因为人类是趋利避害的，诱拐精神病人只会增加自己的负担，不会带来诱人的收益，故鲜有人去诱拐精神病人，所以这里的诱拐，笔者特指儿童。

3. 侵害被监护人身份行为及身上事项同意权的行为

未成年人或患精神病的被监护人，不能独立行使身份行为和独立决定身上事项，必须经监护人同意，方能行使。如被监护人被人伤害，监护人可以法定代理人身份，要求加害人给予治疗和损害赔偿；被监护人因病需要手术治疗时，须经监护人同意；子女被人收养须得父母同意或履行送养行为；因疾病休学也需要征得被监护人同意；法律行为补正、诉讼代理权等，都须由监护人同意。

侵害被监护人身份行为及身上事项同意权的行为就是阻挠监护人行使同意权。例如被监护人的民事行为存在瑕疵，可能导致其无效或者效力待定时，阻挠监护人行使追认权或者撤销权；在诉讼过程中，阻挠监护人行使诉讼代理权；未成年人因疾病需要休学时，未经过监护人同意而对未成年人做出休学处理；被监护人因病需要手术治疗时，未经监护人同意而进行手术治疗，手术治疗一般属于重大事项的处分，理应经过监护人同意；被监护人被人伤害，阻挠监护人以法定代理人身份，要求加害人给予治疗和损害等。在实际生活中，发生此类侵权的事项没有其他侵权行为的概率大，但也不容忽视。因为此类侵权不仅侵害了监护人的权利，更重要的是通过对侵权行为的分析，可以看出这类侵权对被监护人也极为不利。有时甚至威胁到被监护人的生命，所以笔者认为也要加大对这类权利人的保护力度。

4. 侵害监护人行使监督、教育权利的行为

中国《婚姻法》第二十三条只规定了教育权，没有规定惩戒权，但在传统意识和伦理道德层面上，父母适度惩戒其未成年子女，并不认为是违法行为。而且，《中华人民共和国未成年人保护法》（以下简称《未成年人保护法》）第十条规定中

"预防和制止未成年人的非法行为"就包含了必要的管教权。[1] 同时，按照该法第五十三条规定，如果监护人侵害未成年人的合法权益，经教育不改就撤销监护资格，说明了法律对于超出必要管教范围的行为是严格禁止的。[2] 如果被监护人是精神病患者，监督的权利义务有特殊的内容，除保护被监护人的人身不受侵害外，特别还负有监督精神病人不得侵害他人的权利，尤其是对"武疯子"，更应进行特别的监督。监护人如果对被监护人监督不力，而导致被监护人侵害他人财产和人身权利的，应承担赔偿的义务。如果是由单位担任监护人，《民法通则》规定不承担赔偿义务。至于包不包括惩戒权，笔者认为难免有被监护人不接受监护人的监督、教育，此时如不给予一定的制裁，则难有保护教养的效果。

侵害监护人行使监督、教育权利的行为就是在监护人行使对被监护人的监督、教育权时对其阻挠或者设置障碍。例如违法经营的网吧，即俗称的黑网吧，允许未成年人在其网吧内进行上网，就是侵犯了监护人行使监督、教育权利的行为。这种侵权行为使得未成年人不能在上课时间学习或者在放学后不能按时回家。

5. 侵害探视权的行为

中国《婚姻法》第三十八条第二款规定："行使探望权利的方式、时间由当事人协议，协议不成时，由人民法院判决。"可见探望权在中国的法律上是受到承认和保护的。但是需要认识的是，探望权的行使，有时会受到各种阻碍，笔者就把这些阻碍称为侵害探视权的行为，如与未成年子女共同生活的父或母采取迁移、离间、拒绝等各种方式阻挠未成年人与另一方父或母的交往。这些行为不仅侵害了监护权人的探视权，其实也是对未成年子女合法权益的侵犯。不过，笔者认为中国现行规定有其狭隘的地方，这样仅仅保护了未成年子女这一类监护的对象，而忽视了精神病人这类对象，所以笔者认为在以后的立法上可以扩大化，将对象扩展至精神病人这类对象。

四、监护权损害赔偿的主体

监护制度中监护人的范围，按照中国《民法通则》第十六、十七条的规定，可

---

[1] 《中华人民共和国未成年人保护法》第十条："父母或者其他监护人应当关注未成年人的生理、心理状况和行为习惯，以健康的思想、良好的品行和适当的方法教育和影响未成年人吸烟、酗酒、流浪、沉迷网络以及赌博、吸毒、卖淫等行为。"

[2] 《中华人民共和国未成年人保护法》五十三条："父母或者其他监护人不履行监护职责或者被监护的未成年人的合法权益，经教育不改的，人民法院可以有关人员或者有关单位的申请，撤销其监护人的资格，依法另行指定监护人。被撤销监护资格的父母应当依法继续负担抚养费用。"

知监护人的范围分为两种：①在未成年人是被监护人时，监护人的范围首先是祖父母和外祖父母，其次是哥哥姐姐，然后是关系密切的其他亲属朋友，最后是居民委员会、村民委员会和民政部门；②在精神病人是被监护人时，监护人的范围没有祖父母、外祖父母、哥哥姐姐，而是配偶和父母，其他监护人与未成年的情形相同。[1]《民法通则意见》第十二条规定：《民法通则》中规定的近亲属，包括配偶、父母、子女、兄弟姐妹、祖父母、外祖父母、孙子女、外孙子女。所以，归纳一下的话，监护制度中监护人的范围是配偶、父母、祖父母、外祖父母、成年子女、其他近亲属、关系密切的其他亲属、朋友、居民委员会、村民委员会、民政部门。

笔者认为监护权损害赔偿主体的范围小于监护制度中监护人的范围，也就是说笔者认为居民委员会、村民委员会、民政部门不能作为请求监护权损害赔偿的主体，原因如下：①请求监护权损害赔偿的主体与被监护人之间存在血缘关系或者密切关系，而居民委员会、村民委员会、民政部门不存在这种关系。父母、祖父母、外祖父母、成年子女、其他近亲属、关系密切的其他亲属都与被监护人存在一定血缘关系。配偶和关系密切的朋友则是存在其他的密切关系。正是因为这些关系的存在，才会使得监护人更积极主动地去维护被监护人的利益，更在意自己作为监护人的权利和义务。当存在侵害监护权的事实发生时，能更积极主动地维护自己和被监护人的权益。而居民委员会、村民委员会、民政部门不存在这类关系，所以他们对被监护人的关注可能少些，对自己的权利和被监护人的权益可能就没上述请求监护权损害赔偿的主体上心。②居民委员会、村民委员会、民政部门是一个组织，而不是自然人，所以在行使权利时可能懈怠，没有自然人方便灵活。所以笔者认为请求监护权损害

---

[1] 《中华人民共和国民法通则》第十六条："未成年人的父母是未成年人的监护人。未成年人的父母已经死亡或者没有监护能力的，由下列人员中有监护能力的人担任监护人：（一）祖父母、外祖父母；（二）兄、姐；（三）关系密切的其他亲属、朋友愿意担任监护责任，经未成年人的父、母的所在单位或者未成年人住所地的居民委员会、村民委员会同意的。对担任监护人有争议的，由未成年人的父、母的所在单位或者未成年人的居民委员会、村民委员会在近亲属中指定。对指定不服提起诉讼的，由人民法院裁决。没有第一款、第二款规定的监护人的，由未成年人的父、母的所在单位或者未成年人住所地的居民委员会、村民委员会或者民政部门担任监护人。"《中华人民共和国民法通则》第十七条："无民事行为能力或者限制民事行为能力人的精神病人，由下列人员担任监护人：（一）配偶；（二）父母；（三）成年子女；（四）其他近亲属；（五）关系密切的其他亲属、朋友愿意承担监护责任，经精神病人的所在单位或者住所地的居民委员会、村民委员会同意的。对担任监护人有争议的，由精神病人的所在单位或者住所地的居民委员会、村民委员会在近亲属中指定。对指定不服提起诉讼的，由人民法院裁决。没有第一款规定的监护人的，由精神病人的所在单位或者住所地的居民委员会、村民委员会或者民政部门担任监护人。"

赔偿的主体是配偶、父母、祖父母、外祖父母、成年子女、其他近亲属、关系密切的其他亲属、朋友。

五、侵害监护权的民事责任

(一)侵害监护权的成立要件

1. 侵权行为

中国将侵害监护权的行为没有算作特殊侵权行为，而是规定在一般侵权行为中。那么，什么是侵权行为呢？侵权行为，顾名思义，是侵害他人的行为。所谓行为，是指受意思支配，有意识的人的行为。侵害监护权的行为分为侵害财产监护权的行为和侵害人身监护权的行为。侵害财产监护权的行为又分为侵害财产管理权、侵害财产使用权和侵害财产处分权。侵害人身监护权的行为分为侵害居住所指定权，侵害被监护人交还请求权，侵害被监护人身份行为及身上事项同意权的行为，侵害监护人行使监督、教育权利的行为，侵害探视权的行为。这些行为都是具体侵害监护人监护权的行为。但是"甲医生对乙妇输血，血液含有病毒，乙妇怀孕后，再传染给胎儿丙时，仍成立侵权行为，后者亦侵害了乙妇的监护权"，可以看出侵害监护权的行为往往是与侵害其他行为交织在一起的，上文的这个行为实际上就侵害了胎儿丙的健康权，也侵害了乙妇的监护权，一个侵权行为侵犯了几个权利。所以权利人在行使权利时要取证证明到底是哪些权利受到了侵犯。

2. 损害后果

损害后果，就是因为一定行为或事件而使受法律保护的权利和利益所遭受的不利益。侵权行为的成立须以发生现实损害后果为必要，没有损害后果也就无所谓损害责任，因此，对损害后果的认定就成为影响侵权行为人承担法律责任的关键。因此，如何确定损害后果，就成为关键中的关键。在侵害监护权上，被害人有仅受财产上损害的，如侵害财产管理权；有仅受非财产上损害的，如侵害探视权，未与子女一起生活一方的监护人深受精神上的折磨。侵害被监护人身份行为及身上事项的同意权时，如造成了被监护人身体上的折损，通常同时发生上述的两种损害，被害人可以一并请求损害赔偿。被侵害者，无论为财产权或非财产权皆可发生财产上损害或非财产上损害，被害人均可以请求恢复原状。但是关于非财产损害，以侵害他人人身权益，造成他人严重精神损害为限，才能请求赔偿相当金额(精神损害赔偿)。精神损害赔偿按照相关法律规定，以10万元人民币为最高限额，所以笔者认为《侵权责任法》应该遵循相关法律规定，不得超过10万元人民币的限额。

3.侵权行为与损害后果之间具有因果关系

在因果关系的认定上，笔者采纳相当因果关系说，也就是现在的主流观点，此种关系的判断所遵循的公式是：无此行为，虽不生此损害，有此行为，通常即足生此种损害者，是为有因果关系。无此行为，必不生此种损害，有此行为，通常亦不生此种损害，即无因果关系。[1]

这一公式的逻辑是：①如果不存在该行为，虽然不会肯定产生此种损害后果，但存在该行为，通常情况下一定会产生此种损害后果，那么，该行为与此种损害后果之间就存在因果关系。②如果不存在该行为，一定不会产生此种损害后果，但存在该行为，通常情况下也不产生此种损害后果，那么，该行为与此种损害后果之间就不存在因果关系。

需注意的是，这一公式中所讲的"有此行为，通常即足生此种损害者"，就是指因果关系的"相当性"，可见"通常性"是确定因果关系"相当性"的标准。何谓"通常性"？又有主观说、客观说和折中说。主观说以行为当时所知或可得而知的事实为基础；客观说以行为时存在的一切事实及行为后一般人预见可能的事实为基础；折中说以行为人对一般人所预见或可能预见的事实以及虽然一般人不能预见但是行为人所认识或所能认识的特别事实为基础。笔者赞同现在主流的观点，即客观说。

4.主观过错

在侵害监护权的问题上，适用《侵权责任法》总则方面的规定。侵害监护权责任的承担，同样需要侵权人主观上具有过错，具有可非难性。故意或过失，并无不同，并不需要区分。针对故意而言，也就是侵权人明知自己的侵权行为会发生危害监护权人的结果，却希望或者放任这种结果发生。比如在侵害财产管理权的情况下，侵权人明知自己盗窃或抢劫被监护人的财产行为会同时侵害监护权人的财产管理权，却希望或者放任这种结果发生。针对过失而言，也就是侵权人虽无故意，但按其情节应注意而不注意，或者对于构成侵害监护权的事实，虽预见其能发生，而确信其不会发生的一种主观心理状态。这两种对于侵害监护权的主观过错都是需要承担侵权责任的。

---

[1] 郑玉波：《民法债编总论》（修订第2版），陈荣隆修订，中国政法大学出版社2004年版，第135页。

（二）侵害监护权的民事责任承担方式

侵害监护权民事责任，是指侵权人由于其侵害监护权的行为以及给监护人造成的损害，从而在法律上应当承担的不利后果。所谓侵害监护权的民事责任承担方式，是指侵权人根据实际给他人造成的损害情况而应当承担的不利后果的具体形式、方式或类别。中国《侵权责任法》第十五条规定了承担侵权责任的方式。笔者认为在侵害监护权的民事责任承担方式上，赔偿损失、停止侵害、消除影响、赔礼道歉比较重要。

1. 赔偿损失

狭义的赔偿损失仅指金钱赔偿，即侵权人通过给付一定的金钱作为赔偿金给受害人，以实现民事责任的功能和目的。侵权责任最主要的功能是救济受害人，使其尽可能地恢复到受害前的状态，如同损害事故未曾发生。由于金钱本身具有一般等价物的独特性质，所以金钱赔偿无疑是其中最主要、最简单、最直接的一种责任方式。

根据赔偿损失的对象，可以将其分为财产损害赔偿和精神损害赔偿。前者针对的是受害人财产性损害，后者针对的是受害人的非财产性损害。此类分类主要源于损害本身。

根据赔偿损失的性质，可以将其分为补偿性赔偿和惩罚性赔偿。补偿性赔偿的意思是侵权人所支付的赔偿金完全是补偿受害人的损失，其支付的赔偿额与受害人所支付的赔偿金在量值上被认为是等同的。由于补偿性赔偿包括财产性赔偿和非财产性赔偿，所以在非财产性赔偿的场合下，这种所谓的"等值"也不过是法律上的一种拟制。毕竟，肉体上和精神上的痛苦，是根本没有办法与具体的金钱数额画上等号的。在大陆法系，尤其是德国法系中，这种用于非财产性赔偿损失的金钱，其功能被认为是一种对受害人的"安抚、抚慰"。有学者认为这种"安抚"既不同于对受害人的"补偿"，也不同于对侵权行为人的"惩罚"。但也有学者认为，"安抚"这种新创造的概念并没有什么新内涵，实质上还是对受害人的补偿。[1]

所谓惩罚性赔偿，是指侵权人给付的赔偿金超过受害人实际损害的金额。之所以如此，是因为有时候侵权人的主观心态极其恶劣，为了表示对其惩戒并威慑此类行为，有必要适用此等赔偿。惩罚性赔偿原本在罗马法上很常见。近代以后，大陆法系逐渐淡化私法中的惩罚性色彩，故原则上大陆法系侵权法不再承认惩罚性赔偿，仅在极其例外的场合下允许其个别存在。而在英美法系上，惩罚性赔偿虽然也一直

---

[1] 曾世雄：《损害赔偿法原理》，中国政法大学出版社2001年版，第152页。

有反对声音，但仍然根深蒂固。由于这种原因，惩罚性赔偿现在被认为是英美法系所独有的东西。尽管大陆法系目前基本上不情愿承认惩罚性赔偿制度，只是将其作为例外，由于社会的发展和现实的需要，这种例外越来越多，以至于有学者认为，这再也不能称为"例外"，而是损害赔偿中双轨制中的一轨。事实的确如此，现在大多数大陆法系国家都承认的一个原则是：在侵权人因侵权的获益大于受害人的实际损害时，侵权人支付的损害赔偿金数额不仅根据受害人的实际损害计算，而且还要参考侵权人的实际收益。这种侵权人支付的金钱额大于受害人实际损害额的赔偿形式，已经不能再叫做"补偿赔偿"了。

中国《侵权责任法》没有对惩罚性赔偿进行规定，也像大多数大陆法系国家一样仅仅规定了补偿性赔偿。笔者认为如此规定，适用于侵害监护权中也是合适的。

2. 停止侵害

停止侵害，是指依受害人请求，判令加害人停止正在实施的加害行为的侵权责任方式。[1] 停止侵害与英美法上禁令制度的功能类似，都是对于持续侵权的救济。当监护权受到侵害时，如前所述，被侵权人可以以侵权为理由请求损害赔偿，但并不能完全得到恢复。10万元是精神损失赔偿的最高额，虽然对保护被侵权人做出了很大的贡献，但这也是有限的。对于被侵害人来说，提前对侵害行为进行防止，或对已经发生的损害可以防止其继续和扩大的话，就应该停止侵害。根据中国的法律规定，行为人实施的侵害监护权的行为仍在继续进行中，受害人可依法请求法院责令侵害人停止其侵害行为。任何正在实施侵权行为的不法行为人都应立即停止其侵害行为。这种责任形式的主要作用：能够及时制止侵害行为，防止损害后果的产生或扩大蔓延。但此种责任形式的适用条件是侵权行为正在进行或仍在延续，所以对尚未发生或业已终止的侵权行为不得适用。并且，笔者认为虽然停止侵害的请求只要没有违法性阻却事由就可以得到认可，但是，当侵害行为是表意行为时，鉴于它与宪法所保护的言论自由的关系，有必要受到一些限制。以侵害监护权为例，如果侵权人告诉了被监护人其是养子的事实，虽然有可能影响了被监护人与监护人的关系，侵害了监护人对被监护人监督、教育的权利，使被监护人不听从监护人的教导、不顺从于监护人的教育、不服从监护人的管教，从而造成了被监护人的成绩下降、品德降低等不利影响，但是由于其行为也是行使宪法上所赋予的言论自由的权利，所以不宜适用停止侵害。

---

[1] 张新宝：《侵权责任法》，中国人民大学出版社2006年版，第369页。

3. 消除影响、赔礼道歉

消除影响、赔礼道歉，这两种民事责任承担方式主要用于人身权利受到侵害的场合。这两种责任承担方式是针对侵害监护权的十分必要的手段。

所谓消除影响，是指行为人因其侵害了公民或法人的人格权而应承担的，在影响所及的范围内消除不良后果的一种责任形式。所谓赔礼道歉是指责令违法行为人向受害人公开认错、表示歉意。

针对消除影响来说，在什么范围内造成损害的，就应当在什么范围内消除影响。在适用消除影响的责任方式时，应明确消除影响的范围、方式。赔礼道歉既可以由侵权人向被侵权人口头表示承认错误，也可以由侵权人以写道歉书的书面形式进行。当事人在诉讼中以赔礼道歉的方式承担了民事责任的，应当在判决书中写明。

作为一种承担民事责任方式的赔礼道歉，与一般道义上的赔礼道歉有所不同，作为民事责任的赔礼道歉是依靠国家的强制力保障实施的。单纯的赔礼道歉虽不会给侵权人的财产带来什么影响，但反映了国家、社会对该人不法行为的强烈谴责。这种责任方式的适用，可以缓和矛盾、促进当事人之间的和睦团结。

第六章　商法热点问题研究

第一节　中国民间借贷的概述

一、民间借贷的概念与属性

关于民间借贷的内涵，有广义说和狭义说两种。持广义说的学者李政辉认为民间借贷就是非金融机构的主体间所发生的资金借贷，包括企业之间、自然人之间，以及自然人与企业之间的资金借贷。金融机构持有金融许可证，获得了行政许可，具有合法性。金融机构缺位，社会主体间所为的借贷行为统称为民间借贷，此为民间借贷的广义解释。[1]民间借贷概念的界定是相对正规金融而言的，是指在金融体系中没有受到国家信用控制和监管当局监管的金融交易活动，包括非正规的金融中介和非正规的金融市场。[2]赵泉民从经济学的角度解释民间借贷游离于官方监管之外，实质上是一种处于国家货币政策宏观调控和规范金融市场之外的民间自发形成的进行中、短期投资或投机的个人金融行为。[3]《最高人民法院关于审理民间借贷案件适用法律若干问题的解释》（2013年8月征求意见稿）第1条规定，民间借贷是指自然人，非金融机构法人以及其他组织之间进行资金融通的协议。经政府金融主管部门批准设立的融资担保公司、融资租赁公司、典当行、小额贷款公司、投资咨询公司、农村资金互助合作社等非银行金融机构法人及其分支机构，通过担保、租赁、典当、小额贷款等形式进行贷款业务，引发的纠纷适用本解释。经政府金融

---

[1]　李正辉：《论中国民间借贷的规制模式及改进——以民商分立为线索》，载《法治研究》2011年第2期。

[2]　张书清：《民间借贷法律体系价值的重构》，载《上海金融》2009年第2期。

[3]　赵泉民：《农村民间借贷兴盛的内蕴、效应及对策》，载《农业经济问题》2003年第10期。

主管部门批准设立的从事贷款业务的银行及其分支机构发放贷款引发的纠纷，不适用本解释。从上述民间借贷的广义定义来看，民间借贷与国家正规金融相对，其内涵与外延相当于国外的民间金融，民间金融即非正规金融(Inform finance)，世界银行将它界定为没有被中央银行或监管当局所控制的金融活动，是中国对于在国家金融体系外运行的金融活动的统称。[1]广义民间借贷的外延应包括自然人之间借贷、自然人与企业之间借贷、企业间借贷、农村合作基金会、地下私人钱庄和私募基金等。

而狭义的民间借贷是指公民之间不经国家金融行政主管机关批准或许可，依照约定进行资金借贷的一种民事法律行为。在这种行为之中，贷款人将自己所有的货币借贷给借款人，借款人在约定期限届满时返还本金并支付相应的利息。[2]或者有人称民间借贷是游离于经官方批准的农村正规金融组织之外的农户之间，个私企业、乡镇企业等中小企业之间，农户与中小企业之间发生的以偿还为前提的借贷行为以及由此形成的借贷关系。[3]最高人民法院的民事案由划分将民间借贷分为民间借贷和企业间借贷，因此最高人民法院的分类采取的是狭义的民间借贷。以上关于民间借贷的定义主要是从民间借贷的主体或者地区进行了狭义的解释，笔者认为这种定义已不符合民间借贷的发展现实，民间借贷的主体并非只是公民之间，在现实生活中造成巨大影响的民间借贷主体多为有组织有规模的放贷组织，其形式多种多样，可以为合伙、可以为公司等，因此限定民间借贷的主体为公民并不合理。而且民间借贷的发展地点也发生了扩展，其并非只是发生在农村地区。"三农"融资问题固然严重，多数靠民间借贷得以发展农业，但目前中国中小企业融资问题更待关注，在其寻求正规金融无果之时多数选择了民间借贷，且多数民间借贷发生金融危机的地区多为中国经济发达地区，比如浙江温州、江苏泗洪、内蒙鄂尔多斯和陕西的神木地区发生的民间借贷事件。

笔者认为广义的民间借贷与狭义的民间借贷皆不能准确地界定其内涵与外延，当前的民间借贷包括以下几点内涵：①金融组织的非正规性。中国的商业银行都应经过国务院银行业监督管理机构审查批准，未经国务院银行业监督管理机构批准，任何单位和个人不得从事吸收公众存款等商业银行业务。[4]民间借贷的放贷组织一

---

[1] 高晋康：《民间金融法制化的界限与路径选择》，载《中国法学》2008年第4期。
[2] 戴建志：《民间借贷法律实务》，法律出版社1997年版，第1页。
[3] 李权昆：《农村民间借贷发展的制度经济学分析》，载《上海金融》2003年第5期。
[4] 《中华人民共和国商业银行法》第十一条："设立商业银行，应当经国务院银行业监督管理机构审查批准。未经国务院银行业监督管理机构批准，任何单位和个人不得从事吸收公众存款等商业银行业务，任何单位不得在名称中使用'银行'字样。"

般都未经过国务院银行业监督管理机构的批准，因此也有人称之为民间金融，即指在金融体系中没有受到国家信用管制和国家监管机构监管的金融交易活动。[1]②主体的广泛性。民间借贷的主体广泛，其组织形式多种多样。民间借贷的主体可以是自然人，可以是合伙组织，也可以是公司等。传统的民间借贷主体主要是自然人与自然人之间的借贷，随着社会经济的发展，尤其是近些年来，民间借贷的主体由自然人向组织转变。目前对社会造成较大影响的民间借贷多数发生在组织之间，比如小额贷款公司、担保公司、典当行以及地下钱庄等主体。③行为的不受监管性。目前调整民间借贷的法律主要为《民法通则》以及《合同法》，自然人之间借贷以及自然人同组织之间的借贷受到法律保护，而企业间借贷因1996年中国人民银行发布的《贷款通则》[2]和1998年《非法金融机构和非法金融业务活动取缔办法》中的规定其效力受到抑制。[3]但中国针对民间借贷行为缺乏明确的监管机构。④活动内容为转移资金所有权。民间借贷的活动内容借贷主体之间因生活、生产之需转移资金所有权的行为，其中并不以支付利息为必要。传统民间借贷一般发生于熟人、友人、亲戚之间，大多数为解决生活困难之需，因此借贷之间并无利息的约定；目前的民间借贷已呈现出了新的特征，即对社会造成深远影响的民间借贷多为高利贷行为，且行为手段方式及其隐蔽性。因此根据以上民间借贷内涵的界定，其定义应为民间借贷是指未经国家有关机构批准发生于自然人之间、自然人与企业之间以及企业之间以资金转移为目的的不受国家监管的行为。

二、民间借贷爆发的原因分析

民间借贷作为一种古老的融资方式，又是适应民间各经济主体之间为解决生产、经营、投资、生活等各方面的资金需求应运而生的一种融资形式，相对于国家信用、银行贷款，民间融资是一个非常广阔的无形市场，其融资渠道的多样性在一定程度上弥补了国家正规金融的不足，因此为中国市场经济的快速发展也做出了重要的贡献。民间借贷之所以自古有之，且在当今社会的发展呈现欣欣向荣之局面，主要基

---

[1] 张书清：《民间借贷法律体系价值的重构》，载《上海金融》2009年第2期。

[2] 中国人民银行《中华人民共和国贷款通则》第六十一条："企业不得违反国家规定办理借贷或者变相借贷融资业务。"

[3] 1998年7月13日中华人民共和国国务院令第247号发布的《非法金融机构和非法金融业务活动取缔办法》第五条规定："未经中国人民银行依法批准，任何单位和个人不得擅自设立金融机构或者擅自从事金融业务活动。"第六条规定："非法金融机构和非法金融活动由中国人民银行予以取缔。"

于以下几点原因。

(一)国家政策原因

美国经济学家格利（Gurley）和爱德华·肖(Edward Shaw)认为经济的发展是金融发展的前提和基础,而金融的发展是经济发展的动力和手段。罗纳德·麦金农（Ronald Mckinnon）和肖在批判传统货币理论和凯恩斯主义的基础上,论证了金融发展与经济发展相互制约、相互促进的辩证关系。他们根据发展中国家的实际情况提出了金融抑制。它解释发展中国家金融业因抑制而不能有效促进经济增长的现象,其所描述的金融抑制现象主要表现在以下几个方面。

1. 名义利率限制

发展中国家一般都对贷款和存款的名义利率进行控制,时而采取规定上限的形式,时而又采用规定某一百分比的形式。这种低的或负的及不确定的实际存款利率,压制了社会对金融中介机构实际债权存量的需求。同时,这些措施使间接融资表层化,限制了这一金融过程提供用于投资的储蓄的能力。存在贷款低利率甚至负利率时,只能依靠信贷配额来消除对中介机构贷款的过高要求。中介机构的贷款利率水平往往偏低,某些利率还为特殊类别的借款人带来净补贴收益。

2. 高准备金要求

在一些发展中国家,商业银行将存款的很大一部分作为不生息的准备金放在中央银行,贷款组合中另有很大一部分由中央当局直接指定。同样,储蓄银行将存款的一部分作为不生息的准备金,还有一部分投放于低收益的住房债券。

3. 外汇汇率高估

发展中国家,为了保持本币的稳定,往往将本币价值盯住一种坚挺的硬通货。然而,发展中国家的经济情况却无法同拥有硬通货的发达国家相比,在实际执行过程中,出现了本币价值的高估。由于这种高估,汇率无法真实反映本币价值,国内商品的出口受到很大限制。于是,政府便采取出口补贴和出口退税等措施,鼓励国内企业扩大出口,而且这种出口往往也只是限定在政府规定的具有出口权的企业之中,更多没有出口自主权的企业,则得不到这种补贴,只能将出口商品交给有出口自主权的企业,企业无法在同一水平上竞争。

4. 政府通过干预限制外源融资

在金融抑制下,政府对于外源融资进行控制,由政府决定外源融资的对象。麦金农说,银行信贷仍然是某些飞地的一个金融附属物。甚至政府往来账户上的普通赤字，也常常预先占用存款银行的有限放款资源。而经济中其他部门的融资，则必须由放款人、当铺老板和合作社的不足资金来满足。

5. 特别的信贷机构

发展中国家还通过一些特别的信贷机构进行金融抑制。中央银行掌握了这一非常重要的资源，将廉价的信贷资源导引至不同的特别银行机构，这些银行机构依次以非均衡的低利率将资金用于促进出口、对小农户的信贷和政府想补贴的工业项目，如此等等。于是，这些银行机构就承担了部分政府的功能，中央银行的信贷也可以直接流向财政部，以弥补政府的预算赤字。

因此金融抑制就是指政府通过对金融活动和金融体系的过多干预抑制了金融体系的发展，而金融体系的发展滞后又阻碍了经济的发展，从而造成了金融抑制和经济落后的恶性循环。这些手段包括政府所采取的使金融价格发生扭曲的利率、汇率等在内的金融政策和金融工具。在金融抑制下，因为存款的实际收益很低，所以储蓄很低，由于银行不能根据风险程度决定利率，低的实际贷款利率吸引那些低收益和低风险项目，对于生产性项目或高风险项目来说，要么得不到贷款，要么借助于信贷配给，而银行只能选择安全项目，从而使风险降低。对于生产企业来说，很难得到银行信贷，只好求助于非正式或场外市场，这样非正式的信贷市场就会产生。

金融抑制就是中国银行制度的一个重要特征。在1952—1978年的中国计划经济年代，由于优先发展重工业的国家经济策略，导致银行资金大都流向了重工业企业。20世纪70年代改革开放以来，中国金融抑制现象依然存在。官方利率一直比非正式信贷市场的利率低50%—100%，银行用中小企业提供贷款时采用比官方高10%—50%的利率。由于国家对经济的宏观调控，中国四大银行一直处于垄断地位，其贷款总额达到整个银行业贷款总额的90%。中国实行的金融压抑政策使得非国有部门深受其害。据统计，中国非国有部门对中国GDP的增长贡献在70%左右，但其在过去十几年里获得的银行正式贷款却不到20%，因此中小企业等非国有部门对国家的建设发展所做出的贡献同其享受的国家银行贷款待遇严重不相符，为了谋得自身发展，大部分中小企业不得不求助于民间借贷。

（二）民间借贷本身属性原因

民间借贷自古有之，且在现代呈现出欣欣向荣之发展趋势。这与民间借贷本身所具有的优点不无关系。

1. 形式灵活，手续方便、快捷这一自身的特性是其得以产生的根本原因[1]

正规金融放款有着一套非常严格的程序。若要向银行类金融机构借款，首先个人或企业要先提出申请，填写《借款申请书》，并提供相关材料。银行机构在受理借款申请后，要对申请的信用等级、借款程序的合法性、本次交易的安全性和赢利性进行审查。信贷员在核实、评定调查情况后提出意见，而后按照相关规定权限报批。如果借款申请获批，金融机构还要同借款人和担保人签订借款合同和担保合同。更有甚者，银行在放贷之后还要对贷款人的还款情况做后续审查。[2] 而一些贷款者无法等待银行这一系列的审批程序，民间借贷却具有形式方便、手续灵活等特点，刚好符合一些中小企业和"三农"贷款者的需求。

2. 较低的交易成本，是民间借贷得以存在的前提

民间借贷中，由于交易主体常常是有血缘或地缘关系的个人或企业，贷款人对借款人的经营状况、还款能力、信誉和道德品质等私人信息非常了解，长期沉淀下来的这些近乎免费的信息，使民间借贷具有较低的交易成本，是民间借贷得以存在的前提。[3] 基于社会学的视角，民间借贷与血缘和地缘为基础，其对特定的文化具有契合性和嵌入型。亲情、道德观念、价值理念、伦理规范、风俗习惯和意识形态都对违规借款人的行为起到了强烈的硬性约束作用，并成就了民间借贷的繁荣发展。以家庭为核心的亲缘网络或熟人圈子，具有安全可靠、风险共担、互惠互利等综合功能，以亲缘、地缘为中心的人际关系网络成为民间经济活动最根本的信用基础。[4]

3. 可以适当弥补正规金融供给不足

在现有条件下，民间借贷在信息、担保、交易成本等各个方面，具有正规金融不能比拟的优势，因此它也有能力供给部分金融产品以弥补正规金融供给不足造成的缺口。[5] 现代金融规则、技术化的融资工具、信息化的信用方式，使得社会成员之间的市场交易半径扩展，交易主体得到空前的发展，这与乡土社会、传统风俗和人们的交易观念严重疏离。在农村特殊的经济文化背景下，民间借贷是农户间一种

---

[1] 黎嬿：《对民间借贷问题的几点思考》，载《金融与经济》2006 年第 1 期。

[2] 姚斌：《〈放贷人条例〉与浙江民间借贷的法律规制研究》，载《商业文化》2010 年第 4 期。

[3] Hoff.K.,Stiglitz.J.E.."Introduction:Im-perfect Information and Rural Credit Market:Puzzles and Policy Perspectives,"*the Word Bank Economics Review*,1994（4）:253-250.

[4] 胡必亮、刘强、李晖：《农村金融与村庄发展——基本理论、国际经验与实证分析》，商务印书馆 2006 年版，第 189 页。

[5] Bell.C.."Interaction between Institutional and Informal Credit Institutions in Rural India," *the Word Bank Economics Review*,1990(3):297-327.

降低交易费用、较少不确定性、化解交易风险的理性行为,这种带有浓厚中国文化印记的伦理传统和乡土社会中的信用关系在中国转型社会某些地区将会长期存在。[1]另外民间借贷是对政策扭曲和金融抑制的理性回应,由于金融抑制下的政府信贷配给以及体制内金融机构的所有制偏见和制度歧视,导致了民营企业对民间借贷的强烈制度需求。[2]

(三)社会需求原因

1. 中小企业融资

改革开放以后,中国实行有计划的社会主义商品经济,进而建立社会主义市场经济体制。国家不再实行单一的公有制,而坚持以公有制为主体的多种所有制并存,并鼓励和保护非公有制经济的发展。社会主义市场经济体制的建立和发展,使得市场机制在社会资源的配置中发挥基础性的作用,极大地推动了中国经济的发展和综合国力的提高。由于国家重视非公有制经济的发展,因此中国的中小企业得到迅猛发展,在国民经济发展中发挥着举足轻重的作用。据统计,目前在工商注册登记的中小企业总数超过810万家,占全国企业总数的99%,工业总产值、销售收入、实现利税、出口总额分别占全国的60%、57%、40%和60%。在过去的10年中,70%以上的工业新增产值和75%的城镇就业机会均由中小企业创造。[3]但是中小企业在发展过程中却常常遇到资金短缺问题,资金是企业的血液,资金短缺成为制约中小企业发展的瓶颈。由于中国国有银行存在对大企业"拉贷"、"求贷",对中小企业"慎贷"、"惜贷"的现象,中小企业一直存在"融资难"、"融资贵"的难题。民间借贷具有借贷效率、借贷数额"两高"之特征,因此大大拓展了中小企业的融资渠道。

2. "三农"融资

在中国的经济转轨时期,农业部门为国有经济体系提供了大量的金融剩余,为其他经济成分提供了大量的低成本劳动力和资源,为中国经济转轨和经济发展做出了重大的贡献。麦金农指出在改革开放时期,占人口3/4的农民出人意料地以净贷款人的身份为其他经济成分贡献了金融剩余。但是依靠农业部门贡献大量金融剩余

---

[1] 陈蓉:《"三农"可持续发展的融资拓展:民间金融的法制化与监管框架的构建》,法律出版社2010年版,第29页。

[2] Anders Isaksson. *The Importance of Informal Finance in Kenyan Manufacturing*. The United Nations Industrial Development Organization(UMIDO),2002.

[3] 余鹏翼、李善民:《金融抑制与中小企业融资行为分析》,载《经济学动态》2004年第9期。

的时代已经基本结束，近 30 多年来经济改革的成果已经使得中国积聚起足够的国民财富，从而足以对发展相对滞后的农业部门进行相当程度的"反哺"。目前新农村建设需要投入大量的资金，但是由于中国农村金融制度改革的滞后性，现行金融体系已不能满足农村融资的需求。据测算，2000—2003 年，每年都有超过 5 000 亿元的农村金融得不到满足，2004—2005 年有 8 000 亿元的资金需求得不到满足。尤其现代社会的发展使得农村对资金的需求越来越强烈，与此形成鲜明对比的是农村金融体系发展的滞后，使得融资难成为限制农村经济发展的桎梏。中国农村地区小农经济信贷需求的类型、频度、额度、用途和期限等与正规金融设计的假定前提不相符，正规金融中介的利润最大化诉求与小农经济融资的需求与特点存在天然矛盾。因此农民为了自身发展需求不得不寻求于另外一种金融，即民间借贷。

三、民间借贷的特征

中央财经大学中国银行业研究中心主任郭田勇表示，当前中国民间借贷正呈现三大新特征：①范围广。从两年前的江浙等沿海地区扩展到陕西、内蒙古等内陆地区，从制造业领域扩展到商贸流通业甚至普通家庭。②利息高。一些地方民间借贷年息已超过 100%，达到近年来最高。③参与者众多。在高息和资金需求饥渴等因素影响下，出现了资金拆解"二传手"。中国部分崎岖的民间融资呈现了两个新特点：①民间融资呈现组织化；②民间融资流向呈现投机性。[1]

（一）参与主体与资金来源的多元性

民间借贷的参与主体多种多样，且其组织形式不受限制。民间借贷的参与主体主要有自然人、法人、合伙组织等。目前中国法律只保护自然人之间借贷以及自然人同企业之间的借贷，企业之间的合同借贷效力受到否定。但在现实的司法实践中，有逐渐放开企业间借贷合同效力的趋势。在中国计划经济时期，否认企业间借贷行为的效力有其特定的经济基础和社会基础，但在市场经济条件下，企业间借贷作为金融体制的一种有益补充，促进了中国经济的发展，因此司法实践中对其借贷合同效力认定也做出了一定程度的缓和。因此放开企业间借贷是中国民间借贷发展的大势所趋。因此民间借贷的参与主体较以往将呈现出多元性的特征。

民间借贷的资金来源主要有：城乡居民积蓄；生产经营过程中的积累；来源不明资金；借入资金，包括向银行借入和向亲戚朋友借入。出借资金来源中自有资金

---

[1] 郭田勇：《民间借贷疯狂增长，高利贷隐忧重重》，载《科技智囊》2011 年 9 月。

占绝对比重，这说明了民间金融市场上，大部分是拥有大量资金的出借方在市场投资渠道较少、投资品种不多的情况下用自有的闲置资金投资于民间金融市场，调剂资金余缺。可见传统的民间借贷多为资金富余者利用自有资金进行放贷，但随着民间借贷的发展，除了民间资本，银行也难以置身事外，甚至有银行资金也充当了民间拆借的"二传手"。银监会原主席刘明康曾表示，目前中国沿海地区约有3万亿元的银行贷款流入民间借贷市场。民间借贷出现了新特征：资金多元化，甚至境外资金加入到民间借贷行列，银行资金也通过各种渠道变相流入民间借贷的池子。银行资金更多时候以一种更为隐蔽、合法的方式流入民间借贷市场。温州有些知情人称，一些银行工作人员利用职务之便，套取资金关系，与人合伙开担保公司，以假实业的方式把钱借出来，再翻倍贷出去。温州的银行资金还通过上市公司、国企等途径，流入民间借贷市场。银行低息贷款给上市公司或国企，上市公司以委托贷款高息发放出去，银行收取正常贷款利息和委托贷款手续费，各得其所。而一些国有企业或大型企业从银行贷款，利率上浮到年息8%左右。地下钱庄给这些企业每月2分利，年息24%，除去还给银行的利息，企业坐收16%的净利。温州市金融办主任曾坦承，银行资金流入高利贷市场的行为确实存在，这与监管失职相关。由于信贷需求旺盛，许多企业纷纷转行从事高利贷业务，一些大型企业从银行低成本拿到贷款后，放高利贷，赚取巨额利息、利差，实际成为高利贷市场从银行融资的平台，一些国有担保公司、财务公司也利用国有银行的资金，偷偷地放高利贷。

（二）利息的隐蔽性

由于国家对金融业采取严格的市场准入，中国目前的民间融资，除了合法合规的典当、集资等形式外一般都处于国家宏观调控和金融监管当局监管之外，得不到法律的认可和保护，只能以隐蔽的形式进行，极具隐蔽性。中国《非法金融机构和非法金融业务活动取缔办法》中规定任何非法金融机构和非法金融业务活动必须予以取缔。[1]非法发放贷款行为是指未经金融监管部门批准，以营利为目的，向不特定的对象出借资金，以此谋取高额非法收入的行为。非法发放贷款的行为主体可以是单位亦可以是个人，其行为特点是未经有关部门批准，没有合法的经营金融业务资格，经常性地向不特定的单位或个人出借资金，出借款项一般笔数大、累计金额高，多个借贷行为累计持续时间较长，客观上已形成一种非法金融业务活动。民间借贷

---

[1] 参见《非法金融机构和非法金融业务活动取缔办法》第二条："任何非法金融机构和非法金融业务活动，必须予以取缔。"

的隐蔽性包括民间借贷组织的隐蔽性和民间借贷活动的隐蔽性。民间借贷组织的隐蔽性是指由于国家对金融制度的管控，经过中民人民银行的获批才有放贷的权利，因此一些民间借贷组织在底下秘密进行放贷。比如现实生活中的典当行、投资公司以及地下钱庄等。民间借贷活动的隐蔽性是指民间借贷的利率具有极大的隐蔽性。中国法律规定对超过银行同期贷款4倍的利息不予保护。而民间借贷中多为高利贷行为，为了规避法律，其利息的支付一般采取事前扣除、另外结算等一些隐蔽性的方式进行隐瞒其违法行为。假如陈某融资2 000万元，周转1个月，提供房产抵押等材料，抵押物价值在融资额2倍即4 000万元以上，办妥抵押手续后，以个人名义出借资金。白纸黑字的借条上写明的利息不一定高，但是在资金真正借给陈某之前，"高"利息就已支付了。按月息8分计算，借款方事先就要支付160万元的利息，利息通常直接在借款中抵扣，陈某借条上的借款是2 000万元，事实上他只拿到1 840万元。

（三）鲜明的地域特征

民间借贷也呈现出地域性明显的特征，虽然民间借贷不再是东部沿海经济发达地区的特有现象，但是全国所爆发的民间借贷呈现出不同的地域特征，这同时加大了民间借贷统一立法和监管的难度。比如温州地下钱庄，可谓中国借贷危机的策源地；福建地下钱庄，每年非法资金流达上千亿元；鄂尔多斯地下钱庄，有近2 000家分布，触角甚至伸到了陕西神木；东北地下钱庄，黑社会色彩浓厚；山东地下钱庄，大批韩国人参与其中；江苏地下钱庄，部分政府官员深陷；广东地下钱庄，神秘的"百慕大珠三角"；湖南地下钱庄，广东"进攻"中西部地区的跳板……非法吸存、非法放贷钱庄在中国大多数省份均有，尤以江浙和东北地区表现突出，在各地分别以标会、台会、互助会等形式出现；非法买卖外汇的地区以广东、福建、山东为主，这类钱庄主要分布在广东、福建、山东等沿海地区，在广东、福建以非法买卖港元、日元为主，在山东等地以非法买卖韩元和美元为主；非法典押、高利贷的地区以湖南和江西为主，包括一些已被国家清理整顿的典当行也转为地下继续经营。

（四）高风险性

1. 金融风险

随着民间借贷的发展，其资金来源的多元性使得银行疯狂地染指到地下钱庄的高利贷交易，这是一个危险的信号。如果高利贷仅限于民间资本领域，波及面可能还不算大，但从目前的情况来看，一些国企和银行涉足这一领域，经济一旦下行或将带来系统性风险。如果钱是从银行流入民间借贷，资金链条慢慢拉长，借钱的企业经营出现无法偿还的情况，最终会对银行产生冲击，牵连的经济体也会越来越多，从而有可能发生"中国式的次贷危机"。

2. 政治风险

在信贷需求高速增长、信贷资源分配结构性失衡和经济运行环境日益复杂的三重背景下，民间借贷的规模明显扩张，导致部分信贷资金游离于实体经济之外，从事资金逐利和套利的活动。因此各地法院的民间借贷案件数量激增，法院在处理金融纠纷案件的背后，承担着相当大的政策风险。民间借贷案件导致中小企业资金链断裂，"老板跑路"、"暴力追债"的现象不断上演，因此容易引发区域性的金融风险，进而导致连环诉讼和信访等群体性事件的爆发，给法院审理案件和维护社会稳定工作带来很大压力，严重影响到了社会稳定。

四、民间借贷的积极与消极作用分析

民间借贷现象普遍存在于传统社会，是历史上极具争议性的话题，人们明知其利弊，但又不能否定其价值。近几年由于温州民间借贷事件爆发，导致大家一谈民间借贷，便与高利贷相联系，难道民间借贷只有消极作用而无积极作用吗？对于这样一个备受争议的话题，大家争论不断。民间借贷的演进与扩展对民营经济产生双重影响，一方面内生性的信用关系和低成本支持了民营经济的规模扩张和制度创新，但另一方面民间金融固有的不规范行为和机会主义倾向则极易引发区域性金融风险。笔者认为，任何事物都具有两面性，民间借贷之所以能够从古代一直延续到当今社会并且繁荣发展，在其具有消极作用的同时，必有其积极作用。

（一）积极作用

1. 能够弥补正规金融的不足，促进中国金融制度的变迁和金融市场功能的完善，有利于完善社会融资结构，优化资源配置，促进民营经济发展

民间借贷无僵化的规章制度，不强制要求使用抵押或担保，手续简单、时效性强、中间环节少，并在资金使用期限上能较好地满足借款者的实际需求。同时民间借贷是互助性质的自由借贷，以关系型信用为基础，因此民间借贷具有一套特有的保护机制，即民间借贷双方当事人基于信任关系能够自觉地履行还款义务。因此其本身所有的一些特质使得民间借贷实际上有一套相互依赖和相互约束的监管制度，也因

此民间借贷自古有之，并在当今社会呈现出欣欣向荣之趋势。

2. 有利于中小企业融资，有效促进中小企业的健康快速发展

改革开放以来，民营经济迅速发展，目前是支撑中国经济增长的最主要力量，而传统金融体系对民营经济的融资歧视不仅导致面临刚性的融资约束，而且导致金融资源配置出现严重扭曲以及金融体系的无效率。而改变这种状况的根本出路是允许民间金融机构的存在，使得民间金融逐步规范化和合法化。这不仅解决了民营经济的资金困境，也提升和改善了中国金融体系的市场竞争机构和产权结构。[1]

3. 有利于"三农"对发展对资金的需求，为新农村建设提供资金支持

民间借贷在农村信用领域的出现，不仅弥补了正规金融机构的缺位和缓解了农村金融供给总量不足，同时民间借贷还表现出对农村金融市场具有明显的适应性和地域及信息优势。民间借贷对于农户的信誉、资产经营状况、预期收入等有较好的了解，因此民间借贷组织同农户之间的信息不对称程度降低，信贷履约率提高，因此民间借贷对于"三农"的发展至关重要，已经演变成农村金融组织中不可忽视的一股力量。[2]

（二）消极作用

民间借贷的负面效应和风险主要体现在以下几个方面。

1. 其盲目追逐投资热点的行为减少了货币政策的可控性，削弱了宏观调控效果

有的学者认为，货币借贷属于金融业务，应由国家指定的机构专营，企业间借贷违反了国家有关金融货币的专营规定。[3] 民间借贷影响了国家金融宏观调控的效果，且影响了国家的税收收入。民间借贷属于资金的体外循环，不利于银行统一调配资金，如认可企业间借贷合同效力，恐导致金融风险，消弱国家宏观调控的效果。

2. 容易滋生高利贷、非法集资、欺诈和洗钱等各种违法犯罪活动，扰乱金融秩序，影响金融秩序和社会稳定

目前各地爆发的民间借贷事件均为民间借贷的高利率所致，高利贷行为导致中小企业融资成本高，资金链断裂，因此引发暴力索债现象，危害当地的社会稳定。另外由于民间借贷活动缺乏明确的监管主体，因此其易与非法集资和洗钱等违法犯罪活动相联系，扰乱中国金融秩序。2012年海南一地下钱庄用2年时间，利用1家

---

[1] 王曙光：《经济转型中的金融制度演进》，北京大学出版社2007年版，第134页。

[2] 黄薇：《武汉市先建村农户民间借贷研究》，华中农业大学2008年硕士学位论文。

[3] 黄维娜、胡辉：《略论企业间借贷行为的认定及立法趋势》，载《湖北经济学院学报（人文社会科学版）》2007年第5期。

投资公司做掩护、20家"空壳"潜公司为载体,将727亿多元转至4 473个境内外账户,金额涉及29个省市。该事件爆发了中国对地下钱庄的监管不力、资金来源和流向问题发人深省。

3. 高利率造成融资成本居高不下,导致中小企业融资成本高,资金链断裂,影响中国经济的发展

民间借贷同正规金融机构相比,具有一定的融资便利性,但因缺乏监管导致其利率畸高,且付息方式具有的隐蔽性,因此民间借贷易演变为高利贷行为。对于融资难与融资贵的中小企业,畸高的利率导致其融资成本高,资金链断裂,因此造成众多中小企业破产,危害了中国实体经济的发展。

五、中国民间借贷行为的类型

（一）私人之间借贷

私人之间借贷是指自然人之间以及自然人同组织之间的借贷。中国最高人民法院民事案件的案由分为民间借贷和企业间借贷,此处私人间借贷即指狭义的民间借贷。合法的民间借贷受到中国法律的保护,即中国法律保护不超过银行同期贷款利率4倍的民间借贷,超过的利率一般法院均不予支持。私人间的民间借贷具有以下特点：①借贷双方多为熟悉的亲戚朋友。②借贷目的一般为互助。私人间借贷的目的多为互助形式,不以营利为目的。③借款期限短,无利息约定或利率较低。私人间借贷多为互助形式,因此其借款期限一般较短,且多为无利息的约定,如果有利息约定,其利息约定一般较低,均没有超过银行同期贷款利率的4倍。④借贷形式简单。私人间借贷合同一般为口头约定,没有书面正式合同,即使有书面正式合同,其约定内容也较简单、随意。⑤履约率高。私人间借贷多发生在熟悉的亲朋好友之间,因此道德约束在民间借贷的履约率中得到了很好的发挥。

（二）企业间借贷

企业间借贷是金融机构之外的企业法人相互之间或者企业法人与非法人其他组织之间以及非法人其他组织相互之间所订立的,由一方向另一方给付一定数量的货币,并要求接受给付的一方在约定的期间内归还相同数量的货币,同时支付一定数量的利息（资金占用费）或利润的合同。上述金融机构指银行、信用社、信托投资

公司、金融租赁公司、证券公司、保险公司、基金公司、财务公司等。[1]企业间借贷是现实生活中的普遍现象，不仅仅普通的企业间存在资金借贷行为，一些上市公司的报表中依然能发现存在企业间借贷的现象。而目前中国法律对企业间借贷合同的效力是予以否认的，根据中国法院针对企业间借贷的判决书可以看出，其依据大多为《合同法》第五十二条第（三）项或者第（五）项。中国早在1990年《最高人民法院关于审理联营合同纠纷案件若干问题的解答》中第四条第（二）项中规定："明为联营，实为接待，违反了有关金融法规，应当确认合同无效。"因此企业间借贷违反了中国有关金融法规，应为无效合同。

（三）"互助会"或"合会"

互助会，通俗说法称标会或做会，在法律上则为合会，是民间一种小额信用贷款的形态，具有赚取利息与筹措资金的功能。互助会的起会人称为会首（或称会头），其余参加互助会的人则为会员（或称会脚）。国外多称之为"轮转基金"（Rotating Savings and Credit Association），日本称之为"讲"。[2]合会是中国古代就已经存在的一种民间金融组织，是民间互助式临时基金会的统称。这种金融组织为解决民间个人生活或生产经营中的资金困难，由一个自然人（称为"会头"）发起，组织若干人（称为"会脚"）参加入会，每个会员每期拿出约定数额的"会钱"，某期"会钱"集中起来后统一由某人使用，各会员轮流享有一次"会钱"的使用权，先用的人支付利息，后用的人取得利息，全部轮流一次后，合会解散。按照会员取得"会钱"使用权方式的不同，可以分别称为摇会、标会、轮会等。其中，摇会通过摇号来决定当期使用"会钱"的人，标会通过投标利率的高低来决定当期使用"会钱"的人，轮会按照预先确认的顺序轮流来获得"会钱"。在现实生活中，合会还可以发展出许多种类，由此也产生了许多相应的名称。当它脱离了地缘、血缘关系和互助性，通过会抬会、会套会等手段成为一种在较大范围内存在的金融骗局之后，不仅不会对会员的生产、生活产生任何帮助，还会成为一种引发金融风险的导火线。

（四）地下钱庄

地下钱庄是指从事资金支付结算业务、买卖外汇、跨境转款等非法经营业务活

---

[1] 龙翼飞、杨建文：《企业间借贷合同的效力认定及责任承担》，载《现代法学》2008年第2期。

[2] 对此，日本也有人称之为"无尽讲"，在后来颁布的《无尽法》中将"讲"省略，成为"无尽"；中国台湾地区《民法》将之称为"合会"；新加坡的《银会法》规定，银会（ChitFunds）与合会是同类的信用盟。

动的非法金融组织，资金通过地下钱庄进出对国家金融安全是严峻考验，地下钱庄游离于金融监管体系之外，利用或部分利用金融机构的资金结算网络，从事非法金融业务。根据地区的不同，地下钱庄从事的非法业务有很多，比如非法吸收公众存款、非法借贷拆借、非法高利转贷、非法买卖外汇以及非法典当、私募基金等。其中，又以非法买卖外汇和充当洗钱工具最为人熟知。根据1998年6月30日国务院颁布施行的《非法金融机构和非法金融业务活动取缔办法》第3条规定："非法金融机构，是指未经中国人民银行批准，擅自设立从事或者从事吸收存款、发放贷款、融资担保、外汇买卖等金融业务活动的机构。"因此，地下钱庄属非法金融机构。地下钱庄在国外也有多种表现形态。在美国、加拿大、日本等地的华人区称为"地下银行"，主要从事社区华人的汇款、收款业务。类似地下钱庄的组织机构在亚洲还有很多，一些地下钱庄在印度、巴基斯坦已发展成为网络化、专业化的地下银行系统。地下钱庄多出现在外向型经济较发达的沿海地区，进行非法外汇交易的大部分是企业。原因是这些企业对外汇的需求量很大，但由于国家实行外汇管制，通过正常渠道得到的外汇数额有限。而且按正常做法，外汇从申请到真正能够使用，需要经过几个月甚至更长的时间和繁琐的手续。地下钱庄的非法交易手续简单、费用低廉，通常只收取1%—2%的佣金，对有关企业极具诱惑力。

地下钱庄主要分布在广东、福建、浙江、江苏、山东等经济发达的沿海地区，而且由于不同的地理环境和市场需求，地下钱庄在各地的"经营"形态也不同，主要有三种：①以非法买卖外汇为主要业务的地下钱庄。这类钱庄主要分布在广东、福建、山东等沿海地区，在广东、福建以非法买卖港币为主，在山东等地以非法买卖韩币和美元为主。②以非法吸存、非法放贷为主要业务的地下钱庄。这类钱庄在全国大多数省份均有，尤以浙江、江苏、福建、云南等省表现突出，在各地分别以标会、台会、互助会等形式出现。③以非法典押、非法高利贷为主要业务的地下钱庄。这类钱庄分布在湖南、江西等内地一些省份，包括一些已被国家清理整顿的典当行也转为地下继续经营。

（五）典当行

典当是指当户将其动产、财产权利作为当物质押或者将其房地产作为当物抵押给典当行，交付一定比例费用，取得当金，并在约定期限内支付当金利息、偿还当金、赎回当物的行为。典当行，亦称当铺，是专门发放质押贷款的非正规边缘性金融机构，是以货币借贷为主和商品销售为辅的市场中介组织。《美国百科全书》指出典当行是"借款给以个人财产作质押者之机构",并采取欧美国家流行的做法,将典当行界定为典当商,认为"典当商是从事以个人财产质押借贷生意的"。另如美国《华盛顿州典当法》规定:"典当商指任何一个全部或者部分从事以个人财产质押担保,或者以押金或出卖个人财产作为担保,或者以买卖个人财产作为担保而放贷生意的人。"英国对典当行的表述大同小异。《1872年典当商法》第6条规定:"典当商指开有一家店铺,以买卖货物或者动产、或者以货物或动产质押发放贷款的人。"这家店铺即典当行,指典当商的住所和仓库或者其他做生意的场所或进行交易的场所。在法国,典当行属于政府授权的六类信贷机构之一,其官方名称为市政信贷银行。《1984年法国银行法》第18条规定:"经批准作为信贷机构的包括银行、互助或合作银行、储蓄节俭机构、市政信贷银行、财务公司和特殊金融机构。"这表明,法国的典当行是从事部分银行业务的非银行金融机构。典当行在德国和意大利则非属于政府金融机构,而是民间金融业的一员。原《德意志联邦共和国信用业法》规定:"典当行是根据动产出质提供贷款的典当业企业。"《意大利民法典》指出:"典当行是被授权经营典当业的机构。"

（六）农村合作基金会

农村合作基金会1984年在中国开始创办,在20世纪80年代初,由于农村信用社长期受中国农业银行领导,具有浓重的商业性色彩,与农户的资金需求不符,导致农村合作金融缺位。因此"三农"事业的发展开始投向了民间借贷,导致高利贷行为猖獗。1991年农经字第11号《关于加强农村合作基金会规范化、制度化建设若干问题的通知》中规定:农村合作基金会是在坚持所有权和收益权不变的前提下,由乡村集体经济组织及其成员按照自愿互利、有偿使用的原则而建立,主要从事集体资金管理和融通活动的资金合作组织,它通过调剂资金余缺,支持本乡（镇）、本村范围内的农户和企业发展生产。但是随着农村合作基金会的发展,也出现了许多问题,主要表现在:①从农村合作基金会自身发展的角度而言,行政干预严重、管理不严,形成了巨额不良资产,存在严重的制度缺陷,因此引发了金融风险。②从政府监管角度而言,农村合作基金会同中央的金融政策相冲突,不符合中央对农村合作基金会的定位,为了有效地防范和化解金融风险,1991年1月,国务院发布[1999]3号文件,正式宣布在全国范围内统一取缔农村合作基金会。但是,目前仍然有个别地区存在农村合作基金会,成为了一种纯粹的民间金融组织。此外,还有一些以各种名义设立的互助会、储金会等，它们除经营互助业务外，也经营银行类业务。[1]

（七）小额贷款公司与投资公司

小额贷款公司是由自然人、企业法人与其社会组织投资设立，不吸收公众存款，经营小额贷款业务的有限责任公司或股份有限公司。与银行相比，小额贷款公司更为便捷、迅速，适合中小企业、个体工商户的资金需求；与民间借贷相比，小额贷款更加规范，贷款利息可双方协商。小额贷款公司是企业法人，有独立的法人财产，享有法人财产权，以全部财产对其债务承担民事责任。小额贷款公司股东依法享有资产收益、参与重大决策和选择管理者等权利，以其认缴的出资额或认购的股份为限对公司承担责任。小额贷款公司应遵守国家法律、行政法规，执行国家金融方针和政策，执行金融企业财务准则和会计制度，依法接受各级政府及相关部门的监督管理。小额贷款公司应执行国家金融方针和政策，在法律、法规规定的范围内开展业务，自主经营、自负盈亏、自我约束、自担风险，其合法的经营活动受法律保护，不受任何单位和个人的干涉。

（八）民间集资

中国民间集资的形式多种多样，既有企事业单位集资，又有行政机关的集资，集资的目的也多种多样，表现为为了生产经营活动集资或者办理非营利事业等。目前中国尚未有专门调整民间集资活动的法律规范，民间集资极易演变为非法集资的违法犯罪行为，因此给中国经济的健康快速发展造成了很大的影响。浙江省高级人民法院发布《关于为促进中小企业加快创业创新发展提供司法保障的指导意见》（以下简称《指导意见》）明确规定对一些具有集资特点的民间借贷行为可不认定为"非法集资"，并可酌情不作犯罪处理。根据《指导意见》，对未经社会公开宣传，在单位职工或亲友内部针对特定对象筹集资金的，一般不作为非法集资；资金主要用于生产经营及相关活动，行为人有还款意愿，能及时清退集资款项，情节轻微、社会危害不大的，可免予刑事处罚或不作为犯罪处理。

---

[1] 刘少军：《民间金融的类型与法理分析》，载《中国流通经济》2012年第9期。

第二节　中国企业间借贷合法化的法律保障机制探讨

企业间借贷作为中国较为普遍的一种行为，其合同效力历来被司法机关认定为无效。但无论是从法理分析，还是从中国现行立法规定来看，否定企业间借贷行为的效力均缺乏正当性基础。市场经济条件下企业间借贷合法化具有强大的社会需求和经济基础，应回归契约自由、金融安全、诚实信用等基本理念，客观地审视其合法化的发展趋势。在中国经济转轨时期，明确企业间借贷合同生效的基本条件与利息返还标准，同时通过加强企业内部风险控制和国家外部监管制度相结合的方式，构建企业间借贷合法化的法律保障机制，引导企业间借贷行为的有序开展，不失为一条现实可行的路径。

企业间借贷行为的合法性历来是法学理论界及实务界争议的焦点。企业间借贷是指银行、非银行金融机构等经营金融业务的企业之外的企业法人之间或企业法人与其他经济组织之间，或其他经济组织之间书面或口头约定，一方将自己合法所有或占有的资金借给或转借给另一方使用，而另一方在合同约定的期限届满后归还本金并按约定支付利息的行为。[1] 在中国计划经济时期，否认企业间借贷行为的效力有其特定的经济基础和社会基础，但在市场经济条件下，企业间借贷作为金融体制的一种有益补充，促进了中国经济的发展，因此司法实践中对其借贷合同效力认定也做出了一定程度的缓和。但企业间借贷合同的标的额巨大，如完全放开恐导致金融风险，如何在认定借贷合同效力的同时又防范金融风险、保障企业的合法权益，是当代法学人应当深思的问题。

一、中国企业间借贷合法化的现实困境之考察

改革开放之后，民间借贷蓬勃发展，合法的民间借贷受到法律的保护，但企业间借贷因其有干扰金融秩序之嫌，一直受到中国法律的抑制。在现实社会中，企业

---

[1] 参见《辽宁省高级人民法院关于当前上市审判中适用法律若干问题的指导意见》第37条，2005年1月26日，辽高法【2005】29号。

间借贷行为屡禁不止，反而呈现"欣欣向荣"之趋势。综观中国企业间借贷的立法、司法及法理之现状，不难发现其合法化的现实困境矛盾突出。

（一）自相矛盾：中国企业间借贷立法现状考察

1. 宪法、法律层面与行政法规、部门规章层面上企业间借贷立法之矛盾

中国《宪法》中明确规定了对企业合法权益之保护[1]，《民法通则》和《合同法》中也确立了民事主体的平等原则、意思自治和契约自由原则[2]。而1996年中国人民银行发布的《贷款通则》却禁止企业之间办理借贷或者变相借贷融资业务[3]，1998年《非法金融机构和非法金融业务活动取缔办法》中也对企业进行金融业务活动进行了禁止性规定[4]。可见，中国《宪法》和法律层面上与行政法规和部门规章层面对企业间借贷行为的规定存在立法上的矛盾。

2. 最高人民法院司法解释层面上对企业间借贷合同效力的规定前后矛盾

《最高人民法院关于对企业借贷合同借款方逾期不归还借款的应如何处理问题的批复》中规定企业借贷合同违反金融法规属于无效合同。[5]但是《最高人民法院关于适用〈中华人民共和国合同法〉若干问题的解释（一）》第四条规定："合同法实施以后，人民法院确认合同无效，应当以全国人大及其常委会制定的法律和国

---

[1] 《中华人民共和国宪法》第十一条规定："在法律规定范围内的个体经济、私营经济等非公有制经济，是社会主义市场经济的重要组成部分。国家保护个体经济、私营经济等非公有制经济的合法的权利和利益。国家鼓励、支持和引导非公有制经济的发展，并对非公有制经济依法实行监督和管理。"

[2] 《中华人民共和国民法通则》第三十六条规定："法人是具有民事权利能力和民事行为能力，依法独立享有民事权利和承担民事义务的组织。"《中华人民共和国合同法》第四条规定："当事人依法享有自愿订立合同的权利，任何单位和个人不得非法干预。"第八条规定："依法成立的合同，对当事人具有法律约束力。当事人应当按照决定履行自己的义务，不得擅自变更或者解除合同。依法成立的合同，受法律的保护。"

[3] 中国人民银行《贷款通则》第六十一条："企业不得违反国家规定办理借贷或者变相借贷融资业务。"

[4] 1998年7月13日中华人民共和国国务院令第247号发布的《非法金融机构和非法金融业务活动取缔办法》第五条规定："未经中国人民银行依法批准，任何单位和个人不得擅自设立金融机构或者擅自从事金融业务活动。"第六条规定："非法金融机构和非法金融活动由中国人民银行予以取缔。"

[5] 《最高人民法院关于对企业借贷合同借款方逾期不归还借款的应如何处理问题的批复》中规定："企业借贷合同违反有效金融法规，属无效合同。对于合同期限届满后，借款方逾期不归还本金，当事人起诉到人民法院的，人民法院对自双方当事人约定的还款期满之后，至法院判决确定借款人返还本金期满期间内的利息，应当收缴，该利息按借贷双方原约定的利率计算，如果双方当事人对借款利息未约定，按同期银行贷款利率计算。"

务院制定的行政法规为依据，不得以地方性法规、行政规章为依据。"另外《最高人民法院关于适用〈中华人民共和国合同法〉若干问题的解释（二）》第十四条规定："合同法第五十二条第（五）项规定的'强制性规定'，是指效力性强制性规定。"综观中国行政法规中虽然对企业间借贷行为予以禁止，但并无对企业间借贷合同的效力性强制规定，因此判决其合同无效依据不足，最高人民法院对企业间借贷合同效力的解释存在前后矛盾。

（二）同案不同判：中国企业间借贷司法现状考察

近些年来中国各地法院处理企业间借贷案件较之以往呈现出数量多、案情复杂、标的额大的趋势。笔者通过北大法意网搜集了1996—2013年的60个精品案例予以参考，通过对现实生活中法院判决书的分析，可以看出企业间借贷合同效力的认定"同案不同判"现象严重。

1. 企业间借贷合同效力的认定不同

企业间借贷合同效力一般被司法机关认定为无效，理由为企业间借贷行为违反了中国的金融法规，根据中国《合同法》第五十二条规定，违反法律、行政法规强制性规定的合同应为无效［（1996）榕经初字第208号］[1]；但近两年来，有些司法机关对于企业间借贷案件有条件地认定合同有效，即属于企业自有资金临时性调剂行为的，则合同有效［（2011）浙甬商终字第392号[2]和（2011）郑民四初字第32号[3]］；甚至有些法院判决企业间借贷合同无效，但债权债务关系有效，受法律保护［（2011）杭拱商初字第775号］[4]。相同的企业间借贷案件，却出现了完全不同的裁判结果。

2. 企业间借贷合同的利息形式返还多种多样

无论企业间借贷合同效力有无，其利息的返还形式均呈现多样化形式。法院认定企业间借贷合同无效的利息返还形式主要有以下三种：①企业间借贷合同无效，利息予以上缴［（1996）榕经初字第208号］。②企业间借贷合同无效，利息不予支持［（2011）浦民二（商）初字第1815号］。③企业间借贷合同无效，占用资金

---

[1] 参见福建省福州市中级人民法院（1996）榕经初字第208号民事判决书。
[2] 参见浙江省宁波市中级人民法院（2011）浙甬商终字第392号民事判决书。
[3] 参见河南省郑州市中级人民法院（2011）郑民四初字第32号民事判决书。
[4] 参见杭州市拱墅区人民法院（2011）杭拱商初字第775号民事判决书。

期间利息予以返还［（2011）殷民初字第196号］[1]。企业间借贷合同认定有效的利息返还形式有以下两种：①企业间借贷合同有效，借款期间利息按中国人民银行的同类贷款利率返还［（2011）郑民四初字第32号］；②借贷合同有效，借款期间利息按当事人约定返还［（2011）浙甬商终字第392号］[2]。

（三）认识分歧：中国企业间借贷法理认识现状考察

企业间借贷的立法现状之矛盾、司法现状之混乱，皆源于企业间借贷合同效力的理论认识之冲突。目前，关于企业间借贷合同效力的认识主要有以下两种观点。

1. 企业间借贷合同无效论

有些学者认为，货币借贷属于金融业务，应由国家指定的机构专营，企业间借贷违反了国家有关金融货币的专营规定。[3]其属于资金的体外循环，不利于银行统一调配资金，如认可企业间借贷合同效力，恐导致金融风险，削弱国家宏观调控的效果。因此，企业间借贷行为违反了中国的金融规定，其合同应一律认定为无效。

2. 企业间借贷合同有效论

有些学者认为，企业间借贷作为一种民事行为，应尊重私法领域的意思自治原则和契约自由原则，对于当事人的真实意思表示予以法律保护。公法的禁止性规定并不必然导致私法合同的无效，应禁止不恰当地扩大无效合同的范围，干扰正常的市场交易。因此，企业间借贷合同符合中国《合同法》规定的，应为有效。

二、中国企业间借贷合法化的现实基础和法律依据

对中国企业间借贷现实困境的分析在任何时候都不能仅仅从抽象的法律原则和法律逻辑上进行分析，而要从企业间借贷现实基础的历史演变出发，探求特定时空背景下的金融现象与国家政策，以此为基础展开现行法律制度的分析才具有现实性和针对性。

（一）中国企业间借贷合法化的现实基础

1. 企业资金的"供需两旺"，是企业间借贷合法化的基本前提

中国改革开放以来，中小型民营企业给中国贡献了约60%的工业产值和高达

---

[1] 参见河南省安阳市殷都区人民法院（2011）殷民初字第196号民事判决书。
[2] 参见浙江省宁波市中级人民法院（2011）浙甬商终字第392号民事判决书。
[3] 黄维娜、胡辉：《略论企业间借贷行为的认定及立法趋势》，载《湖北经济学院学报（人文社会科学版）》2007年第5期。

75%的就业岗位。民营企业在以每年20%的速度扩张，并贡献每年20%的GDP。在市场经济条件愈加完善的条件下，一些中小企业、民营企业积累了一定的财富。亚当·斯密在《国富论》中有两个重要的理论：自由市场理论和金融理论。他认为只有拥有足够的资本才能实现有效的劳动分工，才能致富。[1]因此，资金是企业的血液，而现实中大部分中小企业资金需求旺盛，由于中国目前的"金融抑制"政策使得银行贷款过多地流向于国有大型企业，因此中小型企业贷款难上加难。经营状况良好的企业与迫需救济的企业之间存在着尖锐的矛盾，中国并未其搭建平台予以疏通资金的流动，因此双方企业资金"供需两旺"矛盾突出，迫使企业不得不违反中国金融规定，铤而走险踏上企业间借贷之路。

2. 有效促进金融体制改革，是企业间借贷合法化的现实依据

民间借贷以及企业间借贷的蓬勃发展是由于中国金融法律制度明显滞后于经济发展需求所致，降低了金融配置效率。[2]当前中国很多地区存在着信贷资金供需严重失衡的现象，即银行贷款过多地流向国有部门，而中小企业却常常无钱可贷，其背后暴露出的是中国金融体系单一、金融体制与经济发展不匹配等深层次问题。在中国金融制度存在滞后性的同时，企业间借贷在一定条件下作为银行信用的一种补充，具有一定的合理性。[3]其属于在市场交易过程中内生的制度变迁，是适应市场经济发展规律并能增进社会福利的行为[4]：①企业间借贷相对于正规金融而言，具有融资成本低、放款速度快等特点，企业间借贷更能成为一些濒临破产企业"起死回生"的良药。在中国银行信用尚不能满足大部分中小企业时，企业间借贷的存在能够快速筹集社会闲散资金，为中国经济快速发展提供动力。②企业间借贷能够为中国金融体制改革引入竞争机制，促使银行业对自身信贷资源进行优化配置，为市场提供更加优质、高效和便捷的信贷产品。[5]

3. 市场经济下放松金融管制，是企业间借贷合法化的必然要求

20世纪70年代末、80年代初的计划经济体制下金融体系全盘国有，带有非常

---

[1] [秘鲁]赫尔南多·德·索托：《资本的秘密》，王晓东译，江苏人民出版社2005年版，第4页。

[2] 张书清：《民间借贷的制度性压制及其解决途径》，载《法学》2008年第9期。

[3] 顾秦华、李后龙：《试论企业间借贷行为的效力认定》，载《法学评论》1994年第2期。

[4] 张书清：《民间借贷的制度性压制及其解决途径》，载《法学》2008年第9期。

[5] 郭云翔：《契约自由与企业间借贷合同的法律效力》，载《今传媒》2010年第10期。

明显的"金融抑制"色彩。[1] 在计划经济时代国家对企业间借贷行为的禁止源于追求特定的政治与经济目标,认为企业间借贷活动会扰乱正常的金融秩序,干扰国家信贷政策、计划的贯彻执行,削弱国家对投资规模的监控,造成经济秩序的紊乱。将信用集中于银行等金融机构,有利于国家对信用的管理控制,从而有利于国家宏观调控目标的实现和经济发展的稳定,因此禁止企业间借贷行为。而目前中国已从计划经济体制向市场经济体制转变,公权力对市场交易的干预和介入应当是金融市场的一种补充,而非主导。[2]"金融抑制"政策虽是发展中国家"经济赶超战略"的有机组成部分,但在长期经济发展中的作用却是消极的。市场经济虽已确立,但金融管制并未放松。目前中国主流金融体制正从以产权结构为主的歧视向以规模机构为主的歧视制度变迁。[3] 在市场经济条件下,采取"一刀切"的方式全盘禁止企业间相互借贷,不利于广大中小企业的成长,甚至有可能使其陷入绝境,造成对社会生产力的人为破坏。因此应在拓宽企业融资渠道与避免冲击国家金融秩序之间寻找一个平衡点,以更好地适应中国经济发展的现状。[4]

(二)中国企业间借贷合法化的法律依据

1. 企业间借贷合同有效性的法理分析

(1)企业间借贷合法符合民事主体平等性原则。中国并不承认企业间借贷为民间借贷的一种类型,合法的民间借贷受到法律保护,但企业间借贷一直受到抑制,而两者在法理上并无不同,这违反了民事主体的平等性原则。民间借贷是指自然人之间、自然人与法人之间、自然人与其他组织之间的借贷。[5] 自然人和法人都是民事主体,自然人与法人的民事权利能力也是平等的,具有平等享有民事权利和承担

---

[1] 关于"金融抑制"的理论是20世纪70年代罗纳德·麦金农(Ronald McKinnon)和爱德华·肖(Edward Shaw)分别在其著作《经济发展中的货币与资本》和《经济发展中的金融深化》中提出,指一种货币体系被抑制的情形,导致了国内资本市场受到割裂,对于现实资本的积聚的质量和数量造成严重的负面效果。其是发展中国家经济发展过程普遍的现象,及政府主动、有意识地对金融市场进行全方位的介入,特别是通过人为地干预金融市场的交易,扭曲金融市场的交易价格,实现国家在特定时期的既定经济发展目标。

[2] 黄韬:《"金融抑制"与中国金融法治的逻辑》,法律出版社2012年第1版,第8页。

[3] 张婕:《结构转换期的中小企业金融研究——理论、实证与国际比较》,经济科学出版社2003年版,第36页。

[4] 王亦平:《银行法基本问题研究》,人民法院出版社2005年第1版,第79页。

[5] 参见《最高人民法院关于人民法院审理借贷案件的若干意见》,1991年8月13日,法(民)【1991】21号第1条。

民事义务的资格。[1]马克思说:"商品经济是天生的平等派。"[2]当事人地位平等是商品交换的前提和基础,市场经济是商品经济发展到一定阶段的产物,因此贯彻民事主体平等原则是中国市场经济的根本要求。法律人格是指"可由自身意思自由地成为与自己有关的立法者"[3],企业法人作为民事主体一员,理应在民事领域同自然人享有平等的法律人格,中国在保护合法的民间借贷同时,也应对企业间借贷予以平等法律保护。

(2)企业间借贷合法符合契约自由原则。契约自由是私法自治的核心原则,指民法上的主体可以凭自己的意思创立契约,处分自己的私有财产,任何人不能对当事人意志附加限制。契约自由原则逐渐发展为"私法自治"或"意思自治"原则,意思自治原则的必要性在于民法以维护个人利益为目标,呈现利益个体化的要求,因此,最好的实现方法就是由利益主体自作安排,此外更无恰当的方法,其核心在于尊崇意思选择,即从法律上承认当事人可以自由决定相应法律关系。当事人在债法领域可以自由缔结契约,建立和变动法律关系。[4]当事人订立的契约具有法律效力,非经双方当事人的同意不得随意对其予以变更与解除。在社会主义市场经济条件下更应尊重契约自由的基本原则,保障当事人对自己权利义务的安排,企业在日常经营活动中,通过合理的内部决策,选择合适的对象并与其发生借贷往来,既是维持自身正常生存与发展的基本要求,也是契约自由的生动体现。[5]另外,企业作为一名理性的经济人,与谁签订借贷合同,应是其做出的最经济的行为,中国法律不应对其效力予以否认,干涉其意思自治。

2. 企业间借贷合同有效性的立法依据

中国对企业间借贷合同予以否认的理由为其违反中国的金融法规,判决无效,可这一判决在中国现行立法上明显理由不足。目前唯一明确规定企业间借贷合同无效的法律依据为1996年中国人民银行制定的《贷款通则》[6]和1990年《最高人民

---

[1] 马军驹、余延满:《民法原论》,法律出版社2005年第2版,第35页。

[2] [德]马克思:《资本论》,姜晶花、张梅编译,北京出版社2012年第1版,第152页。

[3] 参见[日]星野英一:《私法中的人——以财产法为中心》,王闯译,载梁慧星主编:《民商法论丛》第8卷,法律出版社1998年版,第154页。

[4] 龙卫球:《民法总论》,中国法制出版社2002年第2版,第53页。

[5] 郭云翔:《契约自由与企业间借贷合同的法律效力》,载《今传媒》2010年第10期。

[6] 《贷款通则》第二十一条:"贷款人必须经中国人民银行批准经营贷款业务,持有中国人民银行颁发的《金融机构法人许可证》或《金融机构营业许可证》,并经工商行政管理部门核准登记。"

法院关于审理联营合同纠纷案件若干问题的解答》中相关的规定[1]。通过对法院判决书的分析可以看出，法院判决企业间借贷合同无效的依据违反中国《合同法》第五十二条。根据《中华人民共和国立法法》的规定[2]，宪法具有最高的法律效力，依次为法律、行政法规、地方性法规和规章。中国法律和行政法规均没有对企业间借贷合同的效力做出规定，而中国人民银行制定的《贷款通则》，在立法层面上应属于部门规章，企业间借贷的行为只是违反了部门规章，并没有违反行政法规。另外《最高人民法院关于适用〈中华人民共和国合同法〉若干问题的解释（二）》中第十四条规定强制性规定是指效力性强制规定。强制性规定包括管理性规范和效力性规范。管理性规范是指法律和行政法规未明确规定违反此类规范将导致合同无效的规范。此类规范旨在管理和处罚违反规定的行为，并不否认该行为在民商法上的效力。[3]效力性规范指法律或行政法规明确规定违反此类规定将导致合同无效，或者虽未明确规定违反将导致合同无效，但将会损害国家利益和社会公共利益的规范。此类规范不仅旨在处罚违法性而且意在否定其民商法上的效力。因此，只有违反了效力性的强制性规范，才会导致合同无效。[4]综观中国现行法律和行政法规，其并没有关于企业间借贷合同无效的效力性强制规定，因此法院判决企业间借贷合同无效明显依据不足。

3. 企业间借贷合同有效性的司法实践发展趋势

笔者通过对法院判决书和各地高院的意见整理发现，各地司法机关对于企业间借贷合同效力的认定同以往发生了很大的改变，即对企业间借贷行为的民事制裁向尊重私法领域的意思自治转变。

（1）借款利息上缴向利息返还转变。笔者通过将1996—2013年的60份判决书划分为两个阶段整理分析，得出下表（见表6.1），通过表中数据可以看出，发生

---

[1] 《最高人民法院关于审理联营合同纠纷案件若干问题的解答》中规定："企业法人、事业法人作为联营一方向联营体投资，但不参加共同经营，也不承担联营的风险责任，不论盈亏均按期收回本息，或者按期收取固定利润的，是明为联营，实为借贷，违反了有关金融法规，应当确认合同无效。除本金可以返还外，对出资方已经取得或者约定确定的利息应予收缴，对另一方则应处以相当于银行利息的罚款。"

[2] 《中华人民共和国立法法》第七十八条规定："宪法具有最高的法律效力，一切法律、行政法规、地方性法规、自治条例和单行条例、规章都不能同宪法相抵触。"第七十九条规定："法律的效力高于行政法规、地方性法规和规章。行政法规的效力高于地方性法规、规章。"

[3] 关保国：《论企业间借贷之合法性》，载《陕西师范大学学报》（社会科学版）2011年第3期。

[4] 奚晓明：《充分发挥民商事审判职能作用，为构建社会主义和谐社会提供司法保障》，载《民商事审判指导》第11辑，人民法院出版社2007年版，第55页。

在 1996—2004 年的 3 件企业间借贷案件，法院一律认定为无效，且有 16 件采取民事制裁手段对利息收缴，12 件对利息不予支持，只有 2 件判决对利息予以返还；而 2005—2013 年的 30 件案件中，有 2 件判决合同有效，28 件判决合同无效，但对借款利息予以收缴的为 0 件，对利息不予支持的有 12 件，支持返还利息的有 18 件。显然，近些年来法院对企业间借贷合同效力认定的态度缓和许多，其对企业间借贷已放弃了利息予以收缴的民事制裁手段，有着向尊重私法领域的意思自治转变趋势。

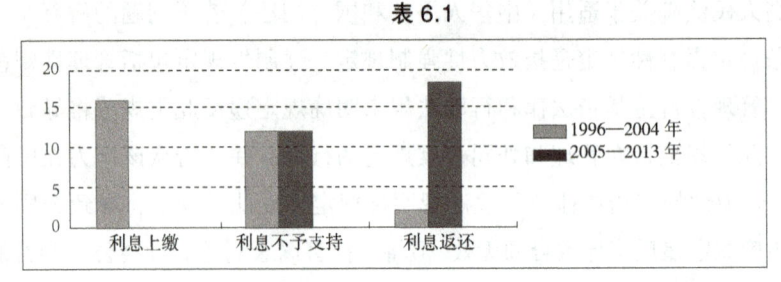

表 6.1

（2）司法机关已有条件地认定企业间借贷合同有效。各省最高人民法院针对本地不同经济情况，已相继出台了针对企业间借贷合同效力认定的司法意见。例如广东省最高人民法院对于企业间借贷行为认定为无效，但返还本金和利息，其理由为如按最高人民法院的司法解释处罚对当事人太重，民事制裁很难执行，而且减弱借款人对生效法律文书的履行能力，不利于保护债权人的合法权益。[1] 辽宁省最高人民法院认为除对那些出借企业以牟取暴利为目的而与借用企业签订的借款合同确认无效，并对当事人约定的高出法定利率的利息部分不予保护或予以收缴外，对其他的企业间的借贷合同不宜轻易认定无效。对借贷双方约定的利息如果没有超出同期银行贷款利率，也可予以确认。[2] 江苏省最高人民法院指出，企业将自有资金出借给其他企业帮助其解决生产经营所急需资金的，挚息按照银行同期同类贷款基准利率计算。[3] 浙江省最高人民法院指出对于企业之间自有资金的临时调剂行为，可不作无效借款合同处理。[4]

---

[1] 参见《广东省高级人民法院管理审理几类金融纠纷案件的若干意见》，粤高法发【1996】26 号。

[2] 参见《辽宁省高级人民法院关于当前上市审判中适用法律若干问题的指导意见》第 37 条，2005 年 1 月 26 日，辽高法【2005】29 号。

[3] 参见《江苏省高级人民法院关于当前宏观经济形势下依法妥善审理非金融机构借贷合同纠纷案件若干问题的意见》第 14 条，2009 年 12 月 4 日。

[4] 参见《浙江省高级人民法院关于为中小企业创业创新发展提供司法保障的指导意见》，2010 年 5 月 27 日，浙高法【2010】4 号。

法律现实主义者的一个主要目的就是使法律"更多地回应社会需要"。社会学法学的目标是使法律机构能更全面、理智地考虑到法律必须从现实出发，并且运用于社会事实。[1] 上述地区经济发展迅速，中小企业资金需求旺盛，各地法院企业间借贷案件应接不暇，在丰富的实践经验中法院面对经济形势做出了灵活的应对。因此有条件地承认企业间借贷合同效力乃是顺应现实经济社会发展的客观需要。

三、中国企业间借贷合法化的法律保障之路径选择

企业间借贷作为中国经济转型期普遍的一种现象，具有一定的合理性，但在放开企业间借贷行为时也应注意防范金融风险。对于企业间借贷合法化的法律保障而言，核心是理念和规则，只有通过理念的思考和规则的建构，才能真正为解决中国企业间借贷的现实问题提供有效的法律保障。

（一）企业间借贷合法化保障的立法理念

1. 秉承契约自由的理念

金融指货币资金的融通，不自由，如何融通？货币是金融市场的核心客体，货币主体在金融市场中实现其意志力的扩张，须依合同方式进行，而合同的根本要素就是契约自由。[2] 契约即为一种合意，民法上的主体可以按照自己的意愿创立契约，处分自己的私有财产或处理自己的私人事务，缺乏当事人意思自治不能形成契约。契约自由包括当事人决定是否订立契约的自由、选择相对人的自由，也包括内容自由和形式自由，不论其内容如何、形式如何，法律概需尊重当事人的意思。市场经济的法律要体现当事人的自由意志，契约自由是一种灵活的工具，它不断进行自我调节，以适应新的目标。它是自由经济不可或缺的一个特征，它使私人企业成为可能并鼓励人们负责任的建立经济关系。[3] 企业作为市场经济中的重要一员，其享有广泛的契约自由，中国法律不应进行不当干涉，防止不正当扩大无效合同的范围，危害当事人间正常交易，影响社会主义市场经济的发展。

2. 秉承金融安全的理念

企业间借贷是法律行为，是企业的理性选择。从本性上应保障其行为自由，但

---

[1] 参见[美]P·诺内特、P·塞尔兹尼克：《转变中的法律与社会：迈向回应型法》，张志铭译，中国政法大学出版社2004年版，第73页。

[2] 张宇润：《货币的法本质》，中国检察官出版社2010年第1版，第183页。

[3] [德]罗伯特·霍恩、海因·科茨、汉斯·G·莱塞：《德国民商法导论》，楚建译，中国大百科全书出版社1996年版，第90页。

金融安全关系国家经济命脉，在保障其契约自由的同时也要兼顾金融安全。金融安全指货币资金融通的安全和整个金融体系的稳定，金融安全程度越高，金融风险就越小；反之，金融风险越大，金融安全程度就越低。哈耶克指出："个人理性在理解它自身运作能力方面，有着一种逻辑上的局限，这是因为它永远无法离开自身而结实它自身的运作，另外个人理性在认识社会生活的作用也存在着极大的限制，这是因为个人理性乃是一种根植于由行为规则构成的社会结构之中的系统，所以它无法脱离生存和发展它的传统和社会而达到这样一种地位。"[1]企业间借贷将会吸引大量资金流出官方正规金融体系，加大社会资金"体外循环"程度，造成金融信号失真，削弱国家宏观调控效果，增加金融脆弱性和金融危机爆发的可能性，危及金融安全。[2]因此，国家要对企业间借贷行为进行有效的监管和适度干预，减少企业间借贷的盲目性，防范金融风险。

3. 秉承诚实信用的理念

诚实信用原则作为法律中的帝王条款，在企业间借贷中亦为重要。诚实信用原则指民事主体在从事民事活动时，应诚实守信，以善意方式履行其义务，不得滥用权利及规避法律或合同规定的义务。[3]诚实信用理念兼具衡平功能与效率功能。衡平功能要求衡平当事人利益与社会利益的冲突和矛盾，要求当事人正当行使权利，不得以自己的民事活动损害第三人及社会利益，必须在法律范围内以符合其社会经济目的方式行使自己的权利。[4]另外诚实信用作为一项基本的商业道德，当事人在交易中诚实守信有利于社会形成真正信用制度，促进交易迅捷并降低交易费用。因此对企业间借贷要求双方当事人在诚实信用的理念下行使权利履行义务，兼顾合同当事人和社会共同利益，降低交易费用，促进经济发展。

（二）企业间借贷合法化保障的法律机制构建

综上所述，在经济转型时期，企业间借贷是银行信用的一种良性补充，对于企业间借贷不能因噎废食，全部否定其借贷合同的效力，有条件地承认企业间借贷合同的效力已成为一种发展趋势。"一直以来企业间的借贷现象就没有停止过，它是否违法，该不该取缔，困扰着企业和有关的中介机构。其实我们可以本着推翻制度，

---

[1] [英]哈耶克：《自由秩序原理》，邓正来译，三联书店1997年版，第151页。
[2] 卢阳春、王凡：《转型期中国民间资本进入银行业的制度变迁研究》，西南财经大学出版社2006年第1版，第144页。
[3] 王利明：《合同法研究》第1卷，中国人民大学出版社2002年第1版，第165页。
[4] 徐国栋：《民法基本原则解释》，北京大学出版社2013年第1版，第79页。

迁就现实的理念，采取合理的程序与相应的措施使企业间借贷合法化。"[1]建议中国修改现行法律，放开企业之间的部分借贷，但是完全放开企业间的借贷并不可取，因为完全放开此类的借贷一定程度上等同于放弃了银行业资产业务的准入门槛，势必影响金融市场及金融体系的稳定和安全，因此通过列举的方式放开企业之间部分借贷的同时，仍然应当保留法律对企业之间借贷的一般管制。[2]笔者认为应从以下几个方面建构企业间借贷合法化的法律保障机制。

1. 明确企业间借贷合同有效的基本条件

中国《非法金融机构和非法金融业务活动取缔办法》中规定任何非法金融机构和非法金融业务活动必须予以取缔。[3]非法发放贷款行为是指未经金融监管部门批准，以营利为目的，向不特定的对象出借资金，以此谋取高额非法收入的行为。非法发放贷款的行为主体可以是单位，亦可以是个人，其行为特点是未经有权部门批准，没有合法的经营金融业务资格，经常性地向不特定的单位或个人出借资金，出借款项一般笔数大、累计金额高，多个借贷行为累计持续时间较长，客观上已形成一种非法金融业务活动。因此企业间借贷合同有效的条件应为：①企业借贷资金需为自有资金。企业借贷资金需为自有资金，不能以从银行获得的贷款进行"以贷放贷"，或者以非法集资款进行放贷，否则借贷合同无效。②企业间借贷不以营利为目的。企业间借贷的目的应定位在互相帮助以解决临时性周转资金的目标上，严控企业间借贷以投资营利为目的。企业间借贷有偿并不意味营利，后者具有连续性和职业性特征。③企业间借贷用途合法。出借方要对贷款方的贷款用途进行考察，如明知其进行违法活动依然放贷，则合同无效。④企业间借贷应向有关部门进行登记备案。因企业间借贷数额巨大，如完全放开恐引起金融风险，不利于国家金融宏观调控，因此企业应在民间借贷登记服务中心进行登记备案，未设立民间借贷登记服务中心的可在中国人民银行进行登记备案，否则借贷合同不受法律保护。

综上所述，企业利用其自有资金不以营利为目的且向国家有关部门进行登记的借贷合同有效，受法律保护。

2. 明确企业间借贷利息返还标准

从上文中企业间借贷判决书中的利息返还形式可以看出，利息返还形式多种多

---

[1] 龙翼飞、杨建文：《企业间借贷合同的效力认定及责任承担》，载《现代法学》2008年第2期。
[2] 岳彩申：《民间借贷规制的重点及立法建议》，载《中国法学》2011年第5期。
[3] 参见《非法金融机构和非法金融业务活动取缔办法》第二条："任何非法金融机构和非法金融业务活动，必须予以取缔。"

样,缺少规范性。"由于使用资本会取得利润,所以,贷出资本应得到利息。但在有些国家,法律上禁止货币取得利息,据经验可知,这种法律不但无法禁止利息的存在,反而会产生重利盘剥的罪恶。因为,债务人不但要支付使用货币的报酬,而且还要对出借人的冒险行为支付一笔费用。"[1] 企业间借贷一般属于生产性借贷,借贷数额巨大,利息控制显得至关重要。笔者认为企业间借贷利息应符合国家金融规定,且应根据其效力的有无制定不同的利息返还标准。利息返还形式因借贷合同效力不同而具有不同的标准,具体情形如下表(见表6.2)。企业借贷合同有效情形下,借款期限内的利息按照当事人约定,有约定的按照约定,但超过银行同期贷款利率4倍的利息不予保护,无约定的,视为不支付利息;逾期利息因其具有金钱之债被侵害转换而成的损害赔偿之债[2],因此即使无约定仍应按照同期银行贷款利率进行返还。企业间借贷合同无效情形下,对于借款期间利息不予支持,逾期利息如有约定且约定利率低于银行同期贷款利率的,按照约定计算;如无约定则按照银行同期贷款利率计算。

表6.2

合同有效	借款期间利息	约定	按约定,高于银行同期贷款利率4倍的不予保护。
		无约定	视为不支付利息。
	逾期利息	约定	按约定,高于银行贷款利率4倍的不予保护。
		无约定	按同期银行贷款利率计算。
合同无效	借款期间利息	约定	不予支持。
		无约定	
	逾期利息	约定	约定利息低于银行同期贷款利率的,按约定;高于的,按照银行利率计算。
		无约定	按照银行同期贷款利率计算。

3.采取企业内部风险控制和国家外部监管制度相结合的方式防范企业间借贷风险

(1)企业内部章程严控企业借贷,防范资金流失风险。企业间借贷数额巨大,稍有不慎有可能引发企业的资金链断裂,引发金融危机,危害当事人合法权益。因此企业的内部规章制度上应严格控制放贷人权限,如严格按照中国《公司法》规定公司董事或者高级管理人员将公司资金借贷他人必须经股东会、股东大会或者董事

---

[1] [英]亚当·斯密:《国富论》,张兴、田要武、龚双红编译,北京出版社2012年第1版,第93页。

[2] 龙翼飞、杨建文:《企业间借贷合同的效力认定及责任承担》,载《现代法学》2008年第2期。

会的同意，建立责任人负责制，严格审查借款目的及还款能力，并要求借款方提供担保，防范企业内部资金流失风险。

（2）国家加强外部监管，监测企业借贷资金规模，防范金融风险。企业与企业间借贷属于商事借贷，而现代商法的特征在于公私法的结合，也就是意志自由与国家管制的结合。在无效与有效之间，企业间借贷合同的效力附有条件，即企业间所达成的合同应登记公示方可生效，由此平衡国家、企业与投资者等各方的利益。[1]因此国家的外部监管制度体现在以下两个方面：①建立企业间借贷登记备案管理制度。国家应设立民间借贷登记服务中心方便企业借贷登记管理，以加强民间资金流向动态监测，对大额和可疑资金交易将加强审查和分析，为违法违规的资金借贷行为将及时认定并予以立案查处。如果借贷企业未进行登记备案，则对其利益不予保护，并处以相应的罚款。[2]企业间借贷行为进行登记备案，便于国家对金融的宏观管理，也可减少双方当事人矛盾冲突，降低企业融资成本。②加强企业间借贷次数和总量控制。企业间借贷目的是为了促进中国实体经济发展，为了防止企业进行非法金融活动，利用企业间借贷进行资金投资，危害中国实业经济发展，中国应通过制定法规定企业间借贷在一个会计年度内的借贷次数和总量，由中国人民银行根据国家宏观调控的总体形势和规划，设置借贷次数和总量幅度范围，各地根据其具体经济形势可在中国人民银行设置的范围内做出灵活规定，这样既可以满足中小企业的资金需求，又可对其进行风险监管，防止金融危险爆发。

四、结　语

只有符合现实需要和彰显公平、正义、效率和交易安全等法律价值的规范才能获得正当性的认可。中国正处于急剧变动的时期，立法需求依然强劲。在金融体制改革尚未完成之际，企业间借贷作为银行信用的一种有益补充，应有条件地承认其效力对其予以法律保障，使其处于风险可控状态。对于企业间借贷行为，应在尊重私法领域意思自治和契约自由基础下，注重公法之管理，寻求私法和公法间的最佳平衡点，以建构有效的法律保障机制，使企业间借贷既能满足中小企业的资金需求，又防范金融风险之发生，更好地促进中国社会主义市场经济发展。

---

[1] 李正辉：《论民间借贷的规制模式及改进——以民商分立为线索》，载《法治研究》2011年第2期。

[2] 王亦平：《银行法基本问题研究》，人民法院出版社2005年第1版，第81页。

第三节　中国商事民间借贷的立法体系建构

民间借贷按照是否以营利为标准划分为民事民间借贷和商事民间借贷。商事民间借贷标的额大、资金链长、影响广泛，因此有必要针对商事民间借贷制定一部专门法律予以规制。通过对国外民间借贷立法经验的借鉴，中国商事民间借贷应采取统一立法的模式，在金融效率与金融安全并重、金融自由与国家适当管制结合和金融公平公正的理念下，从借贷主体准入制度、借贷运行制度、借贷监管制度和借贷主体退出制度四个方面构建其立法体系。

隐隐浮现的问题是中国对民间借贷有区分为民事与商事的要求，但却被运行简单化的追求所否定，这种结果与中国民商合一体例密不可分，或者可以说，民间借贷不区分为民事与商事是符合民商合一的"正确"设计。[1]但现实生活中民间借贷导致的问题严重影响了各地的经济发展，因此有必要针对商事民间借贷制定一部专门法律。立法完善比司法自由裁量权的行使更为重要，如果有具体可行的法律规则可以解决问题，就不应该将问题留给一大二空的原则和司法权解决。[2]经济学四人组拉波塔（la porta）、洛配兹·西拉内斯（lópezde-silanes）、安德烈·施莱弗（Andrei shleifer）和罗伯特·维什尼（vidhny）（简称 LLSV）的法与金融理论认为法律是决定金融发展程度的关键因素，取决于法律对投资保护的程度。法律对金融的发展至关重要，这种作用需通过对投资者权利的法律保护加以实现。[3]因此，无论是从规制民间借贷行为还是保护投资人权益的角度都应重视商事民间借贷的立法。

一、问题的提出

从 2011 年浙江温州"老板跑路"，江苏泗洪"宝马乡"，2012 年鄂尔多斯的"鬼城"一直延续到 2013 年的西安神木"高利贷崩盘"，民间借贷的字眼始终震颤着人们敏感的神经。从民间借贷现象的发展可见其并非是沿海经济发达地区特有的经济

---

[1] 李政辉：《论民间借贷的规制模式及改进——以民商分立为线索》，载《法治研究》2011 年第 2 期。

[2] 陈醇：《商法原理重述》，法律出版社 2010 年版，第 55 页。

[3] 陈蓉：《"三农"可持续发展的融资拓展：民间金融的法制化与监管框架的构建》，法律出版社 2010 年版，第 90—92 页。

现象，已延伸到中国内陆地区，呈现全国爆发之趋势。一方面，民间资金充裕，人们投资渠道困乏；另一方面，全国中小企业及农民寻求正规金融贷款无门。两者之间矛盾突显，如何寻求既保护投资者权益又解决中小企业融资问题就成了法律上的难题。中国对民间借贷态度褒贬不一，在对待民间借贷的制度安排上，国家应当有步骤、有选择地在法律上明确承认民间借贷的合法地位，通过提供一套保障契约签订和执行的制度约束，保护这些民间金融机构的财产权利和正当的经营活动，规范民间借贷的交易手续、推行民间金融交易契约化和法律化，让民间金融在法律规范和监督下走向合法的金融活动，成为正规金融的竞争者和补充者。[1] 作为某种演进的制度类型，民间借贷分类中所暗含的民商分离的理念在制度的重建中应引起一定的重视。[2]

目前民间借贷已由传统的民间借贷向商事性质的民间借贷发生转变，主要表现为以下几点：①民间借贷主体由民事主体向商事主体转变。传统的民间借贷主要发生在熟人亲友之间，且大多为自然人之间借贷。而现代的民间借贷多为企业与企业之间、自然人与组织之间，大多为商主体之间借贷。②民间借贷利息由无偿向营利转变。传统的民间借贷大多数为无偿借贷，当事人之间并无利息约定或利息特别低，借贷行为具有偶发性；如今各地爆发的民间借贷大多为高利贷所致，且以营利为目的，放贷人连续地以营利为目的进行放贷行为。③民间借贷的组织由低级形态向高级形态开始转变。按照民间的发展组织程度，民间借贷主要包括私人借贷（包括高利贷）、"银中"或"银背"、典当、互助会、私人钱庄、连结贷款、集资等形式，其中私人借贷和"银中"或"银背"为民间借贷的初级形态，私人钱庄为民间借贷的高级形态，其余为民间借贷的中间形态。[3] 综观民间借贷对社会造成的深远影响，皆为商事民间借贷所致，民间借贷立法中，以营利性为标准将民间借贷划分为民事性民间借贷和商事性民间借贷，是设计和检讨中国民间借贷立法科学性的重要依据。[4] 因此根据中国金融市场的结构和法制现状，规范民间借贷的专门立法应当重点规制那些以营利为目的并专门从事借贷业务的机构和个人所进行的商事性借贷，主要包括对借贷主体的准入、借贷利率、借贷地域等加以规范。最后在商法崇商重企的理

---

[1] 岳彩申、袁林、陈蓉：《民间借贷制度创新的思路和要点》，载《经济法论丛》2009年第16卷。

[2] 李正辉：《论民间借贷的规制模式及改进——以民商分立为线索》，载《法治研究》2011年第2期。

[3] 王春宇：《中国民间借贷发展研究》，哈尔滨商业大学2010年博士学位论文。

[4] 岳彩申：《民间借贷规制的重点及立法建议》，载《中国法学》2011年第5期。

念下，应当在法律上或制度上保护商事民间借贷主体的财产权利和正当的经营活动，减少经济制度的不确定以及放贷活动的风险性，平衡放贷人与借款人之间的利益。民事借贷同商事借贷所蕴含着民法与商法不同的理念，要求有不同于民法的特殊规范体系加以保障。

二、商事民间借贷的法律界定

（一）概　念

民间借贷，指非金融机构的主体间所发生的资金借贷，包括自然人之间、自然人与企业之间，以及企业间的资金借贷。[1]这是广义上的民间借贷，狭义上的民间借贷仅仅包括自然人之间的民间借贷、自然人与企业之间的民间借贷。企业间借贷因违反中国的相关法律、法规，因此其借贷不受法律保护。由此可见民间借贷按照主体可以划分为：自然人与自然人之间的借贷，自然人与企业之间的借贷以及企业间借贷。按照民间借贷是否以营利为目的，民间借贷可以分为民事民间借贷和商事民间借贷。不以营利为目的的有偿或无偿转让资金的行为应该认定为民事行为，但以收取利息未目的的货币流通则具有资金流通的功能，具有了商事行为的性质。如某一自然人、法人或者非法人组织将发放贷款作为一种经营活动时，则具有营利性和反复性，应属商事行为。[2]

从经济学的角度出发，"商"可以定义为"以营利为目的，为卖而买或为买而卖的交易行为"[3]。商事民间借贷之所以区分于民事借贷的根本原因，要到商事民间借贷法律关系对法律的特殊需求上去寻找。民事民间借贷同商事民间借贷主要存在以下区别：①民事民间借贷同商事民间借贷所追求的价值不同。民事民间借贷的发生，主要是处于交换者对货币使用价值的追求。以物易物的交换最鲜明地表现了交换者对他种使用价值的需求，即使在有货币介入的交换中，也只不过是交换者获得货币后，可以更方便地买到所需要的使用价值。而商事民间借贷主要出于营利动机，追求的是交换价值的增值。商人看重的是商品的可交换性，而不是有用性。②两者遵循的价值规律不同。等价交换是商品经济的一般规律。"等价交换并非等值交换。

---

[1] 李正辉：《论中国民间借贷的规制模式及改进——以民商分立为线索》，载《法治研究》2011年第2期。

[2] 岳彩申：《民间借贷规制的重点及立法建议》，载《中国法学》2011年第5期。

[3] 石少侠：《商法思考的印迹》，中国检察出版社2008年第1版，第2页。

进入市场的交换者、投资者,必须承担价值与价格背离的风险。"[1]不等价的追求往往是任何交换所固有的动机。民事民间借贷的主要动机是追求使用价值,而不是营利,因而大多数情况下能够按照等价交换的原则进行,而对商人来讲,其所追求的是营利,商事借贷必须是价格不等的交易,因而等价交换则无从谈利。③两者发生的频率不同。民事借贷因需而定,有需求才会向亲戚朋友寻求借贷,具有偶发性、一次性的特征。而商事借贷则为商人的营业项目,连续、反复地进行放贷行为,具有明显的规律性。由此可见,所谓商事民间借贷是指非金融机构的主体间所为的以放贷为业,且以营利为目的的经营行为,即指发生在商主体之间,以及非商主体但长期从事放贷业务且以营利为目的的民事主体之间的借贷行为。

(二) 内 涵

1. 主体的特定性

商事借贷的主体要求一方或者双方为商人。所谓商人是指按照商法的规定取得营业资格的人,即参加商事法律关系,以商为业者。商人取得营业资格后就会产生特别义务,商人均许依法履行信息公开的义务,商人必须置备商业账簿[2];商人从商必须具备营业资格,营业资格因登记而取得,营业资格是商人资格的核心,不具有营业资格者,即不具有商人资格,而不具有商人资格的组织和个人不能成为商人。商人应是以一定的组织形式、从事营业活动、拥有独立财产,经注册登记,并以自己的名义实施商业交易为职业的组织或个人。[3]因此在商事借贷中,若从事放贷这一商行为,就必须进行注册登记,以商人的名义进行法律行为。否则其进行的借贷为民事借贷,与商事借贷采取不同的规制途径。

2. 关系的交易性

商事民间借贷双方当事人的行为要具有交易性。交易的标的为财产,交易方式为借贷,并以支付一定的利息为代价。而民事民间借贷以满足自身的消费为目的,并且发生频率低,一般为无偿借贷,即使有利息约定,也仅仅是作为金钱借贷的一种代价,不具有营利性的目的。

3. 行为的经营性

商事借贷的主体进行的放贷行为一定要具有经营性这一特征。经营性是指行为

---

[1] 杨志华:《证券法律制度研究》,中国政法大学出版社1993年版,第31页。
[2] 王保树:《中国商法》,人民法院出版社2010年版,第41页。
[3] 周林彬、任先行:《比较商法导论》,北京大学出版社2000年版,第217页。

人的营利行为具有反复性、不间断性和计划性的特点，表明行为主体至少在一段时期内连续不断地从事某种性质相同的营利活动，具有明显的职业性。具体表现为商人连续、反复地进行同一种商行为，并且具有一定的规律性。商事借贷的经营性即指商人要连续、反复地进行放贷这一商行为，并以此为业。

4. 目的的营利性

"商法从它诞生的那天起就打上了谋利、求赢、趋财的烙印，反映了'天下熙熙，皆为利来；天下攘攘，皆为利往'的经济现象，讲求交易价值，谋求投资回报，实现利益最大化，以营利为其本质特征。"[1]营利即指通过交易而谋取超出投资资本的利益及追求资本增值的目的性，商人实施商行为的根本指向即为资本利益。商事借贷要以营利为目的，否则等同于民事借贷，商主体进行放贷行为是为追求金钱这一无形财产的资本价值，并非出于友谊或亲情而无偿借贷。

5. 不吸收公众存款

商事民间借贷的放贷人必须以自有资金或者以正规渠道融资进行放贷行为，不得吸收公众存款。所谓非法吸收公众存款指未经中国人民银行批准，向社会不特定对象吸收资金，或者不以吸收公众存款的名义，出具凭证，承诺在一定期限内还本付息，扰乱金融秩序的行为。商事民间借贷主体不具有金融机构资质，其放贷行为不能扰乱国家的金融秩序，只有限制其不得吸收公众存款才能降低金融风险。

（三）外　　延

若要对一个概念法律性质界定清楚，需弄清其内涵与外延，外延是指概念所涵盖对象的数量和范围。根据以上对商事民间借贷内涵的定义，商事民间借贷的外延主要包括以下几种形式。

1. 以放贷为业的自然人之间借贷

自然人之间的借贷是民间借贷的普遍类型，受《民法通则》和《合同法》调整，但现实生活中出现了很多以放贷为业的自然人，其放贷目的为营利且连续、反复地从事这一行为，已经具备了商事行为的特征，因此针对这一放贷人的行为应视为商行为，与民事借贷行为适用不同的调整路径。

2. 企业间借贷

企业间借贷合同的效力目前为中国法律所否认，原因为二：①企业间借贷违反了中国金融业务专营的法律、法规规定，不具有法律效力；②如若完全放开企业间

---

[1] 赵中孚主编：《商法总论》，中国人民大学出版社2003年版，第26页。

借贷的效力，恐导致金融风险危害中国实体经济。因此建议企业间借贷对具有上下游供应商关系、母子公司关系且因生产需要发生的借贷等，应当规定为合法有效的借贷，且需要向相关部门进行登记备案，利于国家对企业间借贷的监控。

3. 典当行

据《典当管理办法》，典当行是指依照该办法设立的专门从事典当活动的企业法人，不得吸收公众存款和发放信用贷款，其组织形式与组织机构适用《公司法》的有关规定。典当是以特殊财务抵押或质押做限期有偿借贷的特殊融资行为，其本质属性是资金借贷行为。[1]因此典当公司成为商事民间借贷的放贷人是"名副其实"的，属于商事民间借贷的一种类型。笔者建议法律应顺应社会经济的变化，允许典当行进行一定的放贷行为，同时对其业务范围进行一定的限制，加强相关部门的监督。

4. 私人钱庄

私人钱庄是指未经政府机构及金融部门的批准或授权，对社会不特定对象吸收存款且发放贷款，不受国家监管的民间银行机构。由于其吸收公众存款，且在国家监管范围之外，容易发生高利贷行为，对社会的危险性极大。笔者认为针对私人钱庄，如其规模、运营模式符合正规金融的规定，应有条件地发展其为村镇银行或者民营银行，对于一些规模较小，且吸收公众存款较少的，应限制其业务，禁止其吸收公众存款，符合商事民间借贷条件的，受商事民间借贷法律规制。

5. 小额贷款公司

《关于小额贷款公司试点的指导意见》中规定小额贷款公司是由自然人、企业法人与其他社会组织投资设立，不吸收公众存款，经营小额贷款业务的有限责任公司或股份有限公司。小额贷款公司是符合法律规定的经营放贷业务的民间组织，其放贷目的为营利，理应属于商事民间借贷的一种类型。

三、其他国家与地区商事民间借贷的立法经验借鉴及启示

（一）立法经验

1. 美　　国

美国作为具有高度发达金融市场的国家，虽然在其工业化的进程中没有遭遇发展中国家的资金"瓶颈"，但其仍有 2 500 万个家庭、7 500 万人的融资缺口是靠小

---

[1] 危惊涛：《典当基础理论与基本业务技能》，全国典当从业资格认证辅导教材编委会 2008 年版，第 124 页。

额贷款公司、信用协会和合作金融等民间借贷组织完成的。[1] 美国的民间借贷的组织主要有：合作金融组织、储蓄贷款协会和非吸收存款类放贷人（Non-Deposit-Taking Lenders，简称 NDTL）。美国将非吸收存款类放贷人（NDTL）分为商业类和消费类两种，商业类主要给公司法人提供贷款，消费类主要给个人消费者提供贷款。①放贷人准入制度。美国根据不同的放贷类别施行不同的登记制度。如消费类放贷机构必须持有州放贷牌照，而商业类的放贷机构原则上不需要牌照，根据贷款额度，利率水平和贷款用途的不同持有相应的牌照。②放贷人利率的规定。一些州通过《反高利贷法》设定利率上限，一些州则不存在利率上限，且即使存在利率上限，根据不同的贷款类别其最高利率也不相同。根据贷款用途的不同、放贷人条件不同以及是否采取担保不同，其利率规定也不相同。一般情况下，消费类利率高于商业类利率，无担保贷款利率高于有担保贷款利率。③放贷人的监管制度。监管由州立政府负责，且监管内容较为宽松，属于非审慎性监管。主要监管放贷人是否取得放贷牌照、是否按期向监管部门提交报告以及是否符合监管部门的定期检查。由于放贷人并不吸收公众存款，且对正规金融体系不会造成很大的冲击，因此对其监管较为宽松。

2. 新加坡

新加坡的《放贷人法案》于2008年通过，2009年3月1日实施，2010年进行修订，其内容主要包括以下几个方面：①放贷人的领牌事宜。法案规定任何人无论以何种方式经营放贷业务，无论是作为主业还是副业，都必须到注册部长处领取牌照，否则其放贷行为不受法律保护。法案规定了申请牌照的条件以及拒绝申请或者续期牌照的事由、续期的程序以及撤销及暂停牌照的事由。放贷人进行放贷行为有地区限制，如放贷人需要在新的地方从事放贷业务，则需要向注册部长提出书面申请。任何人从事放贷业务没有申请牌照的，将都成犯罪并处以罚款与监禁的处罚。在无牌照放款情况下，款项无法收回时法院不予受理，其贷款面临无法收回的风险，且保证金也不得强制执行。②放贷利率的规定。法案对借款利率也进行了限制，无担保贷款的最高年利率为18%，有担保贷款的最高年利率为12%，且对高利贷行为进行了严格限制，将原来追讨还款的过激行为扩大到债务追讨过程中，凡鼓动或者直接参与过激行为的个人都将受到鞭刑的处罚，无论是否给借款人造成财物损失或者人身伤害。法案中引入了"其他放贷人"用以排除不受此法案调整的范围。③放贷人的监管制度。放贷人监管制度内容翔实，包括放贷人的广告和营销事项、经营场所的标识、

---

[1] Ivan Light and Michelle Pham."Beyond creditworthy:Microcredit and Informal Credit in the United,"*Journal of Debelopmental Entrepreneurship*. vol.3.summer.1998.p.1.

借贷合同应注意的事项以及放贷人提供账单、贷款文件和收据的义务。

3. 中国香港地区

中国香港地区为了规制民间借贷的健康发展，于1997年修订了《放债人条例》，并废除了《1911年放贷人条例》（Money-lenders Ordinance 1911）。本条例旨在对放债人及放债交易的管制和规管、放债人注册处处长的委任，以及经营放债人业务人的领牌适宜订立条文；为了对付过高的贷款利率及敲诈性的贷款规定而提供保障及救济；订立罪行及对以上各项相关及附带引起的事宜订立条文。主要内容包括以下几个方面：①放债人的领牌事宜。放债人（money lender）指经营或宣传、宣布或以任何方式显示自己是经营贷款业务的人，不论其是否同时经营其他业务，亦不限制其为自然人或法人。任何人从事放债业务都必须到放债人注册处领取牌照，禁止任何人无牌照、在牌照指明处所之外的任何地方、非按照牌照上条件经营放债业务。无牌照放款不得追讨贷款及利息，亦无权就贷出款项而取得保证。领取牌照经营放债业务的期限为12个月，并且在该法案中规定了牌照的续期、撤销及暂时吊销，牌照的转让及新处所的增设等事项。[1] ②放债人的交易方式。放债人放债需做出书面协议且有借款人亲自签名并登记备案，否则不能强制执行。这就避免了放贷人私自追缴借款所带来的社会危险性。[2] ③放贷人利率的规定。高利贷在法案中被定义为超过年息60%的实际利率贷出款项属于犯罪，处以罚款及监禁。任何贷款的还款协议或者付息协议，以及就该等协议或贷款提供的保证如超过上述利率，则不得予以强制执行。[3] ④放债人注册处处长及其监管职能。行政长官任命一名公职人员为注册处处长，对牌照申请、续期、撤销或者吊销等事宜以及他认为适当的任何事情进行管理。[4]

（二）启　　示

1. 从上述其他国家及中国香港地区有关民间借贷的规定来看，无论是发达国家还是发展中国家都采取统一立法的方式对民间借贷进行了专门的法律规定

美国根据借贷主体的不同采取了分别立法的模式，分别制定了《美国信用社会法化法案》与《非吸收存款类放贷人法案》；新加坡和中国香港地区则针对职业放贷人制定了《放贷人法案》与《放债人法案》，统一立法的模式使得作为正规金融

[1] 中国香港1997年《放债人条例》第二部分"放债人领牌事宜"第7—17条。
[2] 中国香港1997年《放债人条例》第三部分"放债人的交易"第18条。
[3] 中国香港1997年《放债人条例》第四部分"过高利率"第24条。
[4] 中国香港1997年《放债人条例》第一部分"导言"第4条、第5条。

补充的民间借贷行为有法可依，既规范了民间借贷行为，也加强了国家对民间金融秩序的监管。

2. 放贷人的准入门槛较低

放贷人准入门槛较低，且不论其是否专营放贷业务，只要经营或宣传、宣布或以任何方式显示自己经营该项业务，即为放贷人，受放贷人法案调整。其组织形式多种多样，个人、合伙或公司符合法案中放贷的条件均可申请牌照从事放贷业务。

3. 高利贷受到严格禁止

各国有关放贷人法案大都根据不同的贷款形式采取不同的贷款利率规定，且规定了适用的利率上限。并且对高利贷行为进行了明确的界定，如果放贷人行为构成高利贷将受到严格的惩罚。

4. 放贷人的监管属于非审慎性监管

从上述国家和地区的民间借贷立法来看，法案中皆对放贷活动的监管机构、监管职能与范围以及高利贷不法行为的处罚都进行了详细规定。同时由于其具有非吸收公众存款性、准入门槛较低、对正规金融体系造成危害不大，因此对其监管按照放贷人类型的不同由不同的监管机构履行职责。

四、中国商事民间借贷的立法选择

（一）立法模式：统一立法

对于商事民间借贷的法律规制而言，立法模式的选择至关重要。目前中国《民法通则》、《合同法》、《贷款公司管理规定》、《贷款通则》、《典当管理办法》、《关于小额贷款公司试点的指导意见》等法律中都有对商事民间借贷的法律规定，但这种分散的立法模式已不足以适应商事民间借贷的发展。通过对比较法上的优秀立法经验借鉴以及根据中国的经济发展状况，中国亦亟需制定一部专门的商事民间借贷法律。早在2007年中央人民银行就成立了《放贷人条例》立法研究的调研组，深入广东、浙江、西安等9个地区针对民间借贷及小额贷款公司的状况进行调研。但鉴于国家金融制度改革尚未完成，以及相关配套制度尚未完善，条例本身的立法价值以及细节问题尚未达成共识，导致《放贷人条例》迟迟未获通过。笔者认为针对商事民间借贷的统一立法已是大势所趋，其立法目的是引导一部分处于隐藏、半公开甚至非法状态的民间借贷浮出水面，通过有效的法律手段、经济手段刺激其转向正常的、公开的和商业可持续的经营。因此，针对商事民间借贷采取统一专门立法的模式是规制其健康发展的有效途径。

（二）立法理念

1. 金融效率与金融安全并重

金融安全指货币资金融通的安全和整个金融体系的稳定，金融安全程度越高，金融风险就越小；反之，金融风险越大，金融安全程度就越低。金融安全事关国家经济命脉，因此中国实行严格的金融管控制度。但长远来看，过多强调金融安全将会降低财富所有者的投资收益，使资金流动性受到限制，导致金融效率低下以及金融配置资源的扭曲。没有效率的交易不符合市场经济的发展规律，但没有安全的交易效率将会导致市场的无序化结果。商事民间借贷的立法与中国的经济发展息息相关，其立法目的是规制商事民间借贷行为，平衡借贷双方当事人利益，为中国经济的快速发展保驾护航，因此其立法应注重金融效率的提高以及金融安全的保障。

2. 金融自由与国家适当管制结合

"金融自由是金融市场的根本动力，是金融活动的恒久追求，只有以自由为核心金融活动才能健康有序发展。"[1] "基于自由法治的市场经济更促进发展，自由法治的政治经济制度能够最大限度的释放人性的积极因素，从而创造出惊人的经济增长。"[2] 但商事交易活动中各个利益主体的取向不同，导致其信息不对称及存在各种不确定信息，因此容易诱发道德风险。在商事民间借贷的立法中应把交易风险限定在一个合理的范围之内，避免社会经济发展无序化的后果。[3] 因此国家对商事民间借贷进行立法时应贯彻金融自由与国家适当管制的理念，避免道德风险与金融风险。

3. 金融公平公正

现代经济增长的原动力与传统社会不同，更需要公平公正的市场环境，充分保护创新者的权益。财富所有者享有对其财产进行占有、使用、收益和处分的权利，赋予人们对自己财产进行放贷的权利是金融公平公正理念的体现。"这些国家今天所面临的真正挑战不在于它们是否应该发行或接受更多的货币，而在于它们是否能够理解法律制度，是否能够集合其必须的政治愿望来建立一个便于穷人接受的所有

---

[1] 张秋华、周毅：《论中国金融法制理念的重构》，载《税务与经济》2004年第4期。

[2] 陈志武：《没有"中国模式"这回事》，台北八旗文化2010年8月版，第56页。

[3] 赵万一：《商法独立于独立的商法——商法精神与商法制度管窥》，法律出版社2013年版，第35页。

权制度使穷人也能将资产转化为资本。"[1] 金融公平公正的理念主要体现在两点：①金融制度应公平地配置权利资源。每一个社会成员都拥有平等的融资权利，享受平等的金融服务。②赋予民间金融组织同正规金融组织平等的放贷权利。在社会转型时期应构建多层次的金融机构以应付国家哥各个部门的融资之需，民间金融组织同正规金融组织并存能促进中国金融制度的改革，完善金融组织的产品与服务。

（三）立法的主要内容

1. 商事民间借贷主体准入制度

商事民间借贷主体的准入制度是指规定商事主体如何获得商事登记机关的登记备案并公之于众，取得市场主体资格的制度。从天赋人权的理念出发，行商权作为商主体从事经营活动的基本权利，其本身是内生于商主体人格的一种自然权利，在一般民事主体都成为商主体之刻起就渗透于主体的人格之中，从而构成其人格不可分割的一部分。这种内生于人格的权利是一种主体资格定位的价值取向，是民事主体应具有的一种应然性商事主体资格。[2] 因此应尊重每一个民事主体的行商权，但商事主体资格的取得应具备一定的条件：①商事民间借贷主体准入的组织形式。从上文中其他国家和地区的立法经验来看，其对放贷人的组织形式并没有限制，可以是个人、合伙、独资、法人等。而在中国的现实情况中很多民间借贷的组织形式也是多种多样，因此对于商事民间借贷的组织形式可以适当放宽，在不影响法律统一性的情况下允许其多样性存在。②资本的最低限额。作为民间金融机构的商事民间借贷因其数额巨大，足以影响国家经济的金融宏观调控，因此其准入的最低份额应根据其组织形式不同而有不同规定。③注册机关。商事民间借贷主体作为商主体理应进行登记备案，中国人民银行和银监会是监管正规金融机构的机关，对于商事民间借贷的规模各地经济差异较大，采取由各地银监会和政府专门部门相结合的方式更有利于对商事民间借贷主体准入的监控。

2. 商事民间借贷的运行制度

（1）合理设定利率标准。商事民间借贷活动中最重要的制度则是商事借贷的利率标准，利息作为使用货币的对价，在商事民间借贷活动中是必然存在的。市场经济发达的美国实行了利率自由化，但其也是导致美国次贷危机爆发的原因。因此在中国金融制度尚未改革之际，利率自由化尚不可取。中国法律规定民间借贷的利率

---

[1] ［秘鲁］赫尔南多·德·索托：《资本的秘密》，王晓东译，江苏人民出版社2005年版，第52页。

[2] 范建：《商事法律报告》第1卷，中信出版社2004年版，第52页。

不得超过同期银行贷款利率的4倍，笔者认为目前应坚持这一规定，在专门法中做出明确规定。

（2）禁止高利贷。美国针对高利贷行为其各个州专门制定了《反高利贷法》，新加坡和中国香港地区则是在《放贷人法案》中规定了高利贷的构成条件以及处罚措施。中国可以借鉴新加坡或者是中国香港地区的经验，在《商事民间借贷法》中规定高利贷的构成条件以及处罚措施。

3.商事民间借贷的放贷范围

放贷人的业务范围也是商事民间借贷规制的重要内容，各地的商事民间借贷主体若要从事放贷行为，皆需到各地的主管部门进行登记备案注册，如若其将业务扩展至其他地方，则应向当地的主管部门进行申请。

4.商事民间借贷的监管制度

"在现代社会中，为了保证自由市场的存在，以及为了避免自由市场不应做的事情，一个积极的政府必不可少。"[1]尤其在高风险性的金融系统中，金融监管更为重要。在监管体制方面，应构建监管主体多元化、多层次的监管体制，建立由银监会和地方政府金融办公室相结合的监管体制。银监会负责制定商事民间借贷主体的发展规划、政策方向和监管目标等宏观内容，地方政府金融办公室则负责对商事民间借贷主体的运行内容进行监管。在监管内容方面，构建非审慎性监管。由于商事民间借贷的主体非吸收公众存款性，金融风险性较低，因此对其监管可以采取不同于正规金融的非审慎性监管。

5.商事民间借贷主体的退出制度

市场化的退出机制不仅有利于加强民间金融机构的内部治理，形成对股东的有效激励和约束机制，也有利于普通存款人了解和判断民间金融机构存在的风险，激励他们主动监督民间金融机构的经营行为，充分发挥市场约束机制的功能。[2]为了更好地应对商事民间借贷主体的退出制度，中国应尽快修改现行《中华人民共和国企业破产法》，增加个人、合伙、独资等非法人企业的和解、破产重整以及破产清算制度。如此一来，才能照应商事民间借贷主体的准入制度，真正实现商事民间借贷主体进行放贷行为的有法可依。

---

[1] ［美］凯斯·孙斯坦：《自由市场与社会正义》，金朝武等译，中国政法大学出版社2002年版，第1页。

[2] 岳彩申、袁林、陈蓉：《民间借贷制度创新的思路和要点》，载《经济法论丛》2009年第16卷。

第四节　论食品企业的社会责任

企业社会责任的相关理论之所以为众多学者青睐，在于企业社会责任与企业的基本经济利益、企业的关键竞争力、企业的综合实力、企业的可持续发展、社会的和谐稳定有着重要的关系。同时，企业的社会责任也早已成为影响中国社会、经济、文化健康发展的重要问题。

在中国目前的社会生活实践中，食品安全已成为社会主体普遍关注的焦点问题。一方面是因为民以食为天，食品行业是与民生最为接近的领域，是人们日常生活中无法不关心的话题。另一方面则是由于近年来各种频发的食品安全事件，例如"徐福记事件"、"毒奶粉"、"地沟油"、"塑化剂酒"、"塑化剂饮料"等，食品安全问题从未离开过人们的视线。它不仅仅使人们产生了恐惧心理，更令消费者对中国食品企业的信誉产生了莫大的怀疑。此外，人们对国外商品的盲目追逐和信赖，使得"洋货"成了中国食品行业的绊脚石，中国食品企业陷入发展的瓶颈期。自网络媒体这种新型的传播媒介兴起以来，食品安全问题往往会被露骨甚至是夸张地报道。这些报道和舆论既能够让广大直接和间接的消费者对食品企业的生产流程及配方进行全方位、多层次的感性了解，又能够对食品产品的质量有准确、科学的理性认知。随着人们生活物质水平的大幅度提高和知识结构的不断丰富，人们消费需求层次的广度和深度都在不同程度地提高。人们从仅仅关注食品的色香和味道，转而更多地关心饮食的健康、卫生、安全和营养。食品安全事故的频繁出现和曝光，使人们不仅仅惶恐自己所买的食品是否新鲜，更担忧其是否能吃，人们对食品企业的信任，严格地说已是每况愈下，这使得食品企业陷入极为尴尬的境地。

为了挽救食品企业在社会上的尴尬局面，为了食品企业的广阔市场和美好前景，更为了食品企业能够可持续发展和社会的诚信、安全、文明、和谐建设，食品企业应该将企业食品安全管理进一步规范化，切实从各个方面加强企业履行社会责任的意识和能力。食品企业究竟应该履行哪些社会责任、怎样履行对消费者的社会责任将是学者们共同研究的方向。了解食品企业对消费者履行的社会责任现状，发现其中存在的较深层次的问题，从而找到问题的根源，对于找到食品企业更好履行对消费者社会责任的出路极为重要。

一、食品企业社会责任基本概述

（一）企业社会责任的概念

企业社会责任自萌芽以来，由于学者们在理论和实践中对其内涵在不同时期的不同认识，其所形成的企业社会责任概念的观点也有所不同。早期关于企业社会责任的观点主要有两种，包括古典观[1]和社会经济观[2]。任何一种理论学说的存在和发展都应该顺应时代的要求，而时代的转变会使大众对企业的社会责任预期随之改变，最终体现其如何改变，在不同的时期也有不同的表现，譬如出台政策，譬如立法。企业社会责任是一个涉及广泛领域的、复杂的、有着不同外延的概念，国内外的许多学者从不同的学科领域、不同的角度都对其做了研究和界定，这些概念的界定自然地适用于食品企业社会责任。本书主要选择国内外学者关于企业社会责任概念在不同角度和不同学科的核心观点进行阐释。

1. 国外学者关于企业社会责任的定义

1975年，有学者认为企业社会责任间接表明把企业行为提升到一个与当前风行的社会规范、价值和目标相一致的等级。而在1979年，卡罗尔指出：企业社会责任最大限度地容纳了经济、法律、伦理道德、环境、慈善的一系列责任。同时，卡罗尔还提出"企业社会责任金字塔"理论，此理论将企业社会责任分为四个方面：企业经济责任、企业法律责任、企业慈善责任和企业伦理道德责任。卡罗尔表示，其探讨的问题应该是超越法律之上的企业社会责任，他更加关注逾越法律之上的某类责任。到1985年，霍德盖茨表明企业社会责任是企业为了所生存社会的福利而必须关注的道义上的责任，必须要对消费者一类的主体承担一定的道义上的社会责任。到1998年，维尔翰又提出企业除了对其股东、业主等承担责任之外须对整个社会承担责任。由此可看出国外学者对于企业社会责任的界定主要体现在对其不同类型责任以及对谁承担责任的概括，尤其强调企业社会责任中伦理道德类的责任。对于食品企业这一特殊的企业类型，实践中更要注重对消费者的伦理道德责任。

2. 国内学者对企业社会责任概念的界定

国内学者分别从社会伦理学、经济管理学、法学等多门学科对企业社会责任的

---

[1] 古典观是以美国经济学家米尔顿·弗里德曼为代表，他认为，在自由的企业制度中，对股东负责是首要的，而股东总是想要获得更大利润，因此企业的责任，也是唯一的责任就是努力完成股东的这一愿望。

[2] 社会经济观认为企业应该自觉承担起社会责任的。

概念做了界定，但其内涵因不同学者从不同的学科入手有着较大的差异。

（1）经济管理学角度的企业社会责任。刘俊海认为，所谓企业社会责任是指企业存在的唯一目标不仅仅是最大限度地获取股东赢利，还应当保障股东利益之外的其他所有社会利益最大限度地增进，这种社会利益包括消费者利益在内的整个社会公众利益。企业社会责任是企业应当主动承担的态度，企业需要最大限度地让企业的行为合理化，并主动加入解决问题的行列中。企业应该承担至少包含消费者在内的三个方面的责任。企业社会责任是指企业在谋求股东利润最大化之外所负有的维护和增进社会利益的义务。有学者认为企业社会责任是企业除了追求股东利润最大化之外，还容纳保护和促进社会公共利益的义务。还有学者认为企业社会责任是企业在谋求自身及其股东利益最大化的同时，从促进国民经济和社会发展的宏观目标出发，为其他利益相关者履行某方面的社会义务的具体体现。

（2）社会伦理学角度的企业社会责任。华东政法大学的董保华[1]教授则从社会学的角度对企业社会责任的概念做了阐述。他认为企业社会责任首先应作为一种理论，把企业是"社会人"作为一种观念，这是实现国内对企业的认知上从经济人向社会人的理论转变的前提，也是企业社会责任理论从书中走向现实的体现。朱慈蕴认为，企业社会责任是指企业应对雇工这一利益群体以外的、与企业发生各种关系的其他利益相关群体、政府代表的公共利益负有一定责任，即维护公司消费者等相关主体利益以及政府代表的税收利益、环保利益等。

（3）法学角度的企业社会责任。上海财经大学的王全兴[2]教授从广义和狭义的角度对企业社会责任进行了定义。他认为广义的企业社会责任应该包括对消费者在内的各种利益相关主体承担责任，涉及劳动法、消费者权益保护法、环境资源保护法、社会保障法、环境保护法、经济法等法律，而狭义企业社会责任仅涉及劳动法和社会保障法。总之，在他看来，现代社会里的企业既是投资者的企业，也是全社会的

---

[1] 董保华：华东政法大学政治学与公共管理学院教授、博士生导师，中国劳动法学研究会副会长，上海市劳动学会劳动法专业委员会主任委员，上海市法学会劳动法研究会总干事，中国律师协会劳动法专业委员会委员，上海市汇业律师事务所律师，华东政法学院劳动法律服务中心主任，上海市企业联合会顾问，上海市劳动局社会化仲裁首席仲裁员。

[2] 王全兴：湖北大冶人，1956年出生。上海财经大学法学院教授、博士生导师，中国经济法学研究会副会长，中国社会法学研究会副会长，中国劳动法学研究会副会长，中国人力资源研究会副会长。

企业，天然地要对社会公共利益承担责任。政协委员张兰霞[1]认为企业社会责任是企业必须关心的道义上的责任，因为企业生存于社会整体福利环境的保护之下。

（4）综合性学科观点。研究学者周祖城认为，企业社会责任是企业对消费者等利益相关者承担的经济、法律和道德的责任，包括重点维护消费者权益。这里的企业社会责任又分为经济的、法律的和道德的三大类。中国台湾学者刘连煌认为，所谓企业社会责任，指营利性的企业在决策机关确认某一事项为社会上多数人所希望后，该营利性公司在放弃营利之意图去做符合多数人对该企业之期望。

中国学者基本上从各个不同的学科领域对企业社会责任进行了专业、系统、合理的研究，与国外学者的研究结论有一定的相似性，但也存在着一些较大的差别，中国学者相对重视利益相关者理论，主要区分股东利益与利益相关者利益，尤其重视社会公共利益。虽然在目前看来，中国学者似乎对企业社会责任的定义并没有做出一个明确的解释，但大家都有着一个共识，即企业社会责任应该是逾越了经济和法律的道德因素，至少包含宏观和微观两方面的内容：从微观而言，企业社会责任是企业对利益相关方担当的责任；从宏观而言，企业社会责任是在利益相关方之上的国家甚至是全世界、全人类共同的公共责任。因而，食品企业社会责任也必须考虑宏观和微观两个方面的因素。

（二）食品企业社会责任的概念

企业社会责任中，最为重要的便是食品企业的社会责任。这是因为食品企业是人们生活中最特殊，与人们的生活息息相关，关乎人们温饱、性命的企业。起初，人们对食品企业社会责任的概念应该是极其模糊的，甚至根本没关注过，只是简单地希望买到的食品是可吃的。而近年来，食品安全问题频出，使得公众对食品企业履行社会责任的情况加倍关注。食品企业社会责任理所当然地包含于企业社会责任之中，套用利益相关者理论及其定义，食品企业社会责任就是食品企业对社会相关主体应该履行的责任。具体而言，食品企业社会责任是食品企业在某一特定时期社会对组织所寄托的经济、法律、伦理和自由决定慈善的期望。这样看来，食品企业社会责任的内涵不仅仅表现在食品企业须构建各个利益主体之间的责任，还体现在食品企业在外部要主动承担起与社会各利益相关者尤其是消费者之间的和谐义务。

---

[1] 张兰霞：中国人民政治协商会议沈阳市委员会委员，九三学社沈阳市委员会妇委会委员，九三学社沈阳市委员会东北大学基层委员会副主任委员，中国自然科学基金同行评议专家，《东北大学学报（社会科学版）》、《管理学报》等的审稿人。

张寿荣教授则认为，食品企业的社会责任是指食品企业的产品在生产过程中符合国家标准，在企业运营中遵守法律、法规、纳税，同时对企业利益相关者负责，这一界定在利益相关者理论的概念中增加了关于食品企业的"国家标准"。本书认为食品企业应当承担的最为重要的社会责任应该包括：提供满足消费者需求的安全、高质量食品；为员工提供安全、健康的工作环境和合理的劳动报酬；保护环境的责任；参与社会公益事业的责任；为股东、债权人等其他利益相关者提供最大经济效应。而在这些不同的责任中，食品企业对消费者的责任应该作为重中之重。

从食品企业的概念中，不难看出食品企业社会责任的外延应包括食品企业的经济责任[1]、伦理责任[2]、环境责任、慈善责任[3]、法律责任和道德责任。笔者在本书中将重点介绍道德责任和法律责任，因为这是食品企业最应该关注的基本责任。

1. 食品企业的道德责任

食品企业的道德责任是食品企业最基本的责任，道德责任体现了食品企业在商业利益与社会良知之间做出的平衡，既要追求利润，又要合法合理地追求正当利润，不能"见利忘义"。这些不能仅仅因为迫于外界的压力而做做形式或样子工程，是要摸着良心对消费者负责的。可以说目前食品安全问题屡禁不止的原因多数在于许多的食品企业丧尽天良，只顾追求利益，而忘了最基本的良知。

2. 食品企业的法律责任

食品企业的法律责任是为众多法学学者所关注的，其多数都强调食品企业应该按照相应的法律生产和经营，这是法律对食品行业所做的普遍要求，而在法律责任的庞大概念下，也谈到了法律框架下的经济补偿或者赔偿责任，却没有关注其他方面的问题。结合上文对企业社会责任及食品企业的阐述，本书将食品企业的社会责任也分为经济的、法律的和道德的责任。主要在法律责任下将其细分为民事责任、行政责任和刑事责任三大类。民事责任下既包括经济法下的相关责任，又包括相应的赔偿责任。行政责任则主要是食品企业在履行社会责任时违反相关的行政规章等而应承担的责任。刑事责任是食品企业在履行社会责任的过程中触犯了一定的法律达到了犯罪程度时应承担的责任。

---

[1] 经济责任即指食品企业担负有生产食品、实现赢利和满足消费者不断增加的对食品的数量与质量的需求的责任。

[2] 伦理责任是指还未上升到法律责任的高度，但按照道理伦理的约束食品企业也应该履行的义务，企业保护和尊重企业股东权利的道德伦理方面的精神。

[3] 慈善责任指不受法律约束以及不受伦理道德规范的行为，即食品企业自发组织参与各种社会慈善活动。

（三）食品企业社会责任的特征

上文在分析企业社会责任存在的必要性与合理性时，谈到了企业社会责任的必要性基于内外部压力，而企业社会责任的合理性则有多种不同的理论流派支撑。食品企业社会责任存在的必要性与合理性无法逃脱企业社会责任存在的必要性与合理性的范畴，但又有其自身存在的特殊的必要性与合理性，这与食品企业社会责任的特征是分不开的。

保障食品安全是食品企业最基本、最重要的社会责任。食品企业的特殊性，决定了食品企业的社会责任有其自身的特性。[1] 本书将食品行业的社会责任主要集中在对消费者权益的保护层面，因此，主要分析食品企业对消费者社会责任的特点。

1. 食品企业必须确保提供给消费者的产品的质量和安全

这是因为食品与消费者的健康安全和生活有着极为重要的关系，为了避免食品安全事故的出现，食品企业务必保障产品的质量和安全，这既是保障消费者的生命安全权利，也是食品企业自觉履行社会责任的重要体现。同时，保障消费者的权益能够从另一个侧面提高食品企业的核心竞争力。

2. 食品企业的社会责任影响力更大，所覆盖的范围更为广泛

一旦食品企业出现了重大问题，在社会上的反应和影响会迅速传播，导致社会恐慌，造成的不良影响会使这个社会处于不安宁状态。食品安全事件引发安全危机从而引起社会动荡，这一连串的恶性循环就难以有效控制，因而食品企业的社会责任犹如汽车中的安全气囊，有则安全，反之则恐慌。

3. 食品企业对消费者的社会责任是其首要责任

正如上文所说，与食品企业接触最为直接的是消费者，食品企业要想真正地做大、做强、做好，必须依赖消费者，并且是广大消费者。食品企业将对消费者的社会责任作为其首要责任，对于其履行其他方面的社会责任也有促进作用。只有获得消费者的信任，只有对消费者承担责任，才能保证食品企业的良性发展。

4. 食品企业社会责任的内涵和外延随着社会和企业的发展而不断更新发展

随着社会的快速发展，任何东西都在更新换代，虽然食品企业不能有大的突破，但仍会出现一些新技术和力量促使食品企业发生一些变化，加上消费者对食品要求层次和水平的改变，这些都促进食品企业社会责任在新的客观环境和条件下发生一系列的更新发展。

---

[1] 朱振：《论中国食品企业社会责任制度的完善》，安徽大学 2012 年硕士学位论文。

5.食品企业社会责任有其独特的发展阶段[1]

在遵守所有法律、法规前提下,通过成本最小化和利润最大化来提高股东的利益;改善工作条件,扩大员工权力,增加工作保障等履行对员工的内部道义性责任;考虑顾客和供应商方面的社会责任,包括公平的价格、高质量的食品供应和服务、安全的食品供应等;主动承担企业对社会整体的责任,积极促进社会公正;参与保护环境和社会公益活动,即使这些活动会损失企业利润也在所不惜。

总之,食品企业作为一类特殊的企业,其社会责任尤其是对消费者的社会责任必须不同于其他的行业,在某些方面存在着共同点,但其特殊性是必须被重视的。食品企业社会责任存在的必要性与合理性也是在其特征的基础上来说明的。

二、食品企业社会责任的现状与责任分析

（一）食品企业社会责任的发展历程

在企业社会责任思想的历史沉淀过程中,在其相对漫长的发展进程中,也体现出一些阶段性的历史特点。

在20世纪50—70年代,人们对企业社会责任的态度比较消极,可以说是"赢利至上",间接也体现着"股东利益至上"的特征,这些非常鲜明地体现在经济学家米尔顿·弗里德曼的《商业的社会责任是增加利润》[2]一文中。在20世纪80—90年代,由于欧美发达国家逐渐兴起企业社会责任运动[3],人们开始更加关注环境、产品质量、人权等。目前的企业社会责任状况正如日本法学家金泽良雄所说[4],现实社会里企业的领域已经不单纯属于私法调整的范畴,它已经突破此范畴,与利益相关者之间产生了密不可分的联系。如此,才符合企业社会责任的发展方向,才能丰富企业社会责任的内涵。

中国在企业社会责任发展的过程中虽然起步较晚,但也相对带有自己的阶段特

---

[1] 章寿荣:《浅论食品企业的社会责任》,载《江苏商论:企业管理》2005年11月版,第103页。

[2] 文中指出"极少趋势,比公司主管人员除了为股东尽量赚钱之外应承担社会责任,更能彻底破坏自由社会本身的基础","企业的一项,也是唯一的社会责任是在比赛规则范围内增加利润"。

[3] 20世纪80年代,企业社会责任运动包括环保、劳工和人权等方面的内容。

[4] 金泽良雄认为:"如今的企业,不再是单纯由私法调整的私有领域,已经成为社会生活中最有力的一环节,企业经营活动不仅受到资本提供者的委托,更受到全社会的委托,片面追求企业单一利益已经不能适应时代的发展。协调经济利益与社会利益,实现各种生产要素的结合,只有这样的企业才可以称之为现代化的企业。"

征。纵观企业社会责任建设工作在中国近十几年的发展，简单而言，大致经历了三个阶段。[1]

20世纪90年代中期到21世纪初，在国际零售商、品牌商的推动下，较小领域开始逐步重视起社会责任问题，建立在国际采购中实施社会责任方面的准则、标准或体系。中国企业开始接受跨国公司实施的社会责任方面的工厂审核。

从21世纪初到2006年，企业社会责任开始得到广泛关注。中国的学术机构、非政府组织以及在华国际组织开始对社会责任进行系统的介绍和广泛的研究、讨论。政府部门也开始关注企业社会责任建设工作。劳动部、商务部开始调查中国企业社会责任建设情况。

实现企业经济责任、社会责任和环境责任的动态平衡会提升企业的竞争力，为企业树立良好的声誉和形象，提升公司的品牌形象，使其获得所有利益相关者对企业的认可，大大增强投资者对企业的投资信心，吸引优秀骨干人才到企业中来。同时，中国的相关法律也对其做出相应的规定，并且开始举办企业社会责任案例评选，鼓励企业做好企业社会责任报告。总之，中国在不断地结合国情并借鉴国际经验和成果完善企业社会责任的相关理论。

（二）食品企业履行对消费者社会责任的认知现状

自从人们开始从网络上披露食品安全问题之后，一系列的食品安全问题就像夏天的暴雨，愈演愈猛烈。从最令人震惊的"三鹿奶粉事件"，到令人痛心的"大头娃娃事件"，再到令人恐惧和担忧的"徐福记事件"，这些频频曝光的食品安全事件，露骨地揭露了食品企业履行社会责任的失败。这些触目惊心的食品安全大事，令广大的消费者对中国众多食品企业的产品失去了信心，出国购物热成为国人生活的现象之一。目前，中国食品企业履行社会责任的状况可以从有所认识和问题百出两个大的方面来分析。

1. 从食品企业对社会责任的认识来看，食品企业的社会责任备受关注

政府、企业、学术界都在对食品企业的社会责任进行了解和研究，开始觉得食品企业社会责任非常重要，不断加深对食品企业社会责任的认识程度。食品企业通过披露社会责任报告来使政府和公众觉得企业重视其自身的社会责任。同时，政府开始将食品企业的社会责任逐步纳入政策范畴，不断加大力度制定相关法律、法规，规范食品企业履行社会责任的行为。

---

[1] 肖瑞赟：《中国食品企业社会责任问题探究》，山西大学2012年硕士学位论文。

2. 从食品企业履行社会责任所出现的各种问题来看，状况令人堪忧

食品企业提供的食品解决了人们的温饱问题，提供给人们生存发展的必须营养素，而食品的质量安全状况是关乎一个国家经济发展水平和人民生活质量的重要标志。即便食品企业的发展能够直接体现一个国家或地区的经济发展水平，可是食品企业出现的食品安全问题却让人无法平静，食品企业履行社会责任的现实状况亦不令人满意，详细的原因会在下文的根源分析中提出，在此不做过多的赘述。

（三）食品安全问题出现的原因分析

食品安全问题是目前人们关注的最普遍问题之一，究竟其问题背后的根源是什么？探讨应首先从食品安全[1]入手。世界卫生组织将食品安全定义为：因使用食品中有毒或者有害的物质造成影响的公共卫生问题。食品安全问题的出现，究其根源可以从企业、政府、消费者、社会等方面寻找。

1. 企业层面的原因分析

在所有的原因中，最为重要的，当属企业自身的问题。因为食品安全问题涉及食品生产、储存以及整个销售的过程。专注于企业社会责任研究的权威专家谭小芳老师认为，食品安全问题的出现有多方面的因素，例如食品企业无视自己在社会保障方面应起的作用；食品企业唯利是图、自私自利，提供不合格的服务产品或虚假信息，欺骗消费者以获取最大利益；食品企业严重缺乏提供公共产品的意识，对公益事业不闻不问；缺乏公平竞争意识，许多食品企业采取各种违法违规手段生产假冒伪劣、掺杂掺假的产品，排挤竞争对手，扰乱市场秩序；普遍缺少诚信，食品企业在宣传产品时摆出来的是一套，而真正交到消费者手中的，却又是另一套。

食品企业之所以会在履行社会责任上失职，最初的出发点还是希望企业能够做大做强，能够获取更大的利润。因而食品企业便通过降低生产成本来获取利润的最大化，这些都只能在生产、销售的环节做手脚。例如在食品中添加过量的添加剂，造成严重的食品添加剂污染问题。虽然适量使用添加剂可以使食品色泽、口味得到一定的提升，但是过量使用添加剂则会对人体健康极为不利，导致疾病甚至死亡。为何添加剂问题在食品企业显得最为严重，主要是因为添加剂不仅仅能够使食品的色泽、口味发生变化，还能延长食品的保存限期。再例如食品企业会生产假冒伪劣商品、掺杂掺假商品，甚至将过期的商品更改日期后重新上架销售。最可恨的是，

---

[1] 食品安全（Food Safety）是指生产无毒以及无害的食品，该食品符合本身应该有的所有营养要求，并且不会造成任何急性、亚急性或者慢性的人体身体健康问题。

黑心的商家还将变质腐败的商品通过一定的化学药品处理之后再出售给消费者。有些食品企业还应用新原料、新工艺、转基因材料生产食品，并标榜其高营养、绿色健康。另外，食品企业在社会责任管理与实践过程中所做的也是远远不够的，在下文的对策中有较为详细的阐述。当然，食品企业的经营者对企业社会责任的认识不足、缺少行业自律也是其中的重要原因。

然而现代社会里，食品安全问题的出现，不应只将原因归结于食品企业在利益上的追求，食品企业的信用问题也是不可忽视的重要原因。虽然古典经济学家亚当·斯密曾经说过"商人本来最怕失信用，他总是时刻小心翼翼地按照契约履行所承担的义务"，人们也常提到经商务必诚信、信用就是金钱，但是，许多商人都在最初的起步上，由于资金的缺乏，或者做大之后缺乏诚信观念，忽视了对消费者和社会的诚信。这样，各种类型的"黑心商品"不断充斥市场，使消费者无法购买到放心的安全食品。

2. 食品监管机构层面的原因分析

在计划经济时代，政府左右着整个社会的经济。而在市场经济时代，人们总是强调市场的基础作用，但有时候，在某些特殊领域，市场也会出现"失灵"状况，政府不仅仅从宏观上对这些领域进行指导，还得从微观上对这些领域进行管理。而食品安全问题的出现使得政府也胆战心惊。但是政府在宏观的调节或者微观的管理上出现失误，或者存在一些不良因素的影响，也会使食品安全问题禁而不止。具体体现在法律、法规的制定和执法、监督力度上。

（1）政府关于食品安全问题的立法存在缺陷和漏洞，体现在立法不足，法规、措施不利。一则中国没有建立完善的关于食品安全的法律体系，甚至还出现不同法律之间的冲突和矛盾现象。现存的法律、法规早已无法满足当今社会发展的需要，各种新的问题在法律上都是大大的空白。这就使得食品安全问题出现时无法可依，即使有法可依，也面临执法困难的难题。食品企业违规违法问题对企业的惩罚就如隔靴搔痒，未能从源头上和根本上预防和规制。

（2）政府对食品企业的监管部门不明确，监管职能不全面，监管不力。这使得这些部门有功时相互争抢，有责任时相互推诿，出现问题后办事拖延、缺乏效率，甚至还出现为了逃避责任相互隐瞒的情况。部门之间合作困难，权责部分等问题使得政府对食品企业的监管力度严重不足，这就是典型的"自己没管好，怎么也管不好他人"的表现。

（3）政府对食品企业社会责任的重视程度不够，政策引导不力。政府往往从最高层所定的目标是很好的，所抱有的期望也是站在消费者的角度考虑的，但有时在执行的过程中时常会因为各种因素而扭曲。近两年来，政府都在积极从政策上加以引导，但似乎引导得越是明确，食品安全问题出现得越多，这种逻辑当然是不成立的。值得庆幸的，是至少人们现在了解了一些事实和内幕情况。

（4）政府关于食品企业社会责任的制度建设不够科学和全面。当前设立的一些制度基本上是形式上的，缺乏预警制度和预防制度，未确定食品召回制度的真正效果，极少要求披露食品企业的真实信息等。

3. 消费者层面的原因分析

食品企业对消费者的社会责任出现了问题不能仅仅归责于企业或者政府，消费者也有着不可忽视的原因。

（1）消费者自身的安全消费意识不强，对食品企业对自己的社会责任存在极大的认识误区。消费者在消费的过程中经常带有一种扭曲的消费意识，品牌、价格至上，营养其次，真正出现问题时，消费者才开始关注质量，这样的消费心态会纵容食品企业在履行社会责任的过程中出现问题。

（2）消费者关于食品企业的知识结构不完善，对食品企业的相关动态信息不了解，他们对于食品的生产过程、标准以及一些储存事项都不完全了解，甚至无法完全读懂食品包装上的说明书，使得食品企业能够侥幸躲开一些责任。如今食品环境混乱不堪，人们在日常生活中无法做一个负责任的消费者。消费者没有渠道关注食品安全方面的信息，即使主动对食品环境进行了解，但仍然受知识水平的局限。消费者在向周围的人进行宣传以使更多的人关注食品企业社会责任时，常常借助社会舆论，而社会舆论在传播的过程中不仅有有利的一面，其不利的一面也表现得十分明显，例如扭曲了信息的真实客观情况，这产生的后果比食品安全问题本身更令人担忧。此外，消费者无法及时反馈自身消费安全的信息，消费者意识到自身的消费安全问题时，既不能及时将其向有关机构反映，又无法把自身消费安全与公共消费安全结合起来，更不用说个人消费与社会消费的信息互动。可见，消费者认知水平的弱点使得食品企业有机可乘。

（3）消费者不能将自己定位于对食品企业社会责任直接监督者的位置。抱着"多一事不如少一事"的心态，尽管身边有人受到了侵害，一些消费者却认为不是自己就好。就好比社会上出现了"打假"英雄时，受到批判和苛责的不仅仅是企业或专家，还有众多的消费者,认为"打假"人士有过多的作秀成分。殊不知,消费者早已把自己对食品企业社会责任进行监督的最有效最直接的权利抛之脑后。

(4)人总是比较自私的,消费者贪图小利的心理更是让食品企业暗暗自喜,一分价钱一分货,廉价则只能获得次品。

4. 其他原因分析

在食品企业社会责任复杂的关系中,除了企业、政府、消费者几方关系,其他的主体也应该付出一些努力。而这些相关主体的努力是否做足又往往影响着食品企业履行社会责任的程度。

(1)食品企业行业协会自律作用的发挥相对不足。在中国,协会一类的社会组织或团体的地位根本不能和国家政府机构相提并论,当政府机构都无法左右的时候,食品企业行业协会更是无能为力。食品企业行业协会自身存在着先天不足,又无权利、制度保障,这便使得协会有心无力。

(2)市场经济是一把双刃剑,它在促使食品企业努力提高自己,用企业社会责任标榜自己的同时,又带来了诸多的负面影响。自由竞争促使食品企业不择手段地抢占市场份额,不顾道德的约束和基本的法律规定,使用恶劣的手段竞争,例如以假当真、以次充好,这样便能获得价格上的优势,淘汰其他的竞争对手,在竞争中获胜。

综合以上的种种原因分析,可以知道食品安全问题出现的原因是多方面的,包括企业社会责任意识淡薄、政府监管不力、消费者自身维权意识薄弱、企业社会责任体系不完善等。

三、食品企业对消费者履行社会责任的出路

(一)国家宏观引导与规制

2012年11月8日,中国共产党在"十八大"报告中提到了"美丽中国"一词,同时明确提出"把生态文明建设放在突出地位","努力建设美丽中国,实现中华民族永续发展"。有评论家认为,这不仅为中国的社会经济发展前景描绘了美丽蓝图,也为企业履行社会责任赋予了新的内涵。[1] 党的重大会议上明确提出了企业社会责任,这鲜明地体现了中国将在企业社会责任上花大力气和心思。中国仍然是一个由计划经济向市场经济转型的国家,换句话说,当前的经济体制还不属于完全意义的

---

[1] 来源:国际商报,2012年1月7日访问。

市场经济体制，它还处在惊险而又充满希望的改革时期，在这样的时期，政府依然要起到主导作用，从而推动企业尤其是食品企业履行社会责任。政府如何起主导作用，如何让中央政府部门、地方政府部门积极参与进来，笔者以为，主要应从两个方面进行努力：在政策上进行引导，以及在法律上进行规制。[1]

1. 政策引导

随着企业社会责任理念在中国的不断传播，越来越多的企业开始意识到企业社会责任的重要性，企业社会责任早已被列入政府监管日程和政策范畴之中。[2]

近年来，商务部积极推进企业社会责任体系建设，制定了一系列推动和引导不同类型企业履行社会责任的政策及各类有效措施。同时，商务部还要求中国企业在开展境外经济合作时严格遵守当地法律、法规，积极参与当地慈善事业、公益事业、环保事业，这些都是要求中国的海外公司积极履行社会责任的表现；同时引导外商投资企业重视和维护消费者的合法权益。有关部门还将进一步引导和支持企业不断强化社会责任意识，为履行社会责任创造条件，为企业发展赢得更大的发展空间，中国企业社会责任已经进入"战略时代"。原外经贸部副部长刘向东在第四届企业社会责任年会上表示，企业社会责任内涵是多方面的，企业社会责任也是与许多利益相关者密切相连的。企业社会责任更是与时俱进、不断丰富、不断发展的。建设美丽中国，全社会必须做到心灵美。食品企业要提供安全可靠的生活用品，无论是自然人还是企业法人，首要的是必须做到心灵美。只有心灵美，企业才能为消费者提供安全可靠的产品；保障了消费者的安全和健康，食品企业才能不断发展壮大，才能为建设美丽中国发挥更大的作用。如此，高频率的食品安全事件就不会一再挑战消费者的底限。这表明，政府真正从战略的角度、从宏观政策的角度开始推进食品企业社会责任的履行。而政府作为一个政策的推进者，首先设立了政策推进机构，如商业、企业与制度改革部门，国际发展部门，旨在加强食品企业责任沟通，强化责任意识。

政府在推动这些政策的执行过程中，通过举办会议、论坛的方式引导食品企业履行社会责任，中央政府通过接受媒体采访表明对企业社会责任的高度重视。政府还发布食品企业履行社会责任相关的报告，披露相关的信息，不断寻求扩展食品企业社会责任的沟通渠道，并且加强国际合作。

[1] 钟宏武、张唐槟等：《政府与企业社会责任——国际经验与中国实践》，载《中国企业社会责任文库》，经济管理出版社 2010 年版，第 68—78 页。

[2] 来源：国际商报，2012 年 1 月 7 日访问。

这些推进措施的实施主体不仅仅包括中央政府，还包括个地方政府的不懈努力。地方政府都纷纷参照中央政府的政策方针制定相关的地方措施，加强对地方食品企业的政策引导和评价，为食品企业履行社会责任创造了良好的社会环境。

当然，政府采取的政策引导措施并不仅仅局限于此，这些措施还旨在规范食品企业社会责任的基本理念。而且这些措施都是在企业赢利的基础上促使企业承担起社会责任，对不同的企业也不是采取"一刀切"的方式。食品企业只有在赢利的基础上才能真正拥有履行社会责任的条件。在推动食品企业履行社会责任的过程中，需要确立中国食品企业的社会责任标准，例如明礼诚信、保护环境、科学发展、发展慈善事业、文化建设、发展科技、可持续发展等。不能够让食品企业为了赢利而采取一些违背原则的竞争行为或者经营方式，这又需要政府在引导过程中健全市场运作机制。健全市场运作机制在企业社会责任方面主要表现为：规范市场竞争；完善奖惩机制，对履行社会责任做出表率的企业给予一定的政策支持和鼓励，使他们能够在竞争中做一个完美的胜出者，不违反市场正常的运作秩序。

总体而言，政府作为政策的推进者，主要应采取责任沟通、责任合作和责任奖项的措施，引导食品企业自觉履行社会责任。

2. 法律规制

自 1982 年 12 月 4 日中国《宪法》在社会责任领域规定保护人权以来，至今政府已经出台了有关企业社会责任的法律、法规 30 余部，这表明中国政府在科学发展观正式提出以前，在企业社会责任在中国受到广泛关注之前，已经从企业社会责任的立法方面出发，形成了较为完善的法律规制体系。[1] 关于食品企业履行对消费者的社会责任则主要体现在《宪法》规定的人权保护，《中华人民共和国标准化法》规定的消费者保护，《中华人民共和国消费者权益保护法》（以下简称《消费者权益保护法》）、《中华人民共和国物权法》、《中华人民共和国产品质量法》、《中华人民共和国反不正当竞争法》规定的消费者权益保护方面。这些法律、法规是政府在推进企业社会责任的实践活动中作为规制者所采取的一系列法律规制措施。这些法律规制措施中，包括了强制性规制、自律性规制和引导性规制。

（1）强制性规制是中国中央政府推进企业履行社会责任的制度基础，体现在食品企业对消费者履行社会责任方面的主要是有关消费者权益保护的法律、法规和规章，如全国人大常务委员会第四次会议通过的法律《消费者权益保护法》，国家工

---

[1] 钟宏武、张唐槟等：《政府与企业社会责任——国际经验与中国实践》，载《中国企业社会责任文库》，经济管理出版社 2010 年版，第 69—70 页。

商行政管理局颁布的规章《欺诈消费者行为处理办法》、《欺诈消费者行为惩罚办法》、《受理消费者申诉暂行办法》等。另外，《中华人民共和国产品质量法》、《中华人民共和国食品卫生法》、《中华人民共和国标准化法》、《产品标识标注规定》、《产品质量申诉处理办法》、《食品卫生许可证管理办法》等也是关于食品企业履行对消费者社会责任的重要法律、法规，主要用于政府推动食品企业履行利益相关方尤其是对消费者的社会责任。

（2）自律性规制则是政府通过直接或者间接发布一些带有方向性的、依靠食品企业自律自觉执行对消费者的社会责任的规制制度。一方面政府通过发布指导意见来推进食品企业履行对消费者的社会责任；另一方面政府也带头建立有关食品企业履行对消费者的社会责任的责任标准，从而使食品企业能够参照一定的方向性的标准来自我完善实施细则，自觉履行对消费者的社会责任。

（3）引导性规制则是政府为了引导食品企业履行社会责任而发布的、表达出政府希望努力方向的、针对下级政府的、不完全直接针对食品企业的规划文件。目前，主要是环保部制定了一些规划，关于食品企业方面的还有所欠缺。

总之，在《消费者权益保护法》统领下的一系列保障消费者权益法律的出台加强了中国消费安全法律体系，这使得消费者的健康安全权、知情权、公平交易权、人格尊严权等合法权益得到了有效的保障，从而使得消费者能够对食品放心、对食品企业放心，其重要作用不言而喻。如今，随着市场化的快速发展，社会主义法治加快了法治进程，消费者保护法律体系将逐渐得到完善，法律和食品企业共同保护消费者的能力也将继续增强，政府在推动食品企业自觉履行对消费者的社会责任时才有法可依。在有法可依的情形下，也需要不断完善法律、法规自身的内容，设立相应的法律、法规的实施机构，建立有效的信息交流平台，政府推动食品企业自觉遵守相应的法律、法规，从而最终实现食品企业积极履行对消费者的社会责任。

3. 实施食品产品召回制度

产品召回制度最先是美国应用于汽车行业的制度，当产品出现缺陷或瑕疵时，应当及时告知消费者，在减轻消费者损失的前提下实行产品召回制度。一方面是因为实施产品召回制度有助于防范、化解带有安全隐患的产品对消费者人身或财产带来的直接的或间接的侵害或损失。另一方面，产品召回制度能够发挥预测功能，可以在事前防范可能带来的潜在危机，从而避免消费者合法权益受到侵害的范围扩大。产品召回制度不是单纯的召回缺陷或瑕疵产品，而是可以对该企业同类产品一起召回，最大限度地保障消费者的利益。产品召回制度是企业主动维护消费者合法权益的体现，而不是被动地接受消费者维权的诉求，这是食品企业避免陷入产品危机的积极自救方式，也是切实保护消费者利益，避免消费者人身伤害或财产损失扩大的消极防御。通过对食品企业实施产品召回制度，促使食品企业能够更好地实现对消费者的责任，切实保护消费者的权益。

食品产品召回制度还能够明确责任，便于对食品企业社会责任进行追究。事实上，中国食品企业并没有采纳食品产品召回制度，不仅仅是因为其适用条件不成熟，还因为中国食品企业的现实情况，例如由于中国食品企业市场准入门槛低，食品企业素质参差不齐，食品企业的赢利多靠薄利多销的方式，这使得食品安全危机一旦出现，食品企业并没有能力采取产品召回的措施。因而，许多学者建议中国应该建立食品企业社会责任保险基金，通过缴纳保险基金，保障企业实施产品召回制度，让消费者的权益得到切实保护。建立食品企业社会责任保险基金时还要有相应的监管机构进行管理，且应该为食品企业设立一定的缴纳社会责任保险基金的标准，不能此问题未解决，彼问题又复生。

如果在实施食品产品召回制度之前，能建立包装警示标志免责的制度，这将是食品企业期盼已久的。政府一方面要求食品企业能够在包装中标注警示标志，又依据包装中的一些警示或说明追究企业的责任，这使得一些企业无法做出正确的选择，能回避则回避。产品召回制度在食品企业的适用也许只是一个未知的期望，但这一建议似乎不影响大局利益，不干扰大的决策，所以在未来的实践中，也许会成为现实。

（二）食品企业自觉履行对消费者的社会责任

2012年8月31日，第四届中国企业社会责任年会在北京举行。[1]企业家们共同号召，在责任理念和企业社会环境都面临巨大变革的"大战略时代"中，寻找CSR（全称是Corporate-Social-Responsibility，即企业社会责任）的前进方向，要求大家"不做责任时代旁观者"。企业社会责任战略成功的关键是如何做好与公众的沟通。通过与公众的交流，研究宏观及细分领域的诉求，创造解决问题的组合方案，并推动资源的正向聚合。

1. 完善食品企业社会责任报告

现代社会里，企业的数量剧增，规模日益扩大，人们对企业越来越感兴趣，随

---

[1] 来源：东方财富网，http://finance.eastmoney.com/news/1586201209012488892366.html，2012年1月9日访问。

之对企业社会责任的探讨和研究逐渐增加。政府要求企业切实做好企业社会责任报告[1]也逐步为人们了解。在完善企业社会责任报告制度的过程中，许多的食品企业为了与外界的各种压力博弈，仅仅将企业社会责任报告作为形式和形象工程，往往只列出对公司形象有帮助的企业在公益慈善、环境保护以及员工关系等方面的良好表现，用此种方式来为企业挽回形象或者强化形象，于是企业社会责任报告便被当成了公关宣传工具。

然而，食品企业在制作企业社会责任报告时切不能以应付的心态去做。事实上，编制企业社会责任报告对企业来说是一个创造价值的过程，企业社会责任报告不仅具备防范风险和促进企业经营改革的功能，还能为食品企业建立预警机制：①促使食品企业发现顾客、供应链、社区等管理过程中存在的风险和问题，有助于管理层防患于未然，在可能产生危害的事件成为负面突发事件之前就对其进行控制；②促使食品企业以更具战略意义的方式将财务、生产、营销和研发等职能部门联系起来，改善管理。这是一个能够将食品企业所有的环节、所有的资源、所有的参与者、所有的真实情况展现出来的最好的方式，不仅能够加强企业内部的分工与合作，使食品企业更加了解自身的状况，更能加强与外部的沟通与交流，真正做到"知己知彼"，如此，食品企业的发展才能"百战不殆"。

2. 加强食品企业社会责任管理与实践

在食品企业对消费者承担社会责任的过程中，食品企业自身加强社会责任管理与实践能力是非常重要的。食品企业必须明确完善企业管理制度首要的、基本的任务，必须明确其履行社会责任对企业生存与发展的重要性。食品企业应该系统推进企业社会责任管理，全面履行社会责任实践，建立社会责任管理模型。食品企业要严格要求从管理层到普通员工学习关于社会责任的知识，牢固树立企业社会责任观念。如果食品企业抛弃基本的良知和道德，不顾法律的威严，在经营过程中只图眼前利益，这将对消费者非常不利，最终影响企业的可持续发展，更会形成不良的社会风气。

由于食品企业绝大部分为劳动密集型企业，其内部员工自身文化素质较低，因而必须加强企业诚信教育。即使食品企业无法从法律的层面让员工了解国家对其社

---

[1] 经营管理者致辞（企业高层阐述企业社会责任理念、方针，对重要的社会责任实绩进行概述）、利益相关方参与（阐述利益相关方的期望和要求，企业的回应方式及评价满足利益相关方期望程度的绩效指标）、企业社会责任管理制度（披露企业社会责任推进机构、推进体制及相关制度）、经济绩效（披露财务信息，直接经济绩效与间接经济绩效）、环境绩效（指企业生产建设中资源节约、节能减排及开展的环保活动等；企业在日常办公中的内部资源、能源节约）、社会绩效（对员工、客户、供应商、社区、政府的社会绩效）等。

会责任的要求，也可以从最基本的诚信教育出发，告知员工在生产过程中要像给自己和家人做饭一样用心负责，要把消费者当成自己的家人，这样在生产过程中才会防止基本的卫生问题出现。而对于食品企业管理层，则需要提高自身的自律素质，切不可因为企业一时的利益而在食品生产过程中掺杂掺假，甚至不惜利用一些化学药品，这将严重危害消费者的健康，更是食品行业的禁忌，也为法律所不容。笔者常思，一个食品企业为何不注意食品安全问题，与其自身的实力有很大的关系，而这个实力，不仅包括经济实力，还包括企业的文化影响力。企业违背食品企业的相关要求进行生产，笔者以为少数是为了牟利，多数则是因经济实力不够而做出的无奈选择，这其实是食品企业高层比较尴尬的事情。对于食品企业的经济实力笔者无法用语言让其提高，但食品企业扩大企业文化的影响力，似乎会对其产生一定的作用。扩大食品企业文化的影响力也应该是食品企业社会责任管理与实践中的重要部分。例如办一期类似于《舌尖上的中国》的节目，或者采取其他更能够唤醒各个社会主体对食品企业社会责任关注和重视的活动，这都将极大提高食品企业在各行业中的引领作用，更能增加消费者对食品企业的信心。

此外，食品企业在加强社会责任管理特别是实践的过程中，还应该设置专门的机构来负责社会责任的推行，要全面加强企业社会责任战略。例如把握重点，深化理念；突破难点，融入管理；打造亮点，重视发布；履行责任，提升绩效等。食品企业应该立即建立具体明确的流程，保障与社会责任相关的社会问题能够纳入公司总体发展战略之中，将企业的社会责任贯穿到公司整体经营活动中，并在该战略推行的过程中设置相应的社会责任考核指标。具体有如下建议：①重新确定企业的社会责任观，重塑食品企业社会责任观的使命、发展战略和企业文化；②构建食品企业社会责任日常管理体系，食品企业利益相关方参与机制，社会责任信息披露机制、绩效考核机制，企业社会责任能力建设体系和指标体系；③食品企业还可通过加强组织建设和工作指导、建立食品企业可持续发展报告制度、加强公益合作、积极参加与食品企业社会责任有关的活动来强化食品企业的社会责任管理与实践能力。

3. 加强食品企业社会责任风险管理

食品企业应该对评估出来的社会责任重大风险制定风险策略，并根据不同风险的风险偏好制定风险成熟度，形成较为清晰的社会责任风险频谱，并在将其展示给企业内部人员的同时，对公众进行结果展示和公布。如在"徐福记事件"案例中，如果徐福记能够对企业社会责任风险进行管理，并向消费者展示，徐福记就不会在违规添加食品添加剂事件中遇到如此多的麻烦和质疑。

食品企业应采用风险管理的形式来对待企业社会责任。美国国际事务民主协会中国区首席代表戴维斯在以"全球战略、全球责任——跨国公司发展新趋势与中国可持续发展"为主题的第六届跨国公司中国论坛上说,企业社会责任不是一种简单的慈善行为,而是一种非常严谨的风险管理方式,是一门较为专业的科学。企业社会责任本身就隐含着巨大的商业机遇,还可以为企业带来实实在在的利润,最终有利于企业的可持续发展。这些都表明,用风险管理的方式将使企业社会责任在推动企业获得商业机遇,追求利润,实现可持续发长上发挥不可估量的作用。国务院国有资产监督管理委员会副主任邵宁在探讨跨国公司社会责任的话题时认为,经济全球化要求一个跨国公司不仅要关注自己的赢利、资产增值和市场份额,更应关注自己对所在国家和区域的社会责任。这也将是跨国食品企业在中国需要切实履行好自己在中国的社会责任的明确要求。他说:"在今天,很难想象一个不能很好地履行社会责任的跨国公司,会受到东道国的欢迎,会有持久的国际竞争力。"这对与人们生活息息相关的食品企业更是最好的警示。重视和实践食品企业社会责任已然成为一种潮流,企业必须以风险管理的方式来对待企业社会责任,保证企业的可持续发展。以风险管理的方式来对待企业社会责任既是对食品企业自身负责,也是对广大消费者负责,更是对全球化时代的全球社会负责。

四、结　语

食品安全问题的出现,反映的不单单是食品行业的问题,它更反映出整个社会的企业对于企业社会责任的认识不够深刻。虽然企业社会责任一直被关注,其中的问题也早已经被发现,相应的建议和对策也在不断更新,但缺乏切实有效的行动。企业社会责任一直被列入政策范围,甚至是站在政治的高度来重视,例如2011年《政府工作报告》中提出要完善食品安全监管体制机制,这将促进中国关于食品安全、食品企业社会责任监管机制的进一步发展和完善。《政府工作报告》还提出要健全法制,严格标准,完善监测评估、检验检测体系,强化地方政府监管责任,加强监管执法,全面提高食品安全保障水平,这是中国关于食品安全监管方面在政策标准、检测技术上的又一大提高。中国的食品企业面对各种不同的情况,务必完善企业内部建设,提高食品企业社会责任意识,积极通过实际行动履行社会责任。报告要求企业能够积极采取措施,加强对新的制度的建树,落实原有制度。2012年第四届中国企业社会责任年会召开时也指出，中国的企业社会责任进入了"战略时代"。要如何真正将这一战略实施下去，如何做到企业自觉积极履行社会责任，这不是短时间内就能实现的，仍需要在强化理论的同时，切实提高企业尤其是食品企业对社会责任特别是对消费者的责任意识。在全社会的共同努力下，使食品安全不再是消费者的心头病，让消费者能够放心地吃，这将是中国社会最美好的愿望之一，也将是构建和谐社会的重要体现。在世界经济持续低迷的情况下，企业特别是食品企业更要切实履行社会责任，这样才能赢得更多的社会赞赏，才能作为行业的领跑者，推动消费，拉动经济增长。

后　　记

　　青春是美丽的，一个人的青春可以平庸无奇，也可以绽放出英雄的火花；可以因虚度而后悔，也可以用结结实实的步子，放射出亮丽的光芒。本书是由我在硕士、博士学习期间所作的多篇论文集结而成。回首2004年17岁时首次离开父母，步入大学开始独立生活，从初入大学的青涩到目前即将离开大学校园的不舍，10年大学象牙塔的生活让我回味无穷。

　　之所以选择法学这一学科，我始终认为是"缘，妙不可言"，当初在会计与法学两门学科之中徘徊许久，最终却因为法学可以不学数学而毅然决然地选择了法学。回想起当时的决定难免有些好笑，但从此就与法学结缘。

　　真正爱上法学始于2008年9月桂子飘香之际来到中南财经政法大学的南湖畔，很幸运地师从于赵家仪老师和雷涌泉老师。赵家仪老师严谨的学术作风与谦和的做人态度激励着我要成为一个谦虚、正直的人；雷涌泉老师教诲我要做一个"滴水之恩，涌泉相报"的人。《生态侵权民事责任的认定与处理》便是在两位恩师的指导之下完成，这也是我开始对学术感兴趣的"导火线"，在以后的道路中，无论从事任何职业，我将永不忘怀两位导师的恩情。

　　2011年元旦之初，武汉的冬天异常寒冷，工作与爱情迷茫彷徨之时，陈小君老师的一句"读博吧！"燃烧了我的心，使我顿时忘却天气的寒冷投入到复习考博之中。在复习考博期间，不停地听到身边同学找到工作和归宿的好消息，其也刺激着我敏感而脆弱的心，每每当我想放弃之时，便会想起陈小君老师鼓励我的话语，"不依赖，不狭隘"是每一个女孩子一生中应该追求的状态，只有这样才能不断提高自己、完善自己。陈老师在生活中不停地转换着各种角色，有时是一位儒雅的学者，有时是一位严厉的老师，有时是一位高校的管理者，有时又如一位和蔼可亲的母亲，每一个角色她都认真演绎。她对学术的专注和认真的工作态度让我们敬佩，她对生活和学生的热爱又让我们感动，她不仅仅是我们学术上的导师，更是我们生活中的导师。

　　雷兴虎老师是我的博士生导师，也是我人生转折点的贵人。2011年我刚开始博士学习生活，顿时感到了无形的压力。身边博士同学的优秀让我有些丝丝自卑，但雷老师不仅没有嫌弃我的愚钝，反而不断地鼓励与支持我，带领我参加各种学术会议，使我既锻炼了自己的学术能力又开阔了视野。

在学术上，雷老师是一位严谨的学者。雷老师指导的论文《中国企业间借贷合法化的法律保障机制探讨》经过一学期的修改与完善，在我几乎想要放弃之时，雷老师告诉我说："文章要不停修改，一字一句地斟酌。"看到他用红笔在我的文章上画的圈圈点点之时，我感动了，这就是一名学者从事学术之态度，不管以后我从事何种职业，都要学习这种严谨的学术精神。在生活中，雷老师是一个注重养生、简朴之人。每天傍晚时分在校园的操场抑或南湖畔，都会发现雷老师和师母的背影，他们坚持饭后散步几十年如一日，劳逸结合锻炼身体，并且时常告诫我们在学习之余一定要注重锻炼身体；每次聚会他都谆谆教导我们不要浪费，要做一个简朴之人；在家庭中，他既是一位好丈夫又是一位慈父。雷老师和谐的家庭氛围是我们所有学生最羡慕和值得学习的。在雷老师从教30周年的聚会活动中，我们一起回味了幸福一家人30年的点点滴滴，有了这种家庭的美满与幸福，夫复何求？

感谢我入读中南财经政法大学后的四位导师。我时常感到自己是幸运儿，但愿自己就像那《神雕侠侣》中的郭靖，虽天资愚笨，但有幸得到了这么多位老师的指导，能在以后做一个正直，善良，对国家、对社会有用之人。

读博之后的生活是丰富多彩的，博士生活并没有大家描述的那么枯燥乏味，女博士也并不是大家想象的"灭绝师太"那么可怕。这是一个年轻、有活力、有朝气的组织——2011级法学博士班。在这个班级里我收获很多，感谢康雷闪博士送我的"愿乘风破万里浪，甘面壁读十年书"墨宝，是它一直激励我耐住寂寞，潜心修学；感谢蒋楠楠博士教会我弹古筝，是它陪伴我度过一个又一个无聊的日子，"桂子飘香秋风爽，满地金黄，研究院里《纺织忙》。岁月如金情之深，古琴悠悠，最数楠楠君难忘"；感谢胡朋博士、赵勇博士，是你们组织了一次次的班级活动，增加了我们班级的凝聚力，永不忘怀我们曾经"博在中南"的青春时光；感谢郑文丽博士、杨静博士，是你们在我烦闷之时陪我去逛街；另外还要感谢李长兵博士、冯玥博士、徐振增博士、高海博士和陈晋博士，你们作为副教授依然潜心来到学校继续学习，这种精神值得我敬佩，更是我的风向标。感谢我的硕士同学尚成、振超、雪艳、灿灿、文灏、倩、怡霖和周璐、攀峰，谢谢你们的鼓励与支持，虽然大家天各一方，但持续不断的电话问候，也成为了我博士生活的重要支撑点，"一川两园三里屯，帽儿胡同闻京味。雨露清华忆怡霖，倩影碧波鱼翻滚"。还要感谢从小到大的好朋友陈颖、高辉，10年在外的生活，是你们一个个的电话安慰解我烦闷、伴我成长，也让我体会了友谊力量之伟大。

感谢陈肯师弟、芯蕊师妹，你们对我无微不至的关怀，是我继续博士论文创作的动力；感谢鹏飞博士、少林兄，你们在我郁闷迷茫之际出现，顿时点亮了我的博士生活，不知美好岁月长否，唯有珍惜、珍惜、再珍惜。生活本就是一场旅行，下一秒遇到谁都不清楚。"聚识相知本无相，散尽忧云雨为伴；是非欢悲谁人珍，缘本应是心相惜。"

10年在外读书，最要感谢的是我的亲人。感谢我的两位姑姑，亚敏姑姑和罗霞姑姑，无论在工作中还是生活中，你们都是我学习的榜样，永不忘怀在我迷茫之际你们对我的开导与鼓励，正是你们的支持，我在外学习的生活才多了一丝淡定与欣慰。

尤其感谢我的父母和弟弟，这10年父母为我付出了太多太多，你们不仅是我寂寞时的良伴、苦闷时的知友，而且是我彷徨无助时的灯塔。10年间，每天至少一个电话的关心和问候，这辈子恐怕只有父母才能坚持。父亲曾经勉励我说："研究生的'研'字，就是开石，石好开吗？石不好开，所以就需要你静下心慢慢研磨。"这句话我会永记在心，不仅仅在学术上，在以后的工作中也要不急不躁，踏实做事，认真做人！感谢我的弟弟赵阳、弟妹赵正，是你们承担了在家陪伴父母的责任，使得我能安心在校学习。大家都是我的恩人，这份恩情与缘分我将会异常珍惜，一切尽在不言中，所有的语言都已无法表达我的感激之情，并谨以此书的出版为谢！

"博在中南，情系政法"，6年中南时光是我人生中最灿烂的一部分，在这里我收获了欢乐与痛苦、感动与悲伤、知识与力量，虽有遗憾，但情愿"南湖月色惹人醉，缘到红叶亦为媒，闲时拨弄绿绮琴，愿得君描京兆眉"。

王国维云，做学问有三种境界："昨夜西风凋碧树，独上高楼，望断天涯路"；"衣带渐宽终不悔，为伊消得人憔悴"；"众里寻他千百度，蓦然回首，那人却在灯火阑珊处"。这三种境界我已不知在哪个层次，但绝对没有达到第三种，法学之路，遥遥无期，此生与法结缘，即使前面道路布满荆棘，我也将会奋身前行！

赵 莹

2013年10月于中南财经政法大学南湖河畔